U0432255

莱尔四福音释经默想

Expository Thoughts on

Matthew

《马太福音》释经默想

[英]莱尔（J. C. Ryle）著 梁曙东 译

生活·讀書·新知 三联书店

Simplified Chinese Copyright © 2015 by SDX Joint Publishing Company.
All Rights Reserved.

本作品简体中文版权由生活·读书·新知三联书店所有。
未经许可，不得翻印。
本书根据 First Banner of Truth Trust edition 1987 版翻译。

图书在版编目（CIP）数据

《马太福音》释经默想／（英）莱尔（J.C.Ryle）著；梁曙东译 . —北京：生活·读书·新知三联书店，2015.6 （2024.8 重印）
　ISBN 978 - 7 - 108 - 05079 - 3

Ⅰ . ①马… Ⅱ . ①莱… ②梁… Ⅲ . ①《圣经》－注释
Ⅳ . ① B971.2

中国版本图书馆 CIP 数据核字（2014）第 142365 号

策　划	橡树文字工作室
特约编辑	刘　峣
责任编辑	张艳华
装帧设计	康　健
责任印制	董　欢
出版发行	生活·讀書·新知 三联书店
	（北京市东城区美术馆东街 22 号 100010）
网　址	www.sdxjpc.com
经　销	新华书店
印　刷	北京隆昌伟业印刷有限公司
制　作	北京金舵手世纪图文设计有限公司
版　次	2015 年 6 月北京第 1 版
	2024 年 8 月北京第 9 次印刷
开　本	635 毫米 × 965 毫米 1/16 印张 25
字　数	266 千字
印　数	34,001－36,000 册
定　价	49.00 元（内部发行）

（印装查询：01064002715；邮购查询：01084010542）

目　录

前言　1

第一章　1
　一　基督的家谱　1
　二　基督道成肉身，基督的名字　4

第二章　9
　一　东方博士　9
　二　逃往埃及，后来住在拿撒勒　13

第三章　17
　一　施洗约翰的工作　17
　二　基督受洗　20

第四章　23
　一　试探　23
　二　基督开始传道，呼召首批门徒　26

第五章　31
　一　八福　31
　二　真基督徒的品格，基督的教导与旧约的关系　35

三　三个例子证明律法属灵的性质　　38
　　四　基督表明基督徒爱的律法　　42

第六章　45
　　一　禁止在施舍和祷告时炫耀　　45
　　二　主祷文与彼此饶恕的本分　　48
　　三　禁食的正确方式，天上的财宝，昏花的眼睛　　52
　　四　基督禁止人对这世界过分忧虑　　55

第七章　59
　　一　禁止论断　鼓励祷告　　59
　　二　对待别人的原则，两种门，警告假先知　　63
　　三　认信却不去行的无用，建造房子的两种人　　66

第八章　70
　　一　基督行神迹医治长大麻风的、瘫痪的和害热病的人　　70
　　二　基督智慧地对待口头认信的人，平息湖面风浪　　74
　　三　基督在格拉森为一个人赶鬼　　77

第九章　80
　　一　基督医治一个瘫子，呼召税吏马太　　80
　　二　新酒新皮袋，管会堂的人的女儿得复活　　83
　　三　两个瞎子得医治，基督怜悯众人，门徒的本分　　87

第十章　91
　　一　差遣第一批基督徒传道人　　91
　　二　对第一批基督徒传道人的训诲　　94
　　三　对第一批基督徒传道人的警告　　98
　　四　对第一批基督徒传道人的鼓励　　101

第十一章　105

一　基督为施洗约翰作见证　105

二　揭露不信之人的无理，不使用光的危险　108

三　基督的伟大，福音所发出邀请的完全　112

第十二章　117

一　澄清安息日的正确教训，清除犹太人的错误　117

二　法利赛人的邪恶，对基督品格的描写鼓舞人心　120

三　基督仇敌的亵渎，明知故犯的罪，闲话　123

四　不信的力量，不完全与不完整归正的危险，基督对门徒的爱　129

第十三章　135

一　撒种的比喻　135

二　麦子与稗子的比喻　140

三　财宝、珠子与网的比喻　144

四　基督在自己家乡受到的待遇，不信的危险　147

第十四章　151

一　施洗约翰殉道　151

二　五饼二鱼的神迹　154

三　基督在海面行走　158

第十五章　163

一　假冒为善的文士与法利赛人，遗传的危险　163

二　假师傅，人心是罪的源头　167

三　迦南妇人　170

四　基督行医治的神迹　174

第十六章　179

一　文士与法利赛人对基督的敌意，基督对他们的警告　179

二　彼得伟大的认信　183

三　基督对彼得的责备　188

四　必须舍己，灵魂的价值　191

第十七章　194

一　登山变相　194

二　被鬼附的少年人得医治　199

三　鱼与丁税　202

第十八章　207

一　必须归正与谦卑，地狱的真实　207

二　解决基督徒之间纠纷的原则，教会纪律惩治的性质　211

三　不饶恕人的仆人的比喻　215

第十九章　220

一　基督对离婚的判断，基督对小孩子的温柔　220

二　富有的少年人　224

三　财富的危险，鼓励人舍弃一切跟从基督　228

第二十章　232

一　葡萄园工人的比喻　232

二　基督宣布自己即将被杀，真门徒身上混杂着无知与信心　237

三　基督徒中有关伟大的标准　241

四　基督治好两个瞎眼的人　244

第二十一章　248

一　基督公开进入耶路撒冷　248

二 基督把在圣殿里做买卖的人赶出去；不结果子的
无花果树　252

三 基督回答法利赛人关于权柄的质问；两个儿子　256

四 邪恶园户的比喻　259

第二十二章　263

一 大筵席的比喻　263

二 法利赛人对纳税的提问　267

三 撒都该人对复活的提问　270

四 律法师对最大诫命的提问，基督对他敌人的回答　274

第二十三章　279

一 基督对文士与法利赛人教训的警告　279

二 对文士与法利赛人提出的八项指控　283

三 基督在众人面前对犹太人说的最后一番话　288

第二十四章　293

一 橄榄山上的预言，对耶路撒冷被毁、基督再来与
世界末了的预言　293

二 继续预言，对耶路撒冷第一次和第二次围城
苦况的预言　297

三 基督再临的描述　301

四 基督再临之前的描述，嘱咐警醒　305

第二十五章　310

一 十个童女的比喻　310

二 按才干受托的比喻　315

三 最后的审判　319

第二十六章　325

　一　用香膏浇耶稣头的妇人　325

　二　那位假使徒，纠缠他的罪　329

　三　主的晚餐和第一批领受的人　333

　四　园中极大的痛苦　338

　五　假使徒的亲嘴，基督自愿的顺服　343

　六　基督在犹太人公会面前　347

　七　彼得不认主　350

第二十七章　355

　一　加略人犹大的结局　355

　二　基督在彼拉多面前被定罪　360

　三　基督在士兵手中受苦，被钉十字架　363

　四　基督的死，伴随着这死发生的神迹　368

　五　基督被埋葬，他的仇敌为防止他复活而作的防备徒劳落空　372

第二十八章　376

　一　基督复活　376

　二　基督分别时向门徒发出的命令　380

前　言

在交付一部新释经书的第一卷时，我觉得为了避免误解，有必要对这本书的特点和目的作一番解释。

现在摆在读者面前的这部《〈马太福音〉释经默想》（以下简称《释经默想》），并不是一部学术性、批判性的解经书。我不会对福音书的每节经文作出解释，尽力解决每一个难点，尝试解决每一处难解经文，审视每一种有争议的解读或翻译。

这部《释经默想》与布伦提乌斯（Brentius）和高尔特（Gaulter）的圣经注释不一样，它不是一部连续性和讲道性的释经解释，包含对每一节经文的应用性评论。

我写作《释经默想》时采用的方法如下：我把圣经经文分成若干部分和段落，平均每部分有十二节经文，然后逐段作简明"释经"，形成一个连续系列。在每部分释经中，我通常一开始尽可能简短地说明正在思想的这段经文的主要内容和目的。然后我挑选经文中两个、三个或四个要点，把它们与其余的分别出来，专门加以阐述，尝试清楚和有力地向读者强调，请读者加以关注。读者会发现，所选的要点有时是教义性的，有时是应用性的。选择的唯一原则，就是抓住这一段真正主要的要点。

至于风格和结构，我要坦白承认，我已刻意尽可能清楚和具有针对性地选择使用一位古时神学家称之为"挑选出来最好和最精练"的字词。我努力想象自己向别人大声朗读，若是可能，就一定会吸引他们的注意力。我在写每一段释经时都对自己说："我在对一群混杂的人讲话，我只有很短的时间。"不断地想起这一点，我就会不断地撇下许多本来可以讲的事情不去讲，主要地尽力集中于讲得救必需的事。我故意地跳过了许多次要的题目，为的是说一些能冲击良心，抓住良心不放的话。我觉得少数几个记得很清楚、印象深刻的要点，要比大量松散堆积、浅浅散布在思想表面的真理更好。少数对难解经文的注释，被我偶然加在这本注释书当中。我想增加这些注释，对于给予读者信息是有好处的。他们可能希望知道该怎样理解圣经"深奥的事"，他们可能没有属于自己的圣经注释书。

我当然不奢望，在教义、实践或预言方面，这些释经所表达的意见，让每一个人都感到满意，可以接受。我只能说，我已经毫无保留地讲了，没有扣下任何我看来是真实的事。我所写的，全是我真诚地相信这位受上帝默示的圣经作者的真正意思，是圣灵的心意。我一直坚持认为，当各方的人毫无隐瞒，而且开诚布公地讲出自己想法的时候，人就最有可能明白真相。无论正确与否，我都已经努力讲出我自己的看法。我坚信，我在这些释经沉思录中所讲的，没有一处不与我自己所在教会的三十九条信纲完全一致，不与所有新教公认信条的要旨一致。从前一位神学家的话，可以解释我一直渴望要坚持和遵照的那一种神学："除了基督教信仰，我不晓得还有别的真信仰；除了基督的教义，关于他属上帝的位格（西1∶15），他从上帝而来的职分（提前2∶5），他属上帝的义（耶23∶6），还有他的圣灵，他所领受的一切（罗8∶9）的教义，我就不晓得还有别的真基督教信仰。除了以高举耶稣基督，高举他那拯救人的完全的恩典和荣耀，并以让人信服爱慕耶稣为己任作为自己呼召的人以外，我不知道还有别的真正的基督教牧师；除了凭信心与基督联合，凭信心和爱常住在他里面，以圣洁为装饰，荣耀耶稣基督的名的人，我就不晓得还有别的真基督徒。持守这种精神的牧师和基督徒，多年来一直是我的弟兄和同伴；并且我盼望，无论主的手引领我去到哪里，情况都是如此。"*

我深知现在呈现在诸位面前的这卷书有诸多不完全和缺陷。可能除我自己以外，无人对此看得更清楚。与此同时，我要说一句公道话，就是本卷中的释经，没有一处是我未曾细致思想、努力察验其他人的意见，就贸然提笔写下的。我思想释经所论述的这些经文时，绝大部分至少**看过**下列作者的观点：克里索斯托（Chrysostom）、奥古斯丁（Augustine）、提奥非勒（Theophylact）、优西米乌斯（Euthymius）、加尔文（Calvin）、布伦提乌斯（Brentius）、布塞（Bucer）、穆斯库

---

*　崔尔（Traill）的 "Throne of Grace" 之前言。

鲁斯（Musculus）、高尔特（Gualter）、贝扎（Beza）、布灵格（Bullinger）、柏利坎（Pellican）、费卢斯（Ferus）、高鲁维乌斯（Calovius）、科齐（Cocceius）、巴克斯特（Baxter）、马太普勒（Poole）、哈蒙德（Hammond）、莱特福特（Lightfoot）、豪尔（Hall）、杜韦伊（Du Veil）、皮索阿特（Pisoator）、佩雷乌斯（Paræus）、詹森（Jansenius）、雷尔（Leigh）、尼斯（Ness）、迈尔（Mayer）、崔普（Trapp）、马太·亨利（Henry）、惠比（Whitby）、吉尔（Gill）、杜里奇（Doddridge）、布吉特（Burkitt）、昆斯内尔（Quesnel）、本格尔（Bengel）、司科特（Scott）、克拉克（A.Clarke）、皮尔斯（Pearce）、亚当斯（Adams）、华森（Watson）、奥尔斯豪森（Olshausen）、艾尔福（Alford）、巴恩斯（Barnes）、施蒂尔（Stier）。我确实能说，我考查这些作者的意见所花费的时间以小时、天和星期计算。有时我与他们观点不同，这并非是我不知道他们观点的缘故。

当今圣经注释书和解经书如此众多，以至于我觉得有必要讲一讲，我是特别为哪一类读者写这部《释经默想》的。

首先，我满心盼望这部书适用于家庭祷告时阅读。为此目的所写的书，从来就未曾达到供需平衡。

接着，我禁不住盼望，这部书会对探访病人和穷人有帮助。现在去医院、病房和村庄探访、真诚希望行属灵善事的人为数众多。有理由相信，人们在这种特殊的场合是多么的需要阅读这部独特的书。

最后，我相信本书若伴随着福音书供个人阅读，将会大有裨益。有不少人由于工作忙碌，不能阅读大部头圣经注释和对上帝话语的解经书。我想这样的人可以从本书中找到与他们所读内容相关的几个要点存在他们心里,这对他们的记忆会有帮助。我在交付的这卷书以切切的祷告来促进、推动纯净无玷污的信仰,帮助人们扩展对基督的认识。愿它成为谦卑的工具,有助于那使不灭灵魂得归正、得造就的荣耀工作。

J.C. 莱尔

第 一 章

一 基督的家谱

太1：1—17

1. 亚伯拉罕的后裔、大卫的子孙、耶稣基督的家谱（"后裔"、"子孙"原文都作"儿子"。下同）：
2. 亚伯拉罕生以撒，以撒生雅各，雅各生犹大和他的弟兄，
3. 犹大从她玛氏生法勒斯和谢拉，法勒斯生希斯仑，希斯仑生亚兰，
4. 亚兰生亚米拿达，亚米拿达生拿顺，拿顺生撒门，
5. 撒门从喇合氏生波阿斯，波阿斯从路得氏生俄备得，俄备得生耶西，
6. 耶西生大卫王。大卫从乌利亚的妻子生所罗门，
7. 所罗门生罗波安，罗波安生亚比雅，亚比雅生亚撒，
8. 亚撒生约沙法，约沙法生约兰，约兰生乌西亚，
9. 乌西亚生约坦，约坦生亚哈斯，亚哈斯生希西家，
10. 希西家生玛拿西，玛拿西生亚们，亚们生约西亚。
11. 百姓被迁到巴比伦的时候，约西亚生耶哥尼雅和他的弟兄。
12. 迁到巴比伦之后，耶哥尼雅生撒拉铁，撒拉铁生所罗巴伯，
13. 所罗巴伯生亚比玉，亚比玉生以利亚敬，以利亚敬生亚所，
14. 亚所生撒督，撒督生亚金，亚金生以律，
15. 以律生以利亚撒，以利亚撒生马但，马但生雅各，
16. 雅各生约瑟，就是马利亚的丈夫。

那称为基督的耶稣，是从马利亚生的。

17. 这样，从亚伯拉罕到大卫，共有十四代；从大卫到迁至巴比伦的时候，也有十四代；从迁至巴比伦的时候到基督，又有十四代。

*　*　*

这段经文是新约圣经的开始。让我们读的时候，总是带着认真敬重之情。我们面前的这卷书，包含的"不是人的道，乃是神的道"，当中每一句都由圣灵默示写成（帖前2：13）。

让我们每天为着神赐给我们圣经感谢他。明白圣经的最贫穷之人，要比希腊和罗马最有智慧的哲学家都更认识信仰。

让我们不要忘记拥有圣经赋予我们的重大责任。到了末日，我们都要按照我们所得的光照接受审判。多给谁，就向谁多取。

让我们读圣经时敬虔勤奋，带着真诚的决心，相信和践行我们在当中能找到的一切。我们怎样使用这本圣经，这绝非小事。永生还是永死，取决于我们使用圣经时的态度。最重要的是，让我们谦卑祈求圣灵的教导。唯独他能把真理应用在我们心里，使我们因所读的得益。

新约圣经以我们主耶稣基督的生活、死亡和复活作开始。圣经没有哪个部分像这部分这样重要，没有哪个部分是如此完全和完整。四卷各不相同的福音书告诉我们基督的作为和受死的故事。我们四次读到他的言行之宝贵记载。我们为此应当何等感恩！认识基督，这就是永生。相信基督，就是与上帝和好。跟从基督，就是做一个真正的基督徒。与基督同在，这本身就是天堂。对于耶稣基督，我们听得再多也不为过。

《马太福音》以一长串的名字开始，用了十六节经文追溯从亚伯拉罕到大卫，从大卫到耶稣出生所在的那一家的家谱。我们千万不要以为这些经文无用。天地万物中没有一样东西是无用的。至不起眼的苔藓，最小的昆虫，都服务于某些美好的目的。圣经中没有一样是无用的。它的每一个字都由上帝默示。乍看好似无益的章节经文，也都是由上帝赐下，为要达成某些美好目的。认真读一下这十六节经文，你就会发现它们当中包含有用和有益的教训。

　　从这份名单我们可以认识到，**上帝的话总不落空**。他已经应许，地上万族都要因亚伯拉罕的后裔得福。他已应许要从大卫家兴起一位救主。（创12∶3；赛11∶1）这十六节经文证明耶稣是大卫的子孙，是亚伯拉罕的后裔，也证明上帝成就了他的应许。轻率和不敬虔的人当记住这个教训，并要惧怕。不管他们怎样想，上帝的话都不落空。如果他们不悔改，他们就必然灭亡。真基督徒应当记住这个教训，从中得着安慰。他们天上的父要信守他一切的承诺。他已经说了，他要拯救所有相信基督的人。如果他已经这样说了，他就肯定要如此行。"上帝非人，必不致说谎。""他仍是可信的，因为他不能背乎自己。"（民23∶19；提后2∶13）

　　这份名单还让我们看到，**人本性的有罪和败坏**。请看在这份名单中，多少敬虔的父亲有着邪恶不敬虔的儿子。罗波安、约兰、亚们和耶哥尼雅这些名字，会教导我们降卑的功课。他们都有敬虔的父亲，但他们都是邪恶的人。美德并非按家族延续，至于我们要成为上帝的儿女，所需要的东西比好榜样和好建议更多。重生的人不是从血气生的，不是从情欲生的，也不是从人意生的，乃是从上帝生的。（约1∶13）祷告的父母应当日夜祈求，求儿女可以从圣灵而生。

最后，这份名单让我们看到，**我们主耶稣基督的恩慈怜悯是何等浩大**。让我们思想人性是受了何等的玷污和不洁，然后思想他为女人所生，"成为人的样式"（腓2：7），这是何等的屈尊俯就。我们在这份名单中看到一些名字，让我们想起羞耻伤心的往事。一些名字属于那些圣经在别处从未提及的人。但在所有名字的最后，出现了主耶稣基督的名字。虽然他是永在的上帝，却降卑自己而成为人，为要给罪人提供救恩。"他本来富足，却为你们成了贫穷。"（林后8：9）

我们看这份名单时，总应带着感恩之心。我们在这里看到，凡拥有人性的任何人，没有一个会在基督的同情怜悯所能触及之外。我们的罪，也许就像马太列出的这些人名中任何一人的罪那样乌黑重大。但如果我们悔改以及相信福音，这些罪就不能把我们挡在天堂之外。如果耶稣不耻于为女人所生，他的家谱包含了我们今天所看到的那些人的名字，我们就无须担心他会以称我们做弟兄、赐我们永生为耻。

二 基督道成肉身，基督的名字

太1：18—25

18. 耶稣基督降生的事记在下面：他母亲马利亚已经许配了约瑟，还没有迎娶，马利亚就从圣灵怀了孕。

19. 她丈夫约瑟是个义人，不愿意明明地羞辱她，想要暗暗地把她休了。

20. 正思念这事的时候，有主的使者向

他梦中显现，说："大卫的子孙约瑟，不要怕，只管娶过你的妻子马利亚来，因她所怀的孕是从圣灵来的。

21. 她将要生一个儿子，你要给他起名叫耶稣，因他要将自己的百姓从罪恶里救出来。"
22. 这一切的事成就，是要应验主藉先知所说的话，
23. 说："必有童女怀孕生子，人要称他的名为以马内利。"（"以马内利"翻出来就是"上帝与我们同在"。）
24. 约瑟醒了，起来，就遵着主使者的吩咐，把妻子娶过来，
25. 只是没有和她同房，等她生了儿子（有古卷作"等她生了头胎的儿子"），就给他起名叫耶稣。

* * *

这段经文开始告诉我们两个重要的事实。首先，我们主耶稣基督怎样取了我们的人性在他身上，成为了人；其次，他的降生是神迹，他的母亲马利亚是一位童女。

这些是非常奥秘的问题。它们是深奥之事，我们无法测透。它们是事实，我们的头脑不足以完全领会。让我们不要尝试去解释超越我们薄弱的理性之上的事。让我们甘于带着敬畏相信，而不去推测我们不能理解的事。我们知道，在创造世界的那一位来说，没有什么是不可能的，这就够了。《使徒信经》的话足以让我们放心：耶稣基督"因圣灵感孕，从童贞女马利亚所生"。

让我们留意这些经文描写的**约瑟的做法**。这是敬虔的智慧，以及为别人体贴着想的美好榜样。他看出许配做他妻子的那一位似乎行了恶事，但他没有轻率行事。他耐心等候要清楚地看到自己当尽的责任。很有可能他借着祷告把这件事放在上帝面前。"信靠的人必不着急。"（赛 28：16）

约瑟的忍耐得到上帝施恩奖赏。他从上帝得到关于他焦虑之事

的直接信息，他的一切担忧立即得到解除。等候上帝是何等美好！有谁曾出于真心祷告，把他的忧虑卸给上帝，却发现上帝辜负了他呢？"在你一切所行的事上都要认定他，他必指引你的路。"（箴3：6）

让我们留意这些经文当中上帝赋予我们主的**两个名字**。一个是**耶稣**，另一个是**以马内利**。一个名字描述了他的职分，另一个描述了他的本性。两个都极值得留意。

耶稣这名字的意思是"救主"。它和旧约圣经中的约书亚是同一个名字。上帝赋予我们主这个名字，因为"他要将自己的百姓从罪恶里救出来"。这是他特别的职分。他用自己的血洗净他们，救他们脱离罪责。他把使人成圣的圣灵放在他们心里，救他们脱离罪的辖制。当他把他们从这世界接走，与他一道安息的时候，他救他们脱离罪的存在。他在末日要赐给他们一个荣耀的身体，并且要救他们脱离罪的一切后果。基督的百姓是有福和圣洁的！他们得救不是为要脱离苦难、十字架和争战，他们得救是要永远脱离罪。他们被基督的血洗净，从而脱离罪责，他们被基督的灵改变，合适居于天堂。这就是拯救。紧紧抓住罪不放的人实际上尚未得救。

对劳苦担重担的罪人而言，"耶稣"是非常令人鼓舞的名字。他是万王之王，万主之主，他本可以合法取某个听起来更威严的尊称，但他没有这样做。这世界的统治者常以伟大、征服者、勇敢、庄严和类似的头衔自称。上帝的儿子却甘心称自己为救主。渴望得救的人可以放胆靠近上帝，通过基督，带着信心来到上帝面前。向人施恩，这是耶稣的职分，是他喜悦做的事。"因为上帝差他的儿子降世，不是要审判世人，乃是要叫世人因他得救。"（约3：17）

对信徒而言，耶稣这名字尤其的甜美和宝贵。他们求君王、王子施恩却不得重视，耶稣这名字却常常给他们带来益处。它已赐给他们金钱买不到的内在的平安，它已安慰他们忧愁的良心，给他们沉重的心带来安息。《雅歌》中说"你的名如同倒出来的香膏"（歌1：3），这说出了许多人的经历。有福的人不是仅仅信靠关于上帝恩赐良善的模糊概念，而是信靠"耶稣"。

这些经文中讲到的另外一个名字，与刚刚提到的那名相比，其意义毫不逊色。这是上帝根据我们主的本性——"上帝在肉身显现"——而赋予他的名。他被称为**以马内利**，主的意思是，"上帝与我们同在。"

我们务必对我们主耶稣基督的本性和位格有清楚的认识。这是最重要的一点。我们应当内心坚信，我们的救主既是完全的神，也是完全的人；既是完全的人，也是完全的神。我们一旦看不见这重大的根本真理，就要落入各样可怕的异端。以马内利这个名字包含了全部奥秘。耶稣是"上帝与我们同在"。他在凡事上有与我们一样的人性，只是没有犯罪。虽然耶稣按人的血肉"与我们同在"，与此同时他却也是真正的神。

我们读四福音书的时候经常发现，我们的救主会疲倦、饥饿和口渴——像我们当中的任何一个人那样，会哭泣、叹息和感受痛苦。在所有这些方面，我们看到基督耶稣"那人"。我们看到他从童女马利亚所生时取过来的人性。

但在同样的四福音书中我们也发现，我们的救主知道人心和人的思想；他有权柄胜过鬼魔；他能说一句话就行出最大的神迹；他接受天使的服侍；他容许门徒称他作"我的上帝"；他说"还没有亚伯拉罕，就有了我"，"我与父原为一"。在所有这一切事上，我们看到那"永生的上帝"。我们看他是"在万有之上，永远可称颂的上帝。阿们"（罗9：5）。

你要让你的信心和盼望有稳固的根基吗？那就定睛在你救主的神性上吧！他是大能的神，我们受邀来信靠他的宝血。天上地上所有的权柄都是他的，无人能把你从他手里夺去。如果你真正相信耶稣，就不要让你的心愁苦害怕。

你想在受苦和受试炼时得到甜美的安慰吗？那就定睛于你救主的人性吧！他是身为人的基督耶稣，作为小小婴孩，躺卧在童贞女马利亚怀中，理解人心苦楚。他能与你的软弱感同身受。他亲身经历过撒旦试探，他忍受饥饿，他曾流泪，他曾感受痛苦。在一切时候都当把你的愁苦交托给他，他不会藐视你。借着祷告在他面前倾心吐意，一无保留。他能同情他的百姓。

让这些思想深深地扎根在我们脑海里。让我们为着新约圣经第一章包含的鼓舞人的真理感谢上帝。它告诉我们有一位要"把他的百姓从罪恶里救出来"。但这并不是全部。它告诉我们这位救主是"以马内利"——他自己是神，却也是上帝与我们同在，因为借着耶稣，上帝在像我们自己一样的肉身中显现。这是好消息，这确实是好消息。让我们带着感恩的心，并且凭信心在心中以这些真理为粮得饱足。

第 二 章

一 东方博士

太2：1—12

1. 当希律王的时候，耶稣生在犹太的伯利恒。有几个博士从东方来到耶路撒冷，说：
2. "那生下来作犹太人之王的在哪里？我们在东方看见他的星，特来拜他。"
3. 希律王听见了，就心里不安；耶路撒冷合城的人也都不安。
4. 他就召齐了祭司长和民间的文士，问他们说："基督当生在何处？"
5. 他们回答说："在犹太的伯利恒。因为有先知记着说：
6. '犹大地的伯利恒啊，你在犹大诸城中并不是最小的，因为将来有一位君王要从你那里出来，牧养我以色列民。'"
7. 当下希律暗暗地召了博士来，细问那星是什么时候出现的，
8. 就差他们往伯利恒去，说："你们去仔细寻访那小孩子，寻到了，就来报信，我也好去拜他。"
9. 他们听见王的话就去了。在东方所看见的那星，忽然在他们前头行，直行到小孩子的地方，就在上头停住了。
10. 他们看见那星，就大大地欢喜，
11. 进了房子，看见小孩子和他母亲马利亚，就俯伏拜那小孩子，揭开宝盒，拿黄金、乳香、没药为礼物献给他。
12. 博士因为在梦中被主指示，不要回去见希律，就从别的路回本地去了。

* * *

我们不知道这些博士是谁。上帝没告诉他们的名字和住处,不让我们知道。我们只是被告知他们"从东方"来。他们是迦勒底人还是阿拉伯人,我们不能说明。他们是从被掳的十个支派那里得知基督并等候他,还是从但以理的预言得知,我们并不知道。他们是谁并不重要。与我们最相关的要点,就是他们的历史传达给我们的丰富教训。

首先,这些经文让我们看到,**在我们没有料到的地方,可能会有上帝真正的仆人**。主耶稣有许多像这些博士一样"隐藏的人"。他们在地上的历史,像麦基洗德、叶忒罗和约伯的历史一样不为人知,但他们的名字是在生命册上,在他显现的日子要显为与基督同在。记住这点,这很重要。我们绝不可环顾全地,轻率地说:"一切都是荒凉。"上帝的恩典不被地方和家族约束。圣灵能无需许多外在方法的协助,带领人到基督那里。人可能像这些博士一样,生在地上黑暗的地方,却和他们一样变为"有得救的智慧"。此刻就有一些人正走在通往天堂的路上,是教会和世界根本不认识的。他们在隐秘的地方兴盛,就像荆棘中的百合花,"香气消失在旷野的空气中"。但基督爱他们,他们也爱基督。

第二,这些经文教导我们,**最尊荣基督的,并不总是那些享有最大信仰特权的人**。我们可能以为,文士和法利赛人一听到救主降生的风声,就会率先奔向伯利恒。但事情并非如此。除了路加提到的牧羊人外,几个从遥远地方来的不为人知的陌生人,是第一批因他降生就大大欢喜的人。"他到自己的地方来，自己的人倒不接待他。"（约1：11）这是人本性何等悲哀的写照！在我们自己中间，我们可以如此经常地看见同样的事情！通常是那些与蒙恩之道最为接近的人，正是最疏忽它们的人！那句古老的谚语是太真实不过了——"离教堂越近，离上帝越远"。熟悉神圣之事让人对它们生出藐视，这是一种可怕的倾向。有很多人，从便利和住处的角度，应该是首先来敬拜上帝的，却总是最后才来。有很多人，被认为是最后的，却总是成为最先的。

第三，这些经文教导我们，**人可能头脑有圣经知识，心中却无恩典**。请注意希律王是怎样找祭司和长老来询问"基督当生在何处"的，留意他们是如何立刻回答他，而且显明他们是何等熟悉圣经字句。但他们决不去伯利恒寻找那来的救主。耶稣在他们中间做工的时候，他们不愿相信他。他们的头脑比他们的内心要好。让我们所有人都警惕，不要甘于以头脑的知识为满足。当正确地使用知识，这是极美的事；但人可能大量地拥有这知识，然而却永远沉沦了。我们内心的光景如何，这是重要的问题。一点点的恩典比许多恩赐更好。仅有恩赐，这不能救任何人，但恩典带领人向前进到荣耀里。

第四，本章描写的博士举动堪称**灵里殷勤的极佳榜样**。他们从自己家乡旅行来到耶稣降生的地方，这要给他们带来何等艰难！他们要走多少令人疲乏的路程！在东方旅行的人，他们的疲倦，远超过我们在英格兰的人所能体会到的。这样的旅行必定消耗大量的时间，遇到的危险既不少也不小。但这些事情没有一样能使他们动摇。他们的心专注在来见"生下来作犹太人之王"的那一位，不见到他就决不安息。他们向我们证明,"有志者事竟成"那句老话是真的。

所有认信的基督徒,如果他们更乐意效法这些博士的榜样,这就好了。我们的舍己在哪里?我们为自己的灵魂付出了什么代价?我们在跟从基督的事上表现出多少努力?我们的信仰使我们付出多少代价?这些都是严肃的问题,值得认真思考。

最后,这些经文向我们展现了一个**令人震惊的信心榜样**。这些博士从未见过基督却相信他——但这并不是事情的全部。文士和法利赛人不信,而他们却相信他——但我要再说,这并非事情的全部。他们看见的他不过是马利亚膝上的一名小小婴孩,却相信他,把他作为君王来敬拜——这是他们信心的顶峰。他们没有看见令他们信服的神迹,他们没有听见让他们信服的教训,他们没有定睛看到令他们心生敬畏的神性记号和伟大。他们看见的不过是一位刚出生的婴孩,无助软弱,像我们任何一个人那样需要母亲照顾。然而当他们看见那婴孩,他们相信自己看见了上帝赐下的世人的救主。他们"就俯伏拜那小孩子"。

在整部圣经中,我们看不到有比这更大的信心。这信心配得与那悔改强盗的信心比肩。那强盗看到他被当作罪犯受死,却向耶稣祈求,并称他是主。博士看见一位贫穷妇人抱在膝上的新生婴孩,却拜他,承认他是基督。能这样相信的人真是有福了!

让我们记住,上帝喜悦和看重的,就是这种信心。就在今天我们仍看到对此的证明。无论在哪儿有人读圣经,这些博士的举动就为人所知,得到传讲,作为对他们的记念。让我们跟随他们信心的脚踪而行。就算我们身边所有人都仍然漫不经心和不信,我们也不要羞于相信耶稣和以承认他为耻。我们岂不是有比博士多一千倍的证据，让我们可以相信耶稣是基督吗？无疑我们是有的，但我们的信心在哪里呢？

二 逃往埃及，后来住在拿撒勒

太2：13—23

13. 他们去后，有主的使者向约瑟梦中显现，说："起来！带着小孩子同他母亲逃往埃及，住在那里，等我吩咐你，因为希律必寻找小孩子，要除灭他。"
14. 约瑟就起来，夜间带着小孩子和他母亲往埃及去，
15. 住在那里，直到希律死了。这是要应验主藉先知所说的话，说："我从埃及召出我的儿子来。"
16. 希律见自己被博士愚弄，就大大发怒，差人将伯利恒城里并四境所有的男孩，照着他向博士仔细查问的时候，凡两岁以里的，都杀尽了。
17. 这就应了先知耶利米的话，说：
18. "在拉玛听见号啕大哭的声音，是拉结哭她儿女，不肯受安慰，因为他们都不在了。"
19. 希律死了以后，有主的使者在埃及向约瑟梦中显现，说：
20. "起来！带着小孩子和他母亲往以色列地去，因为要害小孩子性命的人已经死了。"
21. 约瑟就起来，把小孩子和他母亲带到以色列地去。
22. 只因听见亚基老接着他父亲希律作了犹太王，就怕往那里去，又在梦中被主指示，便往加利利境内去了。
23. 到了一座城，名叫拿撒勒，就住在那里。这是要应验先知所说，他将称为拿撒勒人的话了。

* * *

在这部分经文中请观察，**这世界的官长很少有对上帝的事友善**

的。这是何等真实啊！主耶稣从天上下来拯救罪人，而我们立刻看到希律王"寻找小孩子，要除灭他"。

人拥有高位和财富，这是一件危险的事。寻求得着这些的人，并不知道他们在追求什么。它们引人进入许多试探。它们可能会让人心充满骄傲，把人心爱慕的与尘世上的事捆绑在一起。"蒙召的……有能力的不多，有尊贵的也不多"。"有钱财的人进天国是何等的艰难啊！"（林前1：26；可10：23）

你嫉妒有钱有势的人吗？你的心是否在说"哦，要是我有他们的地位、级别和财产就好了"？小心不要让这种感情占了上风。你所羡慕的财富本身，可能正渐渐地把拥有它的人往下拉到地狱里去。再多一点点金钱，就可能促成你的败坏。你可能就像希律，要落入各样极端的邪恶和凶残里。"你们要谨慎自守，免去一切的贪心。""要以自己所有的为足。"（路12：15；来13：5）

你以为基督的事业是取决于君王的权势和保护吗？你错了。他们很少有为推动真信仰发挥重大作用的。他们更经常与真理为敌。"你们不要倚靠君王。"（诗146：3）像希律的人很多，像约西亚和英格兰的爱德华六世这样的人却寥寥无几。

请留意，**主耶稣如何从婴孩开始就"常经忧患"**。他一进入世界，苦难就在等着他。他的生命因希律的仇恨而落在危难当中。他的母亲和约瑟被迫连夜把他带走，"逃往埃及"。这只是他在地上全部经历的表征。就在他还是待哺婴孩的时候，羞辱的浪潮已经开始向他袭来。

主耶稣正是受苦忧愁之人所需的救主。当我们祷告，把我们的忧愁告诉他的时候，他非常清楚我们的意思。当我们遭受残酷逼迫向他呼求时，他能同情我们。让我们不要把任何一点东西留下不交给他。让我们把他当作我们的知心朋友，在他面前倾心吐意，因他曾经历苦难之多。

请留意，**死是如何能像清除他人一样，除去这世上的君王**。统治千万人的君王，当他们离去的时候，他们没有能力留住生命。那杀害无助婴孩的凶手，他自己一定要死。约瑟和马利亚听到"希律死了"的消息，就立刻安全地回到他们自己的地方。

真正的基督徒绝不应该因人的逼迫大大动摇。他们的敌人可能强大，而他们自己可能弱小，但他们仍无须惧怕。他们应该记住，"恶人夸胜是暂时的"（伯20：5）。那些一度凶残逼迫上帝百姓的法老们、尼禄们和戴克里先们，他们有何结局？法国查理九世和英格兰玛丽的血腥敌意现在在哪里？他们竭尽全力要把真理摔在地上，但真理再一次从地上站起来，仍然活着；而他们却死了，在坟墓里朽坏。任何一个信徒都不要灰心。死大有能力地把一切摆平，可以把挡基督教会道的任何大山挪去。主永远活着，他的仇敌只不过是人而已。真理终将得胜。

最后请留心，上帝的儿子在地上的时候，**他居住的地方，教导我们何等谦卑的功课**。他与他的母亲和约瑟住在"一座城，名叫拿撒勒"。拿撒勒是加利利的一座小城，是不出名的偏僻地方，旧约圣经一次也没有提过。希伯仑、示罗、基遍和伯特利是重要得多的地方。但主耶稣绕过它们，选择了拿撒勒。这是何等的谦卑！

主耶稣在拿撒勒一住就是三十年。他在那里长大，从婴孩到幼年，从幼年到少年，从少年到青年，再从青年到成年人的光景。我们对于他怎样度过这三十年知之甚少。他"顺从马利亚和约瑟"，这是圣经明明白白告诉我们的（路2：51）。他和约瑟一起在木匠的作坊里工作，这是极有可能的。我们只是知道，世界的救主在地上差不多六分之五的时间，是在这世界的穷人当中，在完全偏僻的地方度过。这是真正的谦卑！

　　让我们从我们救主的榜样学习智慧。我们太过容易在这世上"图谋大事"。让我们不要图谋（耶45：5）。地位、头衔和社会身份，并不像人以为的那样重要。贪婪、爱世界、骄傲和体贴肉体，这是大罪，但贫穷并不是罪。我们住在哪里，这并不及我们在上帝眼中是怎样的人来得重要。我们死的时候要往哪里去？我们要永远在天堂里生活吗？这些是我们应当关注的大事。

　　最重要的是，让我们每天努力效法我们救主的谦卑。骄傲是最古老最常见的罪。谦卑是各样美德当中最罕有最美丽的。让我们为着谦卑努力。让我们为着谦卑祈求。我们的知识可能很少，我们的信心可能软弱，我们的力量可能微小，但如果我们是住在拿撒勒的那一位的门徒，就让我们无论如何都要谦卑。

第 三 章

一 施洗约翰的工作

太3：1—12

1. 那时，有施洗的约翰出来，在犹太的旷野传道，说：
2. "天国近了，你们应当悔改！"
3. 这人就是先知以赛亚所说的，他说："在旷野有人声喊着说：'预备主的道，修直他的路！'"
4. 这约翰身穿骆驼毛的衣服，腰束皮带，吃的是蝗虫、野蜜。
5. 那时，耶路撒冷和犹太全地，并约旦河一带地方的人，都出去到约翰那里，
6. 承认他们的罪，在约旦河里受他的洗。
7. 约翰看见许多法利赛人和撒都该人也来受洗，就对他们说："毒蛇的种类！谁指示你们逃避将来的忿怒呢？
8. 你们要结出果子来，与悔改的心相称。
9. 不要自己心里说：'有亚伯拉罕为我们的祖宗。'我告诉你们：上帝能从这些石头中给亚伯拉罕兴起子孙来。
10. 现在斧子已经放在树根上，凡不结好果子的树，就砍下来，丢在火里。
11. 我是用水给你们施洗，叫你们悔改；但那在我以后来的，能力比我更大，我就是给他提鞋也不配，他要用圣灵与火给你们施洗。
12. 他手里拿着簸箕，要扬净他的场，把麦子收在仓里，把糠用不灭的火烧尽了。"

＊　＊　＊

这些经文描写了我们主耶稣基督的先锋施洗约翰的侍奉，这是值得我们密切关注的侍奉。能产生如此果效的传道人寥寥无几。"那时，耶路撒冷和犹太全地，并约旦河一带地方的人，都出去到约翰那里。"从未有人像他那样得到教会伟大元首的称赞。耶稣称他是"点着的明灯"（约 5：35）。众人灵魂的伟大监督亲自宣告："凡妇人所生的，没有一个兴起来大过施洗约翰的。"（太 11：11）那么让我们来仔细看他侍奉的主要特征。

施洗约翰清楚地讲论罪。他教导人在得救之前，"悔改"是绝对必需的。他传讲悔改一定要得到"果子"的证明。他警告人不要以外在特权，或者外在与教会联合为满足。

这正是我们所有人都需要的教导。我们按本性是死的、瞎眼的，在属灵的事上沉睡。我们乐意让自己满足于一种仅仅形式上的宗教，自己夸自己，说如果我们上教会，我们就必得救。我们需要得知，除非"悔改归正"，否则我们都要灭亡。

施洗约翰清楚地讲论我们的主耶稣基督。他教导百姓，有一位"能力比他更大"的要到他们中间来。他本人不过是一位仆人，而来的那一位是君王。他自己只能"用水施洗"，而要来的那一位要"用圣灵施洗"，除去罪，而且有一天要审判世界。

这也正是人性需要的教训。我们需要奉差遣直接到基督那里去。我们都很容易偏离这一点。我们想以自己与教会的联合、固定接受圣礼、勤奋参与固定侍奉为满足。我们应当知道，凭信心与基督本人联合是绝对必要的。他是上帝指定的怜悯、恩典、生命和平安的源泉。我们必须各自为着我们的灵魂亲自面对他。我们对主耶稣有什么认识？我们从他那里得到了什么？这些是决定我们得救与否的问题。

施洗约翰清楚地讲论圣灵。他传道说有一种圣灵的洗。他教导说，把这圣灵的洗赐给人，这是主耶稣特别的职分。

这又是我们极其需要的教导。我们需要知道，要得救，罪得赦免并不是唯一必须要有的事情。还有另外一件事，那就是圣灵在我们心里所施的洗。不仅必须要有基督**为**我们所做的工，还必须要有圣灵在我们**里面**所做的工。不仅要有因着基督的血而得着的通往天堂的权利，还要有基督的灵在我们里面做成的，为上天堂所需的预备。让我们不经历圣灵的洗就绝不满足。水的洗礼是极大的特权，但让我们确保自己也得着圣灵的洗。

施洗约翰清楚地讲论不悔改不相信的可怕危险。他告诉听众，有一种"将来的忿怒"。他传讲一种"不灭的火"，有一天糠秕要被这火烧掉。

这种教导亦极为重要。我们需要受到直截了当的警告，即我们悔改与否绝非一件小事。我们需要得到提醒：既有天堂也有地狱，既有义人得到的永生，也有恶人永远的惩罚。可怕的是，我们容易忘记这一点。我们谈论上帝的慈爱怜悯，却不充分记得他的公义圣洁。让我们在这一点上特别小心。把主的可畏扣下不讲，这并不是真正的爱。我们有可能永远失丧，所有尚未归正的人都命悬那深坑的边缘——得到这样的教训，对我们有极大的益处。

最后，**施洗约翰清楚地讲论真信徒的安全**。他教导说有一谷仓，收藏所有是基督的麦子的人，在他显现的那日，他们要被收聚其中。

这是人性极需要的教训。最好的信徒也需要多多鼓励。他们还在肉身之内，他们生活在一个罪恶的世界上，他们经常受到魔鬼的试探。他们应当经常得到提醒，就是耶稣绝不撇下他们，弃绝他们。他要引导他们安全度过今生，最后赐给他们永远的荣耀。在忿怒的日子他们将被隐藏起来，他们必像方舟里的挪亚一样安全。

让这些事情在我们心里深深扎根。我们生活在一个虚假教训盛行的年代，我们绝不要忘记一个忠心侍奉的主要特征。如果基督教会所有的成员都更像施洗约翰，教会就有福了！

二　基督受洗

太3：13—17

13. 当下，耶稣从加利利来到约旦河，见了约翰，要受他的洗。
14. 约翰想要拦住他，说："我当受你的洗，你反倒上我这里来吗？"
15. 耶稣回答说："你暂且许我，因为我们理当这样尽诸般的义（或作"礼"）。"于是约翰许了他。
16. 耶稣受了洗，随即从水里上来。天忽然为他开了，他就看见上帝的灵仿佛鸽子降下，落在他身上。
17. 从天上有声音说："这是我的爱子，我所喜悦的。"

* * *

在这里我们看到主耶稣基督受洗的记载。这是他进入侍奉的第一步。犹太人的祭司在三十岁任职时要接受水洗（出29：4）。当我们的大祭司开始做他到世上来成就的大工时，他也在众人面前受洗。

让我们从这些经文中学会**带着敬畏，重视洗礼这项圣礼**。主耶稣亲自参与的圣礼不可受到轻看。教会伟大的元首顺服接受的圣礼，应该在认信基督徒的眼中更显尊荣。

在信仰中几乎没有什么问题比洗礼更容易出现大错误。有一些要点需要大力捍卫保护。让我们用两种普遍的谨慎态度武装自己的思想。

在一方面我们要警惕，好使**我们不把一种迷信的重要意义加在水的洗礼之上**。我们绝不可期盼水像有魔力一样起效。我们绝不可以为，所有接受了洗礼的人，在他们受洗的那一刻自然就领受了上帝的恩典。可能有人说：所有来受洗的人都得到了同等的福益；他们是凭着信心和祷告来，还是漫不经心地前来，这一点都不重要。这样说就是明显与圣经最清楚的教训矛盾。

在另一方面我们要小心，**不要对洗礼这圣礼不敬**。当它被抛诸脑后，在教会中从未受到公开关注，这就是对它不敬。基督亲自设立的圣礼，不应受到这种待遇。接纳每一位新成员，不管是年轻人还是成人进入有形教会的行列，这应当是在基督教教会里激起极大兴趣的一件大事。这是一件需要所有祷告的人热切祈求的大事。我们越深信洗礼和恩典密不可分地联系在一起，每次有任何人受洗，我们就会越发感受到必须同心祷告，求上帝赐福。

我们主耶稣基督的洗礼伴随着特别庄重的情形。只要世界尚存，他这样的洗礼就绝不会重复再有。

我们在经文中看到，**配得称颂的三一真神的所有三个位格都在当中一同出现**。在肉身中显现的圣子受洗。圣灵上帝像鸽子降下，落在他身上。圣父用声音从天上说话。在一句话中我们看到父、

第三章

子、圣灵显现的临在。我们可以肯定把这看作是公开宣告，基督的工作是全部三位在亘古所定旨意的结果。是三一真神的所有三个位格，在创造开始时说"让我们**造人**"，还是三一真神的所有三个位格，在福音开始时似乎在说"让我们**救人**"。

我们得知在我们主受洗时，"**从天上有声音说**"。这是特别庄严的情形。在这之前，除了在西奈山上颁布律法，我们在圣经中没有看到天上有声音说话的记载。这两个场合都特别重要。所以在我们的天父看来，以特别的尊荣作这两件事的标志，这是好的。在引入律法和福音的时候，他都亲自说话——"上帝吩咐这一切的话说"（出20：1）。

父的话何等震撼和启发人心！"这是我的爱子，我所喜悦的。"他用这句话宣告，耶稣是亘古以来所印证和指定的本为神的救主，为要执行救赎的工作。天父宣告，他接受耶稣作神人之间的中保。他似乎是向全世界宣告，他以耶稣为满足，以他作为失丧的亚当族类献上的挽回祭，替代和付出赎价的那一位，以及一群蒙救赎百姓的元首。在耶稣身上，天父看见他神圣的律法"为大、为尊"。借着耶稣，他能"使人知道他自己为义，也称信耶稣的人为义"（赛42：21；罗3：26）。

愿我们好好深思这句话！它充满了为心灵预备的丰盛食物。对所有逃往主耶稣基督、以他作避难所、把他们的灵魂交托给他施行拯救的人来说，这句话充满平安、喜乐、安慰和怜恤。这样的人想到这点就可欢喜，就是虽然他们自己有罪，在上帝眼中他们却被算为义。父看他们是他爱子的肢体。他看他们毫无瑕疵，为他儿子的缘故是"爱子"（弗1：6）。

第 四 章

一 试探

太4：1—11

1. 当时，耶稣被圣灵引到旷野，受魔鬼的试探。
2. 他禁食四十昼夜，后来就饿了。
3. 那试探人的进前来，对他说："你若是上帝的儿子，可以吩咐这些石头变成食物。"
4. 耶稣却回答说："经上记着说：'人活着，不是单靠食物，乃是靠上帝口里所出的一切话。'"
5. 魔鬼就带他进了圣城，叫他站在殿顶上（"顶"原文作"翅"），
6. 对他说："你若是上帝的儿子，可以跳下去，因为经上记着说：'主要为你吩咐他的使者，用手托着你，免得你的脚碰在石头上。'"
7. 耶稣对他说："经上又记着说：'不可试探主你的上帝。'"
8. 魔鬼又带他上了一座最高的山，将世上的万国与万国的荣华，都指给他看，
9. 对他说："你若俯伏拜我，我就把这一切都赐给你。"
10. 耶稣说："撒旦（"撒旦"就是"抵挡"的意思，乃魔鬼的别名）退去吧！因为经上记着说：'当拜主你的上帝，单要侍奉他。'"
11. 于是魔鬼离了耶稣，有天使来伺候他。

＊　＊　＊

　　按照马太的记载，我们主受洗后的第一件事，就是受试探。这是一个深奥的话题，它的过程中有许多事是我们不能解释的。但在这过程的表面有清楚实际的教训，我们若留意就有福了。

　　让我们首先认识到，**魔鬼是我们何等真实和大有能力的仇敌**。它甚至不怕要去攻击主耶稣自己。它三次攻击上帝自己的儿子。我们的救主"受魔鬼的试探"。是魔鬼在一开始的时候把罪带进世界。是它折磨约伯，欺骗大卫，让彼得重重跌倒。是它，圣经称之为"杀人的"、"说谎的"，还有"吼叫的狮子"（约8：44；彼前5：8）。是它，时刻对我们的灵魂充满敌意，从不打盹，从不睡觉。是它，将近6000年一直在做一件工作——败坏男男女女，把他们拉入地狱。是它，阴险狡猾过于人能知道的，并且常常显出是"光明的天使"（林后11：14）。

　　让我们大家天天守望祷告，对抗它的诡计。没有敌人比它更害人——它从来不能被看见，从来不死，无论我们住在哪里它都在我们附近，无论我们去到哪里它都与我们同去。还有，让我们警惕那种对魔鬼的轻浮取笑态度。不幸的是，这种态度今天特别常见，令人担忧。让我们每天记住，我们若要得救，就必须不仅钉死肉体，胜过世界，还要"抵挡魔鬼"。

　　接着让我们认识到，**我们遇见试探，绝不可以为遭遇非常的事**。"学生不能高过先生；仆人不能高过主人。"如果撒旦到基督这里来，它也要到基督徒这里来。

如果所有的信徒都记住这一点，这就好了，只是他们太容易忘记。他们常常发现自己思想里冒出邪恶的念头，对于这些念头，他们确实可以说深恶痛绝。有怀疑、质疑和有罪的意念向他们暗示出来，他们整个里面的人都应对此抗拒。但不要让这些事情摧毁了他们的平安，夺去了他们的安慰。让他们记住有一个魔鬼，若发现它就在他们旁边，不要吃惊。受试探这件事本身不是罪。向试探屈服，在我们心中给它留一个地方，才是罪，是我们必须惧怕的。

接着让我们还要认识到，**我们抵挡撒旦时应该使用的主要武器就是圣经**。这大敌三次向我们的主发出试探，它提出的条件也三次遭到拒绝，每次主都以一节圣经经文作为理由——"经上记着说"。

这是我们应当努力读圣经的众多理由中的一个。上帝的话语是圣灵的宝剑。我们若不把它作为主要的兵器使用，就绝不能打一场美好的仗。上帝的话语是我们脚前的灯，我们若不靠着它的光走路，就绝不能继续走在通往天堂的大道上（弗6：17；诗119：105）。我们很有理由担心，我们读圣经读得不够。有圣经，这并不足够，我们一定要真的读圣经，自己用它作为我们的祷告。如果它安静躺在我们家里，就不能给我们带来益处。我们必须确实熟悉它的内容，把它的经文储藏在我们的记忆和思想里。对圣经的认识绝不会凭直觉获得，只能通过每天规律地、勤奋地、专注地和警醒地阅读而得到。我们抱怨这会让我们花费时间和精力吗？如果是这样，我们就还没有预备好进入上帝的国。

最后让我们认识到，**主耶稣基督是一位何等同情人的救主**。"他自己既然被试探而受苦，就能搭救被试探的人。"（来2：18）

耶稣的同情，是所有信徒应当特别看为宝贵的事实。他们要发现这是极大安慰的宝藏。他们绝不可忘记，在天上有一位大能的朋友，在他们受到一切试探的时候耶稣能体会他们的感受，能与他们一切灵里的焦虑产生共鸣。他们受撒旦试探，要他们不信靠上帝的看顾和良善吗？耶稣也曾受过这试探。他们受试探，要想当然地以为必得上帝的怜悯，不得上帝的许可就闯入危险吗？耶稣也曾受过这样的试探。他们受到试探，为着某些看起来极大的好处而犯某件极大隐藏的罪吗？耶稣也受过这试探。他们受到试探，要他们去听某些对圣经的误用，作为犯罪的借口吗？耶稣也受过这试探。一群受试探的民要求的，正是一位像他这样的救主。他们应当奔向耶稣求帮助，把他们的一切苦难摆在他面前。他们要发现他的耳朵乐意随时聆听，他的内心愿意随时感受。他能明白他们的忧愁。

愿我们都借着真实的经历，知道有一位同情我们的救主是何等宝贵！在这冰冷和欺骗的世界上，没有什么能与之相比。只在今生寻求幸福，藐视圣经所传信仰的人，并不知道他们失去了何等真正的安慰。

二　基督开始传道，呼召首批门徒

太4：12—25

12. 耶稣听见约翰下了监，就退到加利利去；
13. 后又离开拿撒勒，往迦百农去，就住在那里。那地方靠海，在西布伦和拿弗他利的边界上。
14. 这是要应验先知以赛亚的话，
15. 说："西布伦地，拿弗他利地，就是沿海的路，约旦河外，外邦人的加利利地。

16. 那坐在黑暗里的百姓，看见了大光；坐在死荫之地的人，有光发现照着他们。"

17. 从那时候，耶稣就传起道来，说："天国近了，你们应当悔改！"

18. 耶稣在加利利海边行走，看见弟兄二人，就是那称呼彼得的西门和他兄弟安得烈，在海里撒网；他们本是打鱼的。

19. 耶稣对他们说："来跟从我！我要叫你们得人如得鱼一样。"

20. 他们就立刻舍了网，跟从了他。

21. 从那里往前走，又看见弟兄二人，就是西庇太的儿子雅各和他兄弟约翰，同他们的父亲西庇太在船上补网，耶稣就招呼他们。

22. 他们立刻舍了船，别了父亲，跟从了耶稣。

23. 耶稣走遍加利利，在各会堂里教训人，传天国的福音，医治百姓各样的病症。

24. 他的名声就传遍了叙利亚。那里的人把一切害病的，就是害各样疾病、各样疼痛的和被鬼附的、癫痫的、瘫痪的，都带了来，耶稣就治好了他们。

25. 当下，有许多人从加利利、低加波利、耶路撒冷、犹太、约旦河外来跟着他。

* * *

我们在这些经文中看到，我们的主在世人当中侍奉的开始。他在一群愚昧无知的人当中开始努力工作。他拣选人作他的同伴和门徒。他用神迹证实他的侍奉，这"传遍了叙利亚"，激起人的关注，吸引众人来听他。

让我们留意**我们主是怎样开始他大能的工作的**。"他就传起道来。"

没有一样职分像传道职分那样满有尊荣，没有一样工作像对人灵魂所做的工那样重要。这是上帝的儿子不耻于担任的职分。这是他委派十二门徒担任的职分。这是保罗老年时特别指示提摩太要

第四章

重视的职分。他几乎是用最后的一口气，吩咐提摩太"务要传道"（提后4：2）。这是上帝总是乐意使用的使人归正、造就人的方法，超过使用任何别的方法。教会最光明的日子，就是传道人得到尊重的时候。教会最黑暗的日子，就是传道人遭到轻看的时候。让我们重视圣礼和教会集体的祷告，带着敬意使用它们，但让我们小心，不要把它们置于讲道之上。

让我们留意**主耶稣向世人宣告的第一个教义**。他以说"悔改"作为开始。

悔改的必要是位于基督教信仰最底部的重要的基石之一。这是需要无一例外向全人类强调的真理。上流人或下流人，富足人或贫穷人，所有人都犯了罪，在神面前有罪；要得救，所有人都必须悔改归正。真悔改不是一件随随便便的事。它是人心对罪彻底的改变，这改变表现为依着神的意思忧愁和降卑，在施恩座前真心认罪，完全与犯罪习惯决裂，有一种持久不变，对一切罪的恨恶。这样的悔改与相信基督以至于得救密不可分。让我们高度重视这教训，它至关重要。凡是没有时常提出要"向神悔改，信靠我主耶稣基督"（徒20：21）的基督教教训，都不能称作纯正的教导。

让我们留意**主耶稣挑选哪一类人做他的门徒**。他们是生活上最贫穷最卑微一等的人。彼得、安得烈、雅各，还有约翰，都是"打鱼的"。

我们主耶稣基督的信仰不是唯独给富有和有学问之人的。它是给全世界的人，而全世界大多数的人都是穷人。贫穷和没文化把成千上万的人排除在异教世界自负哲学家的关注之外，却不把一人排除在服侍基督的最高位置之外。这人谦卑吗？他感受到他的罪吗？

他愿意聆听基督的声音来跟从他吗？如果是这样，他可能是穷人当中最穷的，却要与天国里任何人一样高。没有恩典，智力和金钱就毫无价值。

对基督的信仰必然是从天上来的，否则它就不可能像它已经成为的那样——兴旺并传遍全地。不信之人企图驳倒这论证，这是徒劳的。它不能被驳倒。一种不奉承富人、伟人和有学问之人的信仰，一种不纵容人心属肉体愿望的信仰，一种其首批教师是没有财富、地位和权势的贫穷渔夫的信仰——这样的信仰，若不是出于神，就绝不可能掀翻整个世界。请看，罗马皇帝和异教祭司辉煌的神殿在一边，而几个没有学问的体力劳动者，带着福音在另一边！难道世界上还有任何双方是如此对比悬殊的吗？然而软弱的显为坚强，强壮的显为软弱。异教沦陷，基督教信仰取而代之。因此，基督教信仰必然是出于神的。

让我们最后留意**我们主为证实他使命所行神迹的普遍特征**。在此我们在总体上看到这些神迹，以后我们要具体看到许多这样的神迹。它们有何特征？它们是怜悯慈爱的神迹。我们的主"周游四方行善事"。

这些神迹是要教导我们主的大能。能一摸人就治好病人，一句话就把鬼赶出去的那一位，面对"凡靠着他进到神面前的人，他都能拯救到底"。他是大有能力的。

这些神迹是要作为预表和标记，表明我们主身为灵里医生所具有的技巧。在他面前，身体的疾病没有不能医治的。他也有大能医治我们灵魂各样的疾病。没有一颗破碎的心是他不能治愈的，没有任何一种良心的伤口是他不能治好的。我们因罪堕落，被压垮、压

第四章

伤、灾病缠身，而耶稣用他的血和灵，就能使我们痊愈，只要我们到他那里求他。

这些神迹完全是要让我们看到基督的心。他是最有同情心的救主。到他这里来的人，他一个也不拒绝。人不管多么可憎有病，他一个也不拒绝。他耳听所有人，手帮所有人，内心体谅所有人。世上没有像他那样的恩慈。他的怜悯永不止息。

愿我们都记住耶稣"昨日今日一直到永远，是一样的"（来13：8）。他在高天之上，在上帝的右边，一点也没有改变。他现在与一千八百年前一样，仍是大有能力施行拯救，愿意接纳人，乐意帮助。若在那时，我们愿意把我们的需要全部摆在他面前吗？让我们现在也如此行。他能"医治各样的病症"。

第 五 章

一　八　福

太5：1—12

1. 耶稣看见这许多的人，就上了山，既已坐下，门徒到他跟前来。
2. 他就开口教训他们，说：
3. "虚心的人有福了，因为天国是他们的。
4. 哀恸的人有福了，因为他们必得安慰。
5. 温柔的人有福了，因为他们必承受地土。
6. 饥渴慕义的人有福了，因为他们必得饱足。
7. 怜恤人的人有福了，因为他们必蒙怜恤。
8. 清心的人有福了，因为他们必得见神。
9. 使人和睦的人有福了，因为他们必称为上帝的儿子。
10. 为义受逼迫的人有福了，因为天国是他们的。
11. 人若因我辱骂你们，逼迫你们，捏造各样坏话毁谤你们，你们就有福了。
12. 应当欢喜快乐，因为你们在天上的赏赐是大的。在你们以前的先知，人也是这样逼迫他们。"

*　*　*

　　以这段经文开始的三章，值得所有读圣经的人特别留意。它们包含人通常所说的"登山宝训"。

主耶稣的每一句话，应该对认信的基督徒都特别宝贵。它是那位牧长的声音，它是教会那位大监督和元首的嘱咐，它是主在说话。"从来没有像他这样说话的"，这是我们在末日都要接受其审判的那一位的话。

我们希望了解基督徒应当成为怎样的人吗？我们想要知道基督徒应当追求什么样的品格吗？我们想知道外在怎样行事为人，内在当有怎样的思想习惯才与跟从耶稣的人相称吗？如果想，就让我们经常学习登山宝训吧！让我们常常思想每一句，用它检验自己。同样要紧的，让我们经常思想，哪些人是登山宝训的开头称为"有福"的人。这位伟大的大祭司祝福的人，就真是有福了。

主耶稣称**虚心**的人有福了。他指的是那些谦卑、思想谦逊和自我降卑的人。他指的是那些深信自己在神眼前为有罪的人，那些不"自以为有智慧、自看为通达的人"。他们不是"富足，已经发了财"。他们不以为自己一样也不缺。他们看自己是"困苦、可怜、贫穷、瞎眼、赤身的"。所有这样的人有福了！虚心是基督教信仰字母表的第一个字母。如果我们要建得高，就必须从低开始。（赛 5:21；启 3:17）

主耶稣称**哀恸**的人有福了。他指的是那些为罪忧伤，天天为着他们自己短处担忧的人。这些人是自己为罪忧愁，超过为地上任何事情忧愁。想起罪，这就让他们忧伤。罪的重担是他们无法忍受的。所有这样的人有福了！"神所要的祭，就是忧伤的灵"，以及"忧伤痛悔的心"（诗 51:17）。有一天他们将不再哭泣："他们必得安慰。"

主耶稣称**温柔**的人有福了。他指的是那些有耐心和知足之心的人。他们愿意忍受在地上不受尊重，能够承受伤害却不怨恨。他们不快快发怒。像比喻中的那位拉撒路，他们甘愿等候属于他们的美事。所有这样的人有福了！长远来看他们绝不是失败者。有一天他们必要"在地上执掌王权"（启5∶10）。

主耶稣称**饥渴慕义**的人有福了。他是指那些渴慕完全符合神的心意超过渴慕一切的人。他们盼望成为圣洁，胜过盼望成为富有、充足或有学问。所有这样的人有福了！他们有一日必得着丰富的一切。他们必然"醒了的时候，得见上帝的形像，就心满意足了"（诗17∶15）。

主耶稣称**怜恤人**的人有福了。他指的是那些对别人充满怜悯的人。他们同情所有因罪或忧愁而受苦的人，温柔渴望能减轻他们的痛苦。他们充满善行，努力行善（徒9∶36）。所有这样的人有福了！在今生和来生，他们都必收获丰富的赏赐。

主耶稣称**清心**的人有福了。他指的是那些不仅追求外在正确，还追求内心圣洁的人。他们不满足于有仅仅外在信仰的样子。他们努力保守内心和良心没有罪过，用心灵和里面的人服侍神。所有这样的人有福了！人的心就是他自己。"人是看外貌，耶和华是看内心。"（撒上16∶7）最体贴圣灵的人也与神有最多相交。

主耶稣称**使人和睦**的人有福了。他指的是那些使用他们一切的影响力，在地上促进和睦慈善，不论私下还是公开，家里还是家外都是如此的人。他们努力让所有人彼此相爱，并且教导别人福音——即"爱就完全了律法"（罗13∶10）。所有这样的人有福了！他们正在做上帝的儿子第一次到地上来时开始、第二次再来时

第 五 章

要完成的那工作。

最后，主耶稣称**为义受逼迫**的人有福了。他指的是这样的人：他们因努力活出真正的基督徒生活，而被人嘲笑、讥讽、蔑视、虐待。所有这样的人有福了！他们与他们的主喝同一个杯。他们现在在人面前认他，他在末日也要在他的父和天使面前认他们。"他们的赏赐是大的。"

这些就是八块奠基石，主在山上讲道开始的时候立下的。八个重大试验人的真理摆在我们面前。愿我们认真留意每一个，学习得着智慧！

让我们明白，基督的原则和世界的原则是何等的格格不入。企图否认这点是徒然的。它们几乎是正好相反。主耶稣称赞的品格，正是世界藐视的。各处泛滥的骄傲、自私、暴躁、爱世界、利己、形式主义、没有爱心，正是主耶稣谴责的。

让我们明白，基督的教导与许多认信基督徒的做法何等的不同，这令人难过。我们在哪里可以找到，那些上教堂的人们是努力按照我们今天看到的模式生活的？哎呀！我们有太多的理由担心，许多受了洗的人对新约圣经的内容是毫无所知。

最要紧的，让我们明白，所有信徒都应当持守圣洁和体贴圣灵的事。他们的目标绝不能是任何低于登山宝训的标准。基督教信仰显然是实践的信仰，纯正的教义是它的根基，但圣洁的生活总应该是它的果子。如果要知道何为圣洁生活，就让我们经常提醒自己，耶稣称为"有福了"的是哪些人。

二 真基督徒的品格，基督的教导与旧约的关系

太5：13—20

13. "你们是世上的盐。盐若失了味，怎能叫它再咸呢？以后无用，不过丢在外面，被人践踏了。
14. 你们是世上的光。城造在山上，是不能隐藏的。
15. 人点灯，不放在斗底下，是放在灯台上，就照亮一家的人。
16. 你们的光也当这样照在人前，叫他们看见你们的好行为，便将荣耀归给你们在天上的父。"
17. "莫想我来要废掉律法和先知；我来不是要废掉，乃是要成全。
18. 我实在告诉你们：就是到天地都废去了，律法的一点一画也不能废去，都要成全。
19. 所以，无论何人废掉这诫命中最小的一条，又教训人这样做，他在天国要称为最小的；但无论何人遵行这诫命，又教训人遵行，他在天国要称为大的。
20. 我告诉你们：你们的义若不胜于文士和法利赛人的义，断不能进天国。"

* * *

主耶稣在这段经文中讲了两个题目。一个是真基督徒在世上必须具备和保持的特征，另外一个是他的教训和旧约圣经教训之间的关系。对这两个题目有清楚看见，这非常重要。

主耶稣告诉我们，**真正的基督徒在世上当像盐**。盐有它自己特别的味道，完全不像任何别的东西。它与其他物质混合，就保护它们免于败坏。它把自己一部分的味道传给任何与它混合的东西。只要它保留着它的味道，它就有用，但若失了味，就不再有用。我们是真正的基督徒吗？那么请关注我们在这地上的位置，以及在这位

第五章

置上的本分！

主耶稣告诉我们，**真正的基督徒在世上当像光**。光的特性就是彻底与黑暗有别。黑房子里最微弱的一束光，也可以马上被人看见。在上帝造的一切事物当中，光是最有用的。它催生万物，它引导，它给人带来鼓舞，它是上帝借着话语首先创造出的东西（创1：3）。没有它，世界就会是一片黑暗空荡。我们是真正的基督徒吗？那么我们就再次察看我们的位置和在这位置上的责任！

肯定是的，如果语言是有含义的，那么我们就应当从这两个比喻中学习，看到如果我们是真基督徒，我们的品格就必须要有某些标记，有明显和特别的方面。如果我们想尊基督为主，做他的百姓，那么，懒散地过日子，思想和生活与旁人一样，这是绝对不行的。我们得着恩典了吗？那么它必须要被人看见。我们有上帝的灵吗？那么就必须要结果子。我们有任何得救的信仰吗？那么在我们和那些只想着世界之事的人之间，必须要有不同的习惯、品位和思想。毫无疑问，真正的基督教信仰不仅仅是受洗和上教会。"盐"和"光"明显意味着内心和生命、信心和行为的特别之处。如果我们要得救，我们就必须敢于成为特别的，与世界不同。

我们主的教导与旧约圣经教导之间的关系，主用一句令人震惊的话加以澄清。他说："莫想我来要废掉律法和先知；我来不是要废掉，乃是要成全。"这是一句值得留心的话。当时这话说出来的时候极其重要，解决了犹太人在这一点上内心的焦虑。只要这世界尚存，它就极其重要，见证旧约和新约的信仰是一个和谐的整体。

主耶稣来成就先知的预言。他们很久以前就预言，一位救主有一天要出现。他来成就礼仪律（ceremonial law），成为所有摩西律法献祭一直指向的那为罪献上的伟大祭物。他来成就道德律（moral law），完全顺服我们绝没有可能顺服的这道德律，用他自己赎罪的血，付出我们违背这道德律当受的刑罚代价，这代价是我们绝没有可能付出的。在所有这些方面他尊崇上帝的律法，让它的重要性显得比以往更加清楚。一句话，他"使律法为大、为尊"（赛42:21）。

从主的这些话我们可以学习极大的智慧教训。让我们好好思想，将它们存放在我们的心里。

让我们**小心不要藐视旧约圣经**，不要用任何借口加以藐视。让我们不要听从一些人说的话，他们要我们把旧约圣经扔掉，把它当作一卷陈旧过时、无用的书。旧约圣经表明的信仰，是基督教信仰的萌芽。旧约圣经是福音的萌芽，新约圣经是福音花朵的盛开。旧约圣经是福音长出的叶子，新约圣经是福音结成饱满的麦穗。旧约圣经的圣徒通过镜子看许多事物，模糊不清，但他们都是凭信心仰望同一位救主，像我们一样得到同一位圣灵带领。这些不是小事，极多的背信之罪是始于对旧约圣经的无知藐视。

还有，让我们**小心不要藐视十诫律法**。让我们一刻也不要认为它已被福音搁置，或者基督徒与它没有任何关系。基督来，并不是要对十诫的地位作一丝改变。如果基督在这一方面做过什么，那也是尊崇和提高了律法的权柄（罗3:31）。十诫律法是上帝关于对错永远的标准。因着它，人知道何为罪。借着它，圣灵让人看到他们需要基督，把他们驱使到他面前。基督向他的百姓指出律法，做他们圣洁生活的原则和指引。按它的本位，它和那"荣耀福音"同样重要。律法不能救我们，我们不是靠它称义，但我们绝不能藐视它。律法受到轻看，信仰就落入无知和不健康的光景。真正的基督徒"喜欢上帝的律法"（罗7∶22）。

最后，让我们**小心不要以为福音降低了个人圣洁的标准**。基督徒不应像犹太人一样对自己的日常生活如此认真严格，这是一个极大的错误，但不幸的是，它变得非常普遍。远非如此，新约圣徒的成圣应当超越那除了旧约圣经，就没有任何其他作为指引的旧约圣徒。我们有越多光照，就应当越爱上帝。我们越清楚地看到我们自己在基督里完全和完满的赦罪，就应当越忠心为上帝的荣耀做工。对于救赎我们的代价，我们比旧约圣徒明白得更多。我们已经看到在客西马尼园和加略山上发生的事，而他们只是模糊不清地看见，视之为尚未发生之事。愿我们绝不要忘记我们的本分！满足于个人圣洁低标准的基督徒，要学习的还有很多很多。

三 三个例子证明律法属灵的性质

太5∶21—37

21. "你们听见有吩咐古人的话，说：'不可杀人'，又说：'凡杀人的，难免受审判。'

22. 只是我告诉你们：凡向弟兄动怒的，难免受审判（有古卷在"凡"字下添"无缘无故地"五字）。凡骂弟兄是拉加的，难免公会的审断；凡骂弟兄是魔利的，难免地狱的火。

23. 所以，你在祭坛上献礼物的时候，若想起弟兄向你怀怨，

24. 就把礼物留在坛前，先去同弟兄和好，然后来献礼物。

25. 你同告你的对头还在路上，就赶紧与他和息，恐怕他把你送给审判官，审判官交付衙役，你就下在监里了。

26. 我实在告诉你：若有一文钱没有还清，你断不能从那里出来。"

27. "你们听见有话说：'不可奸淫。'

28. 只是我告诉你们：凡看见妇女就动淫念的，这人心里已经与她犯奸淫了。

29. 若是你的右眼叫你跌倒，就剜出来丢掉，宁可失去百体中的一体，不叫全身丢在地狱里；

30. 若是右手叫你跌倒，就砍下来丢掉，宁可失去百体中的一体，不叫全身下入地狱。"

31. "又有话说：'人若休妻，就当给她休书。'

32. 只是我告诉你们：凡休妻的，若不是为淫乱的缘故，就是叫她作淫妇了；人若娶这被休的妇人，也是犯奸淫了。"

33. "你们又听见有吩咐古人的话，说：'不可背誓，所起的誓，总要向主谨守。'

34. 只是我告诉你们：什么誓都不可起。不可指着天起誓，因为天是上帝的座位；

35. 不可指着地起誓，因为地是他的脚凳；也不可指着耶路撒冷起誓，因为耶路撒冷是大君的京城；

36. 又不可指着你的头起誓，因为你不能使一根头发变黑变白了。

37. 你们的话，是，就说是；不是，就说不是；若再多说，就是出于那恶者（或作"是从恶里出来的"）。"

* * *

　　这些经文应当受到所有读圣经之人最密切的关注。正确理解它们包含的教义，这就是基督教信仰的根基。主耶稣在此更完全地解释了"我来不是要废掉律法，乃是要成全"这句话的含义。他教导我们，他的福音尊崇律法，高举它的权威。他让我们看到，经由他解释的律法，是比大多数犹太人的理解属灵得多、察验人心深入得多的法则。他从十诫选取了三条诫命，作为他说这句话含义的例子，以此证明这个事实。

他解释了**第六条诫命**。很多人以为，只要他们不实际**杀人**，他们就是遵守了上帝律法的这一条。主耶稣表明，它的要求比这深入得多。它定一切愤怒和急躁的言语，特别是无缘无故说出来的话为有罪。让我们认真注意这一点。我们可能在夺人性命这件事上完全无罪，却有可能犯罪违背了第六条诫命。

他解释了**第七条诫命**。很多人以为，只要他们不实际犯**奸淫**，他们就是遵守了上帝律法的这一条。主耶稣教导，即使我们外在行为符合道德、正确无误，我们也可能在思想上、在心里和想象中违反这条诫命。那与我们有关系的上帝所看的远超过行为。对他而言，甚至眼睛一瞥也可能是罪。

他解释了**第三条诫命**。很多人幻想，只要他们不起假誓，所起的**誓**遵守了，他们就是遵守了上帝律法的这一条。主耶稣完全禁止一切虚妄轻慢的起誓。所有指着受造物的起誓，即使没有带出上帝的名，都是呼吁上帝作证，除了在至为严肃情形下的起誓之外，其余的都是大罪。

所有这一切很有启发作用，应该在我们思想里引发非常严肃的反思。它大声呼吁我们认真察验我们的内心。那么，这些言语教导我们什么道理呢？

它教导我们**上帝超然圣洁**。他是至为纯洁完全的上帝，人眼经常什么也看不见的地方，他看见缺陷和不完全。他看出我们内在的动机。他既留意我们的行为，也注意我们的言语和思想。他要求内里诚实（诗51：6）。哦！愿人比他们实际做的，更多思想上帝属性的这部分！只要他们看见上帝的"真体"（约一3：2），就不会给自义和轻慢留下任何余地。

它教导我们**人在属灵的事情上极其无知**。我们担忧，有成千上万认信的基督徒，他们对上帝律法要求的认识并不比最无知的犹太人要多。他们对十诫的字句有足够了解。他们像那位做官的少年人一样幻想，"这一切我都遵守了"（太19：20）。他们从未想过，即便没有外在的行为举动，他们也有可能违背第六和第七条诫命。所以他们继续生活，对自己甚是满意，洋洋自得于他们一丁点儿的虔诚。真正明白上帝律法的人真是有福了！

　　它教导我们，**我们极其需要主耶稣赎罪的血拯救我们**。地上有什么样的男女，可以站立在这样一位上帝面前，为自己作"无罪"辩护？有谁已经长大进入有分辨力的年纪，却没有成千上万次违背了上帝的诫命？"没有义人，连一个也没有"（罗3：10）！若没有一位大能的中保，人人都要在审判中被定为有罪。对律法的真正含义无知，这是如此多人不看重福音、为得着些许基督教形式为满足的一个明显原因。他们看不到上帝十诫的严格和圣洁。如果他们真看到了，不安稳在基督里就不得安宁。

　　最后，这段经文教导我们，**回避一切犯罪的机会，这极其重要**。如果我们真渴望圣洁，我们就必须"谨慎我的言行，免得我舌头犯罪"（诗39：1）。我们就必须快快终止争吵不合，免得它们渐渐引向更大的恶，"纷争的起头如水放开"（箴17：14）。我们必须努力钉死我们的肉体，治死我们的肢体。宁可作出任何牺牲，忍受任何身体方面的不便，也不犯罪。我们必须像把嚼环放在口里一样保守我们的嘴唇，每刻都严格对待我们的言语。我们这样做，人若想称我们过于教条刻板，就让他们这样说吧！如果他们喜欢，就让他们称我们"太严格"吧！我们无需因此摇动。

我们仅仅是在做主耶稣基督命令我们去行的,如果是这样,我们没有理由感到羞愧。

四 基督表明基督徒爱的律法

太5:38—48

38. "你们听见有话说:'以眼还眼,以牙还牙。'
39. 只是我告诉你们:不要与恶人作对。有人打你的右脸,连左脸也转过来由他打;
40. 有人想要告你,要拿你的里衣,连外衣也由他拿去;
41. 有人强逼你走一里路,你就同他走二里;
42. 有求你的,就给他;有向你借贷的,不可推辞。"
43. "你们听见有话说:'当爱你的邻舍,恨你的仇敌。'
44. 只是我告诉你们:要爱你们的仇敌,为那逼迫你们的祷告。
45. 这样,就可以作你们天父的儿子,因为他叫日头照好人,也照歹人;降雨给义人,也给不义的人。
46. 你们若单爱那爱你们的人,有什么赏赐呢?就是税吏不也是这样行吗?
47. 你们若单请你弟兄的安,比人有什么长处呢?就是外邦人不也是这样行吗?
48. 所以你们要完全,像你们的天父完全一样。"

* * *

在这里我们看到主耶稣基督为我们彼此相待定下的准则。想要知道应该如何看待同胞,如何向他们行事的人,应当经常学习这段经文。它们配得用金字书写。它们甚至得到了与基督教信仰为敌之人的称赞。让我们认真留意它们的内容。

主耶稣禁止任何有不原谅和报复精神的事情。一受伤害就怨恨，立刻回击，好争吵议论的性情，极力要伸张我们的权利——所有这一切都有背于基督的心意。世人可能在这些心态上看不到有什么不妥之处，但它们不符合基督徒的品格。我们的主说："不要与恶人作对。"

主耶稣吩咐我们要有博爱和宽容的精神。我们应当除去一切恶毒，以善报恶，以祝福应对咒诅。我们应当"爱我们的仇敌"。而且我们爱，不可仅在言语上，也要在行为上。为了有爱有礼，我们当舍己，费心费力。若有任何人"强逼你走一里路，你就同他走二里"。我们应当竭力忍受，竭力包容，而不是彼此相害得罪。在所有事上我们都应无私。我们的心思绝不可是"别人怎样待我？"而应当是"基督要我怎样行？"

乍看上去，这样的行为标准可能是高得过分，但我们绝不可让自己满足于追求一个较低标准。我们必须留意我们的主用来支持他这部分教训的两个极有分量的论证，它们值得认真关注。

一样就是，**如果我们不追求这里举荐的精神和性情，我们就还不是上帝的儿女**。我们"在天上的父"善待所有人，他降雨给义人，也给不义的人。他叫"日头"照所有人，不加分别。子当像父一样，但如果我们不能向每一个人都表现出恩慈和爱，我们与我们天父的相像又体现在哪里？如果我们缺乏慈爱，我们是新造的人的证据又在哪里？若我们完全缺乏这些证据，我们一定还未"重生"（约3：7）。

另外一样是，**如果我们不追求这里举荐的精神和性情，我们就明显还是属世界**。就连那些没有信仰的人都能"爱那爱他们的人"，当他们的感情或利益感动他们，他们就能行善，表现出善意。但一个基督徒应当接受比这更高的原则的影响。我们从这试

第 五 章

验退缩吗？我们发现要向我们的仇敌行善是不可能的吗？如果是这样，我们就可以肯定，我们尚未归正，还没有"领受从上帝来的灵"（林前2：12）。

这里面有极多内容，大声呼吁我们严肃反思。圣经中很少有像这样的经文，如此有意要让我们生出降卑的念头。我们在此看到基督徒当有样式的美好画面。看见这画面，我们就不能不生出痛苦感情。我们所有人都必须承认，按每一个基督徒的实际，情况会大不相同。让我们从中得出两个普遍的教训。

首先，如果真信徒经常记住这十节经文的精义，**他们就要比现在更能向世人举荐基督教信仰**。我们一定不要以为，这段经文中最小的字眼是琐碎和不重要的。它们并非如此。关注这段经文的精义，这让我们的信仰变得美好。因着疏忽它包含的内容，我们的信仰会受到损伤。永不止息的亲切、仁慈、温柔和对他人体贴，是上帝儿女品格的一些最好妆饰。世人如果不能明白教义，也能明白这些事情。鲁莽、粗暴、麻木和无礼，这些当中并无信仰可言。实践性的基督教信仰，其完美在于既关注圣洁的重大本分，也关注它微小的责任。

第二，如果这十节经文的精义在世上拥有更大的支配力和权柄，**世界就会比现在幸福得多**。谁不知道是吵闹、纷争、自私和不善引发了人类遭受的苦情中的一半？谁会看不到，没什么能比我们主在此举荐的基督徒之爱广传开去更能促进幸福？让我们都记住这一点。有人以为真信仰很容易使人不快乐，他们是大错特错了。使人不快乐的，是缺乏这爱的广传，而不是有这种爱。真信仰具有完全相反的果效。它倾向促进在人当中的和睦、慈善、仁爱和善意。人越多领受圣灵的教导，他们就越彼此相爱，就越幸福。

第 六 章

一 禁止在施舍和祷告时炫耀

太6：1—8

1. "你们要小心，不可将善事行在人的面前，故意叫他们看见；若是这样，就不能得你们天父的赏赐了。
2. 所以，你施舍的时候，不可在你前面吹号，像那假冒为善的人在会堂里和街道上所行的，故意要得人的荣耀。我实在告诉你们：他们已经得了他们的赏赐。
3. 你施舍的时候，不要叫左手知道右手所做的；
4. 要叫你施舍的事行在暗中，你父在暗中察看，必然报答你（有古卷作"必在明处报答你"）。"
5. "你们祷告的时候，不可像那假冒为善的人，爱站在会堂里和十字路口上祷告，故意叫人看见。我实在告诉你们：他们已经得了他们的赏赐。
6. 你祷告的时候，要进你的内屋，关上门，祷告你在暗中的父。你父在暗中察看，必然报答你。
7. 你们祷告，不可像外邦人，用许多重复话，他们以为话多了必蒙垂听。
8. 你们不可效法他们，因为你们没有祈求以先，你们所需用的，你们的父早已知道了。"

* * *

在登山宝训的这一部分,主耶稣就两个题目给我们作了教训。一个是施舍,另一个就是祷告。这两个题目都是犹太人极为重视的。这两样本身就值得所有认信的基督徒认真关注。

请留意,我们主理所当然认为,**所有自称是他门徒的人都要施舍**。他想当然认定,他们会认为按照自己能力给予,救济他人需要,这是一个庄严的本分。他讲论的唯一一个要点,就是当用何种方式尽此本分。这是一个极重要的教训。它定许多在金钱奉献方面自私吝啬之人的罪。有多少人"在自己面前富足",但对上帝却是贫穷!有多少人从来不奉献一分一毫,向人的身体和灵魂行善!这样的人按照他们目前的思想光景,有任何权利可以被称作是基督徒吗?这很值得怀疑。一位奉献的救主,应当有奉献的门徒。

也请留意,我们的主理所当然认为,**所有自称是他门徒的人都要祷告**。他也想当然认定此事。他只作出关于祷告最佳方式的指示,这是另外一个当不断记起的教训。它清楚地教导,不祷告的人不是真基督徒。在星期日参加聚会集体的祷告,或者在周间参加家庭的祷告,这还不够。一定要有个人私下的祷告。没有这个,我们可能是基督教会外在的成员,却不是基督活的肢体。

但基督立下作我们奉献和祷告指引的原则是什么?它们很少,并且简单,但包含极多让我们思想的内容。

奉献时,一切卖弄的事情都当受到厌恶而避免。我们奉献的时候，不可好像希望人人看我们是何等慷慨满有爱心，渴望得到我们同胞的称赞。我们应当逃避任何像夸耀这样的事。我们要安静地奉献，对我们的善行，应当尽可能少作声为妙。我们应当以那句格言的精神为目标，"不要叫左手知道右手所做的"。

祷告时，追求的主要目标，是单独与上帝相处。我们应当努力找一个人看不到我们的地方，在那里我们可以倾心吐意，流露情感，除上帝以外无人看着我们。这是许多人发现难以遵守的法则。穷人和仆人常常发现，要真正独处，这几乎是不可能的事。但这是我们所有人都必须花大力气努力遵守的法则。在这样的情形下，需要常常是发明之母。当一个人真正渴想找到一个地方，可以在隐秘中与他的上帝相处，他通常都能找到一个办法。

在我们当今的一切本分中，无论是奉献还是祷告，要记住的大事，就是**我们是与一位察验人心和全知的上帝有关系**。一切形式主义、造作或仅仅身体方面的服侍，在上帝眼中都是可憎和没有价值的。他不看我们奉献的金钱数目，或我们使用的言语数量。他察看万事的眼睛所看的一件事，就是我们动机的性质以及我们内心的光景。"我们的父在暗中察看。"

愿我们都记住这些事。这里有一块磐石，许多人因撞上它而遭受灵里的海难。他们如果只履行了一定数量的"属灵本分"，就自我恭维，认为他们的灵魂必然为正，这乃是忘记了上帝不看重我们服侍的数量，而是看重质量。他的眷顾不像许多人认为的那样，可以靠在形式上重复几句话，或者自以为义向一家慈善机构支付一笔金钱就能买到。我们的心在哪里？无论奉献还是祷告，我们所做的一切，是"像是给主作的，不是给人作的"吗？我们意识到上帝在

第六章

看我们吗？我们单单渴慕并要讨那位"在暗中察看"、"人的行为被他衡量"（撒上2：3）的上帝的喜悦吗？我们真诚吗？这些是我们应当天天扪心自问的问题。

二 主祷文与彼此饶恕的本分

太6：9—15

9. "所以，你们祷告要这样说：'我们在天上的父，愿人都尊你的名为圣。
10. 愿你的国降临。愿你的旨意行在地上，如同行在天上。
11. 我们日用的饮食，今日赐给我们。
12. 免我们的债，如同我们免了人的债。
13. 不叫我们遇见试探，救我们脱离凶恶（或作"脱离恶者"）。因为国度、权柄、荣耀，全是你的，直到永远。阿们！（有古卷无"因为"至"阿们"等字）'
14. 你们饶恕人的过犯，你们的天父也必饶恕你们的过犯；
15. 你们不饶恕人的过犯，你们的天父也必不饶恕你们的过犯。"

* * *

圣经里大概没有别的经文像这部分一样广为人知了。哪里有基督教信仰，这段话就在哪里为人所熟悉。成千上万，数以十万计的人，从来没有读过圣经，或听过纯正的福音，却熟悉"我们的父"，"主祷文"这样的说法。如果人像熟悉这祷告的字句一样了解它的精义，世界就有福了！

圣经里大概也没有别的经文像这段一样完全而简单。这是我们还是小孩子的时候，学习向上帝献上的第一个祷告。它的简单在于，它包含了最进深的圣徒能渴望的每一件事的根源。它的完全在于，我们越深思它的每一个字，就越感受到"这祷告是出于上帝"。

主祷文包括十句话。有一句话宣告出我们向之祷告的那一位上帝。有三句话，是关乎他的名、他的国和他的旨意。有四句话，关乎我们每日的需要、我们的罪、我们的软弱和我们面对的危险。有一句话是宣告我们对别人的感受。最后有一句结束的赞美词。在所有这些部分，我们都得到教导要说"我们"。我们既要记念自己，也要记念别人。论到每一部分，人都可以写上一卷书加以论述。目前我们只能满足于逐句解释，指出每句指明的方向。

第一句宣告，**我们当向谁祷告**——"我们在天上的父"。我们不可向圣徒和天使呼求，而当向永在的父、万灵的父、天地的主呼求。从最低的意义上说，因他是我们的创造主，所以我们称他为父。正如保罗对雅典人说的："我们生活、动作、存留，都在乎他……'我们也是他所生的。'"（徒17：28）从最高的意义上说，我们以他是我们主耶稣基督的父，借着他儿子的死，使我们与他自己和好，所以我们称他为父（西1：20—22）。我们所认信的，是旧约圣徒只是模糊不清地看见的，即因信基督做天父儿女，我们"所受的乃是儿子的心，因此我们呼叫：'阿爸，父！'"（罗8：15）我们决不可忘记，若要得救，这就是我们必须渴慕要得的儿子身份。没有对基督之血的信靠和与他的联合，说什么信靠上帝是父，这就是虚妄。

第二句是**关乎上帝之名的一个恳求**——"愿人都尊你的名为圣"。上帝的"名"，是指他以此向我们启示他自己的所有那些属性——他的大能、智慧、圣洁、公义、怜悯和信实。通过祈求它们为"圣"，我们希望它们为人所知，得到尊荣。上帝的荣耀，是上帝的儿女应当渴慕的第一件事。它是我们主自己一个祷告的目的——"父啊，愿你荣耀你的名。"（约 12：28）它是世界受造的目的。它是圣徒蒙召被归为正的目的。它是我们当求的首要之事，"叫上帝在凡事上……得荣耀"（彼前 4：11）。

第三句是**关乎上帝国度的恳求**——"愿你的国降临"。关于他的国，我们首先是指恩典的国度——上帝在基督所有活的肢体心内，用他的灵和他的道建立并维系这国。但我们主要是指，当耶稣再来，在"他们从最小的到至大的，都必认识我"（来 8：11）的那一日要设立的荣耀的国。这是罪、愁苦和撒旦都要从世界被扔出去的时候，这是犹太人要归正，外邦人的数目添满了的时候（罗 11：25）。我们渴望这时候，胜过渴望一切。所以它在主祷文里占据一个最前面的位置。我们所求的，是葬礼上常说的，"你若乐意，让你的国快快降临。"

第四句是**关乎上帝旨意的恳求**——"愿你的旨意行在地上，如同行在天上"。我们在此祈求上帝的律法得到人完全、乐意和不止息的遵行，就像得到天上天使遵行一样。我们祈求那些现在不遵行他律法的人，要受教遵行，那些现在遵行的人，可以遵行得更好。我们最真实的福分，就是完全顺服上帝的旨意；最大的爱心，就是祈求全人类都可以明白、遵守和顺服上帝的旨意。

第五句是**关乎我们自己每天需要的恳求**——"我们日用的饮食，今日赐给我们"。我们在此得到教导，要承认我们需要完全依靠上帝，获得每日所需的供应。正如以色列人每日需要吗哪，同样，我们需要日用的"饮食"。我们承认，我们是可怜、软弱、有需要的受造之人，恳求造我们的上帝看顾我们。我们求"饮食"，这是我们最简单的需要,这个词当中包括了我们身体所需的一切。

第六句是**关乎我们罪的恳求**——"免我们的债"。我们承认自己是罪人,需要天天求上帝饶恕赦免我们的罪。主祷文的这部分特别值得我们牢记。它定一切自义为有罪。我们在此得到教训,要保持在施恩宝座前不断认罪、不断寻求怜悯和赦罪的习惯。我们绝不要忘记这一点。我们需要天天"洗脚"(约13:10)。

第七句是**关乎我们对别人感受的宣告**——我们求我们的父"免我们的债,如同我们免了人的债"。这是整个祷告中唯一的宣告,是我们的主在讲完主祷文后又一次评论和详述的唯一部分。它清楚的目的是要提醒我们,如果我们祷告时心里对别人怀着恶意怨恨,就不能期望我们求上帝赦免的祷告蒙应允。以如此心态祷告,仅仅是形式主义和假冒为善。它甚至比假冒为善更恶劣,这就等于是说,"你根本就不要饶恕我。"没有爱心,我们的祷告就什么也不是。如果我们不能饶恕,就绝不可期望得到饶恕。

第八句是**关乎我们软弱的恳求**——"不叫我们遇见试探"。它教导我们,我们随时都有可能被引上偏路,并且跌倒。它教导我们承认自己的软弱,恳求上帝扶持我们,不容我们陷入罪中。我们求立定天地间万事的上帝,约束我们不要走进那些会伤害我们灵魂的地方,不容许我们受试探过于我们所能受的(林前10:13)。

第九句是**关乎我们面对危险的恳求**——"救我们脱离凶恶"。在此我们得到教训,要求上帝救我们脱离世上的凶恶,脱离我们自己心里的凶恶,也脱离那恶者,就是魔鬼。我们承认,只要还在身内,我们就不免看见、听见、感受到凶恶的存在。它在我们附近,在我们里面,四面环绕我们。我们恳求天父,因为唯独他能保守我们,不断救我们脱离凶恶的权势(约17:15)。

最后一句是**结束的赞美**——"因为国度、权柄、荣耀,全是你的"。我们用这句话宣告我们的信念:这世界的国是我们父当然的产业;所有"权柄"单单属于他;唯独他配得接受一切的"荣耀"。我们结束时,向他献上我们内心的认信,我们愿把一切尊荣和赞美归给他,以他是万王之王、万主之主而欢喜。

现在让我们所有人自省,看看我们是否真的渴望得着我们受教于主祷文中祈求的事情。我们担心成千上万的人每天背诵这段话,却从来不曾思想它在讲什么。他们对上帝的"荣耀"、他的"国"或他的"旨意"毫不关心。他们意识不到缺乏、罪性、软弱或危险,他们对仇敌没有爱或怜悯。然而他们却背诵主祷文!事情不应该是这样的。愿我们下定决心,靠着上帝的帮助心口一致!若有人靠着他的救主耶稣基督称上帝做他的父,以此能对主祷文包含的一切衷心说"阿们",这人就有福了。

三 禁食的正确方式,天上的财宝,昏花的眼睛

太6:16—24

16. "你们禁食的时候,不可像那假冒为善的人,脸上带着愁容,因为他们把脸弄得难看,故意叫人看出他们是禁食。我实在告诉你们:他们已经得了他们的赏赐。

17. 你禁食的时候,要梳头洗脸,
18. 不叫人看出你禁食来,只叫你暗中的父看见。你父在暗中察看,必然报答你。"
19. "不要为自己积攒财宝在地上,地

上有虫子咬,能锈坏,也有贼挖窟窿来偷;

20. 只要积攒财宝在天上,天上没有虫子咬,不能锈坏,也没有贼挖窟窿来偷。
21. 因为你的财宝在哪里,你的心也在那里。"
22. "眼睛就是身上的灯。你的眼睛若了亮,全身就光明;
23. 你的眼睛若昏花,全身就黑暗。你里头的光若黑暗了,那黑暗是何等大呢!"
24. "一个人不能侍奉两个主。不是恶这个爱那个,就是重这个轻那个。你们不能又侍奉上帝,又侍奉玛门。"

* * *

我们主登山宝训的这部分,把三个题目带到我们面前,就是禁食、爱世界和在信仰上目标专一。

禁食,或者说为了让身体降服于灵而有时不进食,这是圣经经常提到的一种做法,通常与祷告有关。大卫在孩子病的时候禁食,但以理求上帝赐特殊光照时禁食,保罗和巴拿巴按立长老时禁食,以斯帖去见亚哈随鲁王之前禁食,这是一个我们在新约圣经找不到直接命令的题目。看起来禁食与否,要由每个人自己判断决定,其实在这当中有极大智慧。很多穷人从来就没有足够的食物,要求他禁食,是对他的侮辱。许多病人即使最关注饮食,也几乎不能保持身体健康,若是禁食就不可能不生病。在这件事上,每个人都必须自己意见坚定,不匆忙定与他意见不一的其他人的罪。只有一件事是不可忘记的,即禁食的人在禁食时应当安静,秘密和不张扬地进行,不要"叫人看出"他们禁食。让他们不要向人,而要向上帝禁食。

爱世界是纠缠人心的最大的危险。难怪我们发现我们的主对此说话严厉。它是一个奸险、有害、诱惑人和强大的敌人。认真关注

第六章

我们做的事，这看起来如此清白无罪！在这世上寻找我们的幸福，只要我们与显明的罪保持距离，这看起来如此无害！然而这里有一块石头，许多人碰上它就如船坏了一般，直到永远。他们"积攒财宝在地上"，忘记了"积攒财宝在天上"。愿我们都记住这一点！我们的心在哪里？我们最爱的是什么？我们首要所爱的，是地上的事，还是天上的事？是生是死，这取决于我们对这些问题的回答。如果我们的财宝是属地的，我们的心也属地。"你的财宝在哪里，你的心也在那里。"

目标专一是灵命兴盛的一个极大秘诀。如果我们看得不清，我们走路就难免跟跄跌倒。如果我们尝试为两位不同的主做工，我们肯定不能令任何一位满意。在我们灵魂的事上也是一样。我们不能侍奉基督，与此同时又侍奉世界。尝试这样做，就是枉然，这是做不到的。约柜和大衮的像不能并列。上帝一定要做我们内心的王，他的律法、他的旨意、他的诫命必须得到我们首先的关注。这样，我们里面的人的每一件事才会各归本位。若非我们如此安排我们的心，每件事都要混乱，你"全身就黑暗"。

让我们从主耶稣关于禁食的教训中学会诚心乐意，这在我们的信仰中**极其重要**。"梳头洗脸"这句话充满深意。它教导我们，我们的目标是让人知道：我们信仰的基督教令我们欢喜。我们绝不要忘记，看起来忧郁阴沉，这绝无信仰可言。我们对基督代赎的工价，为基督所做的服侍感到不满吗？当然不是。那么就让我们不要看上去仿佛如此。

让我们从主耶稣对爱世界的警告中，**学会必须警醒祷告，以防备属世界的灵**。我们身边绝大部分认信的基督徒在做什么？他们

《马太福音》释经默想

"积攒财宝在地上"。对此我们确信无疑。他们的品位、他们的道路、他们的习惯都在讲一个可怕的故事。他们没有"积攒财宝在天上"。哦！让我们都小心，不要因为过度专注合法之事而沉沦下地狱。公然干犯神的律法，这杀人千千，但爱世界，这杀人万万。

让我们从主耶稣关于"眼睛了亮"的话明白，如此多基督徒看来在信仰中**失败的真正深层原因**。人在各方面都有失败，我们教会中成千上万的人对自己不安、不能释放、不满，他们不知道这是为什么，其原因在此得到揭示：他们在尝试两边都抓住。他们努力在同一时间讨神和讨人喜悦，服侍基督和服侍世界。让我们不要犯这个错误。让我们做立定心志、行事彻底、不加妥协地跟从基督的人。让保罗的座右铭成为我们的座右铭——"我只有一件事"（腓3：13）。那时，我们就必做快乐的基督徒，我们要感受到阳光照在我们的脸上，内心、头脑和良心都要充满亮光。决心是在信仰上欢乐的秘诀。为基督下定决心，你"全身就光明"。

四 基督禁止人对这世界过分忧虑

太6：25—34

25. "所以我告诉你们：不要为生命忧虑吃什么，喝什么；为身体忧虑穿什么。生命不胜于饮食吗？身体不胜于衣裳吗？
26. 你们看那天上的飞鸟，也不种，也不收，也不积蓄在仓里，你们的天父尚且养活它。你们不比飞鸟贵重得多吗？
27. 你们哪一个能用思虑使寿数多加一刻呢（或作"使身量多加一肘呢"）？
28. 何必为衣裳忧虑呢？你想，野地里的百合花怎么长起来？它也不劳苦，也不纺线。

29. 然而我告诉你们：就是所罗门极荣华的时候，他所穿戴的还不如这花一朵呢！
30. 你们这小信的人哪！野地里的草今天还在，明天就丢在炉里，神还给它这样的妆饰，何况你们呢！
31. 所以，不要忧虑说：'吃什么？喝什么？穿什么？'
32. 这都是外邦人所求的。你们需用的这一切东西，你们的天父是知道的。
33. 你们要先求他的国和他的义，这些东西都要加给你们了。
34. 所以，不要为明天忧虑，因为明天自有明天的忧虑；一天的难处一天当就够了。"

* * *

这些经文是惊人的实例，表明我们主耶稣基督的教导是智慧和怜悯的完美结合。他知道人心，他知道我们随时都有可能不听对贪爱世界的警告，理由就是：对今生的事，我们不能不忧虑。"我们岂不是有家人要供养吗？我们身体的需要岂不是要得到供应吗？若首先思想我们灵魂的事，我们怎么可能维生？"主耶稣预见这样的想法，并且给出答案。

他禁止我们对今生的事不断忧虑。他四次说："不要忧虑。"为生命、为吃喝、为衣裳、为明天——都"不要忧虑"。不要过度担心，不要过分忧虑。为将来作慎重的供应，这是对的；而消耗、侵蚀、自我折磨的忧虑是错的。

他提醒我们，上帝不断用护理之工看顾他创造的一切。他岂不是已经赐给我们"生命"？那么他肯定不会让我们缺乏维持生命所需的一切。他岂不是已经赐我们一个"身体"？那么他肯定不会让我们因缺衣而死。赋予我们生命的那一位，必定会找到食物喂养我们。

他指出过分忧虑是无用的。我们的生命全然在上帝手中，世上一切忧虑都不能使我们多活一分钟，超过上帝已经安排好的时间。工作未完成，我们就必不会死。

他让我们去看天上的飞鸟，领受教训。它们不为将来作预备。"它们也不种，也不收。"它们不为尚未来到的时间积蓄，它们不"积蓄在仓里"。它们真可谓是使用上帝在它们身上安置的本能，依靠它们能拾到的一切，过每一天的生活。它们应当教导我们，上帝不会让任何蒙他呼召在本位尽本分的人变得贫穷。

他要我们观察野地的花。年复一年它们得着最华丽的颜色作装饰，它们自己没有丝毫劳作或努力。它们"也不劳苦，也不纺线"。上帝用他的大能，每个季节用美丽的衣裳装扮它们。这同一位上帝是所有相信之人的父，他们为何要怀疑他是否有能力，像供应"野地里的百合花"一样供应他们衣裳？顾念很快枯干花朵的那一位，肯定不会忽略有不灭灵魂居住其内的身体。

他向我们提示，基督徒最不应当的，就是为这世上的事情忧虑。异教一大特征，就是为当下而活。异教徒若要忧虑就让他忧虑好了，他丝毫不懂有关一位天父的事。但得着更清楚光照和知识的基督徒，却用他的信心和知足作证据，把这表明出来。当我们失去所爱的人，我们不可"忧伤，像那些没有指望的人一样"（帖前4：13）。当受到为今生忧虑这一试炼时，我们不可过分忧虑，仿佛我们没有上帝，没有基督。

他给我们一个恩惠的应许，作为精神忧虑的解决之道。他向我们保证，如果我们"先求"，而且最主要的是求在恩典和荣耀的国里有一席之地，那么我们在这世界上真正需要的一切，都必要加给

第六章

我们。这必要"加给",是在属天产业之外和之上加给。"万事互相效力,叫爱上帝的人得益处。""他未尝留下一样好处,不给那些行动正直的人。"(罗8:28,诗84:11)

最后,他说出其中一句最有智慧的格言,为对这题目所作的一切教训加上封印。"明天自有明天的忧虑;一天的难处一天当就够了。"我们不可忧虑未到就先把它背上,我们应当做今天的事,把对明天的忧虑留待明天破晓的时候。可能明天未到,我们就先死了。我们不知道明天要发生何事,唯一可以肯定的,就是如果明天我们要背负十字架,赐它的那一位,能够而且必要赐下恩典,使我们能背负这十字架。

这整段经文有着金子般教训的宝藏。让我们努力在日常生活中使用它,让我们不仅读这些教训,还要把它们变为实际行动。让我们警惕并祷告自己不要担忧,不要过分忧虑。这与我们的幸福息息相关。我们一半的愁苦,是由想象我们认为会临到我们身上的事情引起的。我们预料会临到我们身上的事,有一半根本就不会临到。我们的信心在哪里?我们对我们救主话语的信心在哪里?当我们读到这些经文,然后察验内心,我们就该让自己羞愧。但有一点是我们可以肯定的,就是大卫的话是确实的——"我从前年幼,现在年老,却未见过义人被弃,也未见过他的后裔讨饭。"(诗37:25)

第 七 章

一 禁止论断　鼓励祷告

太7：1—11

1. "你们不要论断人，免得你们被论断。
2. 因为你们怎样论断人，也必怎样被论断；你们用什么量器量给人，也必用什么量器量给你们。
3. 为什么看见你弟兄眼中有刺，却不想自己眼中有梁木呢？
4. 你自己眼中有梁木，怎能对你弟兄说'容我去掉你眼中的刺'呢？
5. 你这假冒为善的人！先去掉自己眼中的梁木，然后才能看得清楚，去掉你弟兄眼中的刺。
6. 不要把圣物给狗，也不要把你们的珍珠丢在猪前，恐怕它践踏了珍珠，转过来咬你们。"
7. "你们祈求，就给你们；寻找，就寻见；叩门，就给你们开门。
8. 因为凡祈求的，就得着；寻找的，就寻见；叩门的，就给他开门。
9. 你们中间谁有儿子求饼，反给他石头呢？
10. 求鱼，反给他蛇呢？
11. 你们虽然不好，尚且知道拿好东西给儿女，何况你们在天上的父，岂不更把好东西给求他的人吗？"

* * *

这段经文的第一部分,是我们必须小心,不要强解超过其正确含义的一处圣经经文。它经常遭到真信仰之敌的滥用和错用。我们可能强解圣经话语,致使它们流出来的不是解药,而是毒药。

我们主的意思不是说,在任何情形下,对别人的举止和看法作出负面判断,都是错的。我们应当心意坚定,"凡事察验"(帖前5:21),要"试验那些灵"(约一4:1)。他也不是说,我们自己还没有变得完全无过,就责备他人的罪和过错,这样是错的。这样的解释会与圣经其他部分相矛盾,会让谴责错误和虚假教训变得不可能,会拦阻一个人尝试尽牧师或法官的职分。若是这样,世界就会被"交在恶人手中"(伯9:24),异端就要兴盛,犯罪就要横行。

我们的主想要谴责的,是一种吹毛求疵和专门挑错的灵。为着琐碎的过错和无关要紧的事就快快责备别人,作急躁鲁莽的论断,容易把我们邻舍的错误和软弱放大,使之显得异乎寻常地恶劣——这就是我们的主所要禁止的。这在法利赛人当中很常见。从他们那时候一直到现在,这一直都很常见。我们所有人都必须警惕提防。对别人,我们必须"凡事相信","凡事盼望",要慢慢地找别人的错处。这是基督徒的爱(林前13:7)。

这段经文包含的第二个教训,就是**对于谈论信仰问题的人我们要作慎重判断**。坚守本位,合乎时宜的每一件事都是好的。我们的热心,应当与慎重考虑时间、地点和人物相调和。所罗门说:"不要责备亵慢人，恐怕他恨你。"（箴9∶8）在属灵的事情上，随便向每一个人敞开我们的思想，这样做并不智慧。有很多人因着性情暴怒，或公然放荡的习惯，完全不能看重福音的事情。如果你尝试向他们的灵魂行善，他们甚至会立刻勃然大怒，陷入更过分的罪中。向这样的人提基督的名，真的就是"把珍珠丢在猪前"。这不能造就他们，反倒给他们造成伤害。这可能激发他们一切的败坏，让他们非常生气。简而言之，他们就像哥林多的犹太人（徒18∶6），或者就像拿八，圣经这样写道："他性情凶暴，无人敢与他说话。"（撒上25∶17）

这是一个特别难以按正确方式应用的教训。要正确应用需要极大的智慧。我们大部分人更有可能错在过分谨慎，而不是过分火热。我们通常更容易想起"静默有时"，而不是"言语有时"（传3∶7），然而这教训应在我们所有人心里激起自省的精神。我们自己难道从来没有因脾气乖张、急躁易怒，而阻止朋友向我们提出好建议？我们难道从来没有因自己的骄傲和不耐烦地藐视意见，迫使别人沉默，什么话也不说？我们难道从来没有反对过善意给我们提意见的人，用暴力和激怒使他们沉默？哎呀！我们大可以惧怕，因为在这件事上我们已经犯错。

这段经文包含的最后一个教训，就是**祷告的本分，对祷告的极多鼓励**。这个教训和之前一个教训之间有一种美好的联系。我们想知道什么时候"静默"，什么时候"言语"，什么时候拿出"圣"物，拿出我们的"珍珠"吗？那我们必须祷告。这显然是主耶稣非常重视的话题。他使用的说法清楚地证明了这一点。他用了三个不同的词表达祷告的意思："祈求"、"寻找"、"叩门"。

第七章

他向祷告的人发出最广阔、最丰富的应许："你们祈求，就给你们。"他使用地上父母广为人知的做法进行论证，举例说明上帝愿意听我们的祷告。他们按本性是"不好的"和自私的，却不忽视儿女肉身的需要。一位慈爱怜悯的上帝，更是愿意聆听按恩典做他儿女之人的呼求。

让我们特别留心我们主论祷告的这番话。也许他说的话，很少有像这段一样广为人知，常被引述。最贫穷、最无学问的人都能告诉你，"如果我们不寻找，我们就找不到。"但如果我们不用这句话，仅仅知道对我们又有什么好处？不好好运用的知识，只会在末日加重我们的定罪。

我们对这祈求、寻找和叩门有任何认识吗？我们为什么不这样行？一个人要是真愿意祷告，就没有什么事情像祷告一样简单明了。令人难过的是，没有什么事情，是人如此迟缓去做的：他们会使用许多宗教形式，遵守多种礼仪，行许多正确的事，最后才做此事。然而没有这件事，无人能够得救。

我们真的祷告吗？如果没有，除非悔改，否则我们最终必要在上帝面前没有借口。我们不行我们没有可能做到的事，不知道我们没有可能知道的事——都不至于因此而被定罪，但我们要发现，我们失丧的一个主要原因，就是我们从来不祈求，好使我们可以得救。

我们真的祷告吗？那么让我们继续祷告，不要灰心。这工作不是枉然的，它不是无用的，它要在许多日子之后结出果子。这句话从来没有失效过，"凡祈求的，就得着。"

二　对待别人的原则，两种门，警告假先知

太7：12—20

12. "所以，无论何事，你们愿意人怎样待你们，你们也要怎样待人，因为这就是律法和先知的道理。"
13. "你们要进窄门。因为引到灭亡，那门是宽的，路是大的，进去的人也多；
14. 引到永生，那门是窄的，路是小的，找着的人也少。"
15. "你们要防备假先知，他们到你们这里来，外面披着羊皮，里面却是残暴的狼。
16. 凭着他们的果子，就可以认出他们来。荆棘上岂能摘葡萄呢？蒺藜里岂能摘无花果呢？
17. 这样，凡好树都结好果子，惟独坏树结坏果子。
18. 好树不能结坏果子，坏树不能结好果子。
19. 凡不结好果子的树，就砍下来丢在火里。
20. 所以，凭着他们的果子，就可以认出他们来。"

* * *

在登山宝训的这部分，我们的主开始把他的讲论引向结束。他在这里特别要我们注意的教训，是宽广的、普遍适用的，并且充满最深的智慧。让我们依次来关注。

他立下一个普遍的原则，指引我们解决人与人之间所有的问题。我们应当"愿意人怎样待我们，我们也要怎样待人"。人怎样待我们，我们就怎样待人，这是不可以的，是完全的自私和异教做法。我们应当愿意人怎样待我们，我们就怎样待人，这是真实的基

督教信仰。

这真是一条黄金法则！它不仅仅禁止一切小小的恶意和报复，一切的欺骗奸诈，它包括的要比这多得多。它解决成百的难点，解决这个世界中人与人之间不断出现的难题。它使人无需为着我们在具体情况下的举止立定数不尽的小小规则。它用一个有力的原则，清扫整个容易起纷争的领域。它让我们看到一种平衡和尺度，借此人人都能马上看见自己的本分。有一件事，是我们不愿我们的邻舍向我们行的吗？那么让我们记住，这就是我们不应向他行的事。有一件事，是我们愿意他向我们行的吗？那么这正是我们应当向他行的事。如果人们诚实运用这条法则，多少错综复杂的问题就能立刻得到解决！

第二，**我们的主针对许多人的信仰之道发出一个普遍警告**。想人之所想，行人之所行，这并不够。我们绝不可满足于跟随潮流，和我们在其中与之一道生活的人同路。耶稣告诉我们，通向永生的路是"小"的，走在其中的人"少"。他告诉我们，通向永远灭亡的路是"大"的，挤满走路的人，"进去的人也多"。

这些是可怕的事实！它们应当在听到这些事实的人心里引发对内心极大的察究。"我正走在哪条路上？我正踏着哪条路前行？"在这里描写的两条路中，我们每一个人都出现在其中一条路上。求上帝赐我们诚实、自我反省的灵，让我们看到我们是谁！

如果我们的信仰是大众的信仰，我们就真可以颤抖惧怕。如果我们能说的不外乎是"别人往哪里去，我们就往哪里去；别人在哪里敬拜，我们就在哪里敬拜；希望我们和别人一样，到了最后都好"，那么我们实际上就是宣告自己被定罪。这不就是走在"大路"

上吗？这不就是走在通往"灭亡"的路上吗？我们目前的信仰就不是以至得救的信仰。

如果我们认信的信仰不受大众欢迎，认同我们的人寥寥无几，我们没有理由灰心丧气。我们一定要记住主耶稣基督在这一段中说的话："那门是窄的。"悔改、相信基督、过圣洁生活，这些从未流行过。基督真正的羊群总是小群。发现我们被人看作异常、特别、固执和思想狭隘，这绝不可令我们动摇。这是"小路"，但肯定的是，与少数人一起进入永生，强如与许多人走向"灭亡"。

最后，主耶稣给我们一个普遍的警告，警惕教会中的假师傅。我们要"防备假先知"。这一段和之前一段的联系是引人注目的。我们要远离这条"大路"吗？我们就必须防备假先知。他们要起来，他们在使徒的时代就开始工作了。即使在那时，错谬的种子就已经播下，自那时起他们不断出现。我们一定要预备好面对他们，保持警惕。

这是一个人急需的警告。有成千上万的人，如果他们从一位按立的牧师那里听到任何信仰方面的事情，就快快相信，他们就忘记了神职人员和平信徒一样也会犯错误。神职人员不是无谬的，他们的教导必须放在圣经的天平上加以衡量。只要他们的教训符合圣经，人就要跟从他们，相信他们，但超过这一步，就必须立刻停住。我们要"凭着他们的果子"试验他们。纯正的教义和圣洁的生活是真先知的标记。让我们记住这一点。我们牧师的错误不能成为我们自己错误的借口。"若是瞎子领瞎子，两个人都要掉在坑里。"（太15：14）

防备虚假教训的最好防护是什么？毫无疑问就是固定学习上帝

的话语，祷告求圣灵教导。上帝赐下圣经，作我们脚前的灯和路上的光（诗119：105）。正确读圣经的人，上帝绝不会大大放任他犯错。疏忽读圣经，这让许多人成为他们听见的第一位假师傅的猎物。他们希望我们相信"他们没有学问，不会假装有确定的观点"。但清楚的事实就是，他们对读圣经懒惰散漫，不喜欢下功夫自己思想。有人在谦卑的美丽外衣下放纵属灵的懒惰，再没有什么比这更能为假先知提供跟随者的了。

愿我们在思想里都记住我们主的警告！世界、魔鬼和肉体，并不是基督徒路上唯一的危险。还有另外一样危险，那就是"假先知"——披着羊皮的狼。带着祷告的心读圣经，知道信仰方面真理和错误之间分别的人有福了！真理和谬误绝不相同，而上帝要我们运用自己的知识区分二者。

三 认信却不去行的无用，建造房子的两种人

太7：21—29

21. "凡称呼我'主啊，主啊'的人，不能都进天国；惟独遵行我天父旨意的人，才能进去。
22. 当那日，必有许多人对我说：'主啊，主啊，我们不是奉你的名传道，奉你的名赶鬼，奉你的名行许多异能吗？'
23. 我就明明地告诉他们说：'我从来不认识你们，你们这些作恶的人，离开我去吧！'"
24. "所以，凡听见我这话就去行的，好比一个聪明人，把房子盖在磐石上。
25. 雨淋，水冲，风吹，撞着那房子，房子总不倒塌，因为根基立在磐石上。
26. 凡听见我这话不去行的，好比一个无知的人，把房子盖在沙土上。

27. 雨淋，水冲，风吹，撞着那房子，房子就倒塌了，并且倒塌得很大。"
28. 耶稣讲完了这些话，众人都希奇他的教训，
29. 因为他教训他们，正像有权柄的人，不像他们的文士。

* * *

主耶稣用一段刺透人心的应用结束了登山宝训。他从假先知转向虚假的认信之人，从不纯正的师傅讲到不纯正的听众。这里的话是讲给所有人听的。愿我们都蒙恩，可以把它应用到我们自己心上！

这里的第一个教训就是，**仅仅在外表上认信基督教信仰是无用的**。不是每一个说"主啊，主啊"的人都必然进天国，不是所有认信和自称是基督徒的人都必得救。

让我们注意这一点。要救一个灵魂，所要求的远超大部分人看似认为所必需的。我们可能奉基督的名受洗，自信夸耀我们在教会里的特权。我们可能有头脑的知识，对我们自己的光景相当满意。我们甚至可能做传道人，别人的教师，行"许多异能"——与我们教会有关的异能。但在这整一段时间内，我们实际上是在遵行我们天父的旨意吗？我们真正悔改，真正相信基督，活出圣洁谦卑的生命了吗？如果不是，那么尽管我们有一切的特权和认信，我们最终也进不了天堂，将永远被抛弃。我们到时要听见这句可怕的话："我从来不认识你们，离开我去吧。"

审判那日要揭露出许多奇怪的事。许多活着的时候被人认为是伟大基督徒的人，他们的盼望要彻底落空。他们信仰的腐烂之处要被揭露，在全世界面前蒙羞。那时将要证明，得救的意思不只是

第七章

"承认相信"。我们必须既"认信",也"践行"我们的基督教信仰。让我们常常思想那重大的日子,让我们常常"分辨自己,就不至于受审",不至于被主定罪。不管我们做什么,让我们都追求实在、真实和真诚。

这里的第二个教训,就是**两类听基督话的人的震撼画面**。那些听了什么也不做的人,以及那些既听也做的人,都被摆在我们眼前,他们的历史都一路追踪到他们各自的结局。

那听了基督教的教训,行出他所听见真理的人,就好像"一个聪明人,把房子盖在磐石上"。他不以听了要求悔改、信靠基督、过圣洁生活的告诫为满足。他确实悔改,他确实相信,他确实停止作恶,学习行善,厌恶那有罪的,紧紧抓住那美善的。他既听道也行道(雅1:22)。

结果是什么?在试炼时他的信仰不致失败。疾病、悲伤、贫困、失望和丧亲之痛的洪流冲击他,也是徒然。他内心坚定不摇动,他的信心不退步,他的安慰不彻底弃绝他。他的信仰可能在过去让他受苦,他可能付出极大的努力,流下许多泪水才打好根基。要确定他自己在基督里的利害关系,这可能需要花多日的时间热切寻求,花许多时间祷告,并且与上帝摔跤;但他的劳苦没有白费,他现在收获丰盛的赏赐。能经受试炼的信仰是真信仰。

听了基督教的教训,从未超过听之地步的人,就像"一个无知的人,把房子盖在沙土上"。他以听和认同为满足,但绝不再进一步。他也许以此恭维自己,认为自己灵魂的光景一切都好,因为他有某种属灵的感觉、确信和愿望。在这些事上他满足了。他从未真正与罪决裂，抛弃世界的精神。他从未真正抓住基督，从未真正背起十字架。他听真理，但仅此而已。

这个人信仰的结局是什么？它在苦难第一波的洪水之下就完全崩溃了。当他的需要最为急迫的时候，信仰完全对他没有帮助，就像夏天干涸的源泉。它让拥有它的人像沙洲上的坏船，成了教会的丑闻，不信之人的笑柄，以及他自己的愁苦。一分钱一分货，这句话是千真万确的！不让我们付出任何代价，除了听讲道就什么也没有的信仰，最终总是显为毫无用处。

登山宝训就此结束了。这样的一篇讲道，是之前从未有人讲过的。这样的讲道，可能自此再也不会有人能传讲。让我们确保它对我们自己心灵产生持久的影响。它既是对一开始听到它的人，也是对我们讲的。我们就是那些要为它察验人心的教训而交账的人。我们如何看待它们，这绝非小事。耶稣所讲的道"在末日要审判我们"（约 12：48）。

第 八 章

一 基督行神迹医治长大麻风的、瘫痪的和害热病的人

太8：1—15

1. 耶稣下了山，有许多人跟着他。
2. 有一个长大麻风的来拜他，说："主若肯，必能叫我洁净了。"
3. 耶稣伸手摸他说："我肯，你洁净了吧！"他的大麻风立刻就洁净了。
4. 耶稣对他说："你切不可告诉人，只要去把身体给祭司察看，献上摩西所吩咐的礼物，对众人作证据。"
5. 耶稣进了迦百农，有一个百夫长进前来，求他说：
6. "主啊，我的仆人害瘫痪病，躺在家里，甚是痛苦。"
7. 耶稣说："我去医治他。"
8. 百夫长回答说："主啊，你到我舍下，我不敢当；只要你说一句话，我的仆人就必好了。
9. 因为我在人的权下，也有兵在我以下，对这个说，'去'，他就去；对那个说，'来'，他就来；对我的仆人说，'你做这事'，他就去做。"
10. 耶稣听见就希奇，对跟从的人说："我实在告诉你们：这么大的信心，就是在以色列中，我也没有遇见过。
11. 我又告诉你们：从东从西，将有许多人来，在天国里与亚伯拉罕、以撒、雅各一同坐席；
12. 惟有本国的子民，竟被赶到外边黑暗里去，在那里必要哀哭切齿了。"
13. 耶稣对百夫长说："你回去吧！照你的信心，给你成全了。"那时，他的仆人就好了。
14. 耶稣到了彼得家里，见彼得的岳母

害热病躺着。 　　　　　　就起来服侍耶稣。

15. 耶稣把她的手一摸，热就退了；她

* * *

《马太福音》8章满满记载了我们主的神迹，特别记载下来的不下于五个。在此记载主的神迹，恰到好处。曾经传讲过的最伟大的讲道，立即跟着大能的证据，证明传道的是上帝的儿子，这样是很恰当的。听了登山宝训的人不得不承认，"从来没有像他这样说话的！"同样，从来没有像他这样行的。

我们现在看到的经文包含着三个重大神迹：一位长大麻风的人被主一摸就得痊愈，一个瘫痪的人因一句话就被治好，一位患热病的妇人的健康和力量瞬间得到复原。看到这三个神迹，我们可以看到三个重大教训。让我们来察看，并记在心里。

其一，让我们知道**我们主耶稣基督的能力何等浩大。大麻风**是人的身体所能得的最可怕的疾病。患了此病的人，活着的时候就像一个死人。这是医生认为无法医治的疾病（王下5：7）。然而耶稣说："你洁净了吧！"他的大麻风立刻就洁净了。另外，耶稣只讲一句话，甚至不用看本人，就治好一个**瘫痪**的人，他所做的是我们的头脑无法想象的事。然而耶稣下令，这事就立刻成就了。不仅让一个被**热病压垮**的妇人得解脱，还给她力量，可以马上做工。这种医治，在地上的所有医生穷尽技巧都无法做成。然而耶稣"一摸"彼得的岳母，"她就起来服侍耶稣。"这些都是那位大能者的作为。人无法回避这个结论，这是"上帝的手段"（出8：19）。

第八章

请注意，这里有一个基督徒信心的稳固根基。福音要我们到耶稣这里来，相信耶稣，活出相信耶稣的生活。我们得到鼓励要倚靠他，把我们一切忧虑交给他，把我们心里的一切重担交给他。我们可以坦然无惧地这样行。他能承受一切。他是坚固的磐石，他是全能的上帝。一位老圣徒说得好，"除了在基督的全能上，我的信心就不能在任何别的枕头上安睡。"他能赐生命给死人，也能赐能力给软弱的人。"软弱的，他加力量"。让我们信靠他，不要害怕。世界布满网罗，我们内心软弱，但在耶稣面前没有什么是不可能的。

让我们也明白另外一件事情，就是**我们主耶稣基督的怜悯与同情**。我们现在看的三件事，情形都完全不一样。他听见那大麻风病人可怜的呼叫，"主若肯，必能叫我洁净了。"他被告知那百夫长仆人的情形，但从未见过他。他看见彼得的岳母"害热病躺着"，圣经没有告诉我们当时他有没有说一句话。然而在每一种情形里，主耶稣的心都是一样的。在每一种情形里，他都快快显出怜悯，愿意医治。每一位可怜受苦的人都得到温柔同情，每一位都得到有效救助。

在此还要留意我们信心的另一个稳固根基！我们伟大的大祭司充满恩典。他"体恤我们的软弱"。他绝不会厌倦而不向我们行善。他知道我们是无力软弱的民，生活在一个令人疲倦、充满苦难的世界上。他现在就像一千八百年前一样，乐意宽容待我们，帮助我们，他"并不藐视人"（伯36：5）。没有谁的心像基督的心那样体恤我们。

最后，让我们明白，**信心这美德是何等的宝贵**。我们对这段经文描述的那位百夫长知之甚少。他的名字、他的家乡、他从前的经历，都向我们隐藏起来。但有一件事是我们知道的，就是他相信。他说："主啊，你到我舍下，我不敢当；只要你说一句话，我的仆人就必好了。"让我们记住，文士和法利赛人不信的时候，他相信；以色列瞎眼的时候，虽然他生来是外邦人，但他却相信。我们的主对他发出称赞，从那时起直到现在，全世界的人都读到此事，"我实在告诉你们，这么大的信心，就是在以色列中，我也没有遇见过。"

让我们牢牢记住这个教训。它值得人们记住。相信基督有能力，愿意帮助，实际应用我们的相信，这是一样罕有和宝贵的恩赐。如果我们得着这恩赐，就让我们常常感恩。愿意作为无助失丧的罪人到耶稣这里来，把我们的灵魂交在他手里，这是一份极大的特权。如果我们有这愿意的心，就让我们常常感谢上帝，因为这是他的恩赐。这样的信心比世上所有其他恩赐和知识更美。许多原本可怜，后来却悔改归正的异教徒，除了知道自己厌倦了罪，并且信靠耶稣，其余就一概不知。他们要在天堂里坐下，而英国许多有学问的学者，却要永远被弃绝。相信的人真是有福了！

我们每一个人对这信心有多少认识？这是重大的问题。我们的学识可能很少——但我们相信吗？我们为基督的事奉献和做工的机会可能很少——但我们相信吗？我们可能既不能讲道，也不能写文章，或为福音争辩——但我们相信吗？愿我们不回答这个问题就绝不安息！在今世之子看来，对基督的信心似乎是一件小而简单的事。他们看不到它有什么伟大高尚之处。但在上帝眼中，对基督的信心是至为宝贵的，就像稀世珍宝一样。真基督徒因这信得生，因这信得站立，因着它胜过世界。没有这种信心，

第八章

就无人能得救。

二 基督智慧地对待口头认信的人，平息湖面风浪

太8：16—27

16. 到了晚上，有人带着许多被鬼附的来到耶稣跟前，他只用一句话，就把鬼都赶出去，并且治好了一切有病的人。
17. 这是要应验先知以赛亚的话，说："他代替我们的软弱，担当我们的疾病。"
18. 耶稣见许多人围着他，就吩咐渡到那边去。
19. 有一个文士来，对他说："夫子，你无论往哪里去，我要跟从你。"
20. 耶稣说："狐狸有洞，天空的飞鸟有窝，人子却没有枕头的地方。"
21. 又有一个门徒对耶稣说："主啊，容我先回去埋葬我的父亲。"
22. 耶稣说："任凭死人埋葬他们的死人，你跟从我吧！"
23. 耶稣上了船，门徒跟着他。
24. 海里忽然起了暴风，甚至船被波浪掩盖。耶稣却睡着了。
25. 门徒来叫醒了他，说："主啊，救我们，我们丧命啦！"
26. 耶稣说："你们这小信的人哪，为什么胆怯呢？"于是起来，斥责风和海，风和海就大大地平静了。
27. 众人希奇说："这是怎样的人？连风和海也听从他了！"

* * *

在这段经文的第一部分，我们看到**我们的主用智慧对待那些愿意承认并做他门徒之人**的震撼例子。这段经文特别有助于澄清一个在今天常遭误解的问题，因此它配得我们更多的关注。

某位文士提出要跟从我们的主，无论主到哪里去，他都要跟从。

当我们思想这个人属于哪一个阶层,这提议在何时发出,就会显出这是一个了不起的提议。但这提议得到了一个了不起的回应。它既没有被直接接受,也没有遭到全然拒绝。我们的主只作了这严肃的回答,"狐狸有洞,天空的飞鸟有窝,人子却没有枕头的地方"。

另外一个跟从我们主的人接着进前来,请求得到允许去"埋葬他的父亲",然后在做门徒的道路上继续走下去。这请求第一眼看上去是一个自然、合理的请求,但它从我们主口中得到一个回答,其严肃性并不亚于刚才提到的那回应,"任凭死人埋葬他们的死人,你跟从我吧!"

这两句话都有令人印象极其深刻之处,所有认信的基督徒都应仔细衡量。经文清楚地教导我们,表明愿意走出来,承认自己是基督真门徒的人,应当受到清楚的警告,即在他们开始之前就要"计算代价"。他们预备好忍受苦难了吗?他们预备好背十字架了吗?如果还没有,他们就还不适合开始。它们清楚地教导我们,有时候一个基督徒必须按照字面的意思,真的为基督的缘故撇下一切,有时候就连像参加父亲葬礼这样的本分,也必须交由别人去行。这样的本分总有人随时预备履行,绝不可与传福音、在世上做基督的工作这更大的本分相提并论。

我们主说的这些话,若更多地被人记在心上,基督的教会就有福了。我们很有理由担心,这经文所包含的教训常常被传福音的工人忽略,成千上万被接纳来领受圣餐的人,从未受到警告要"计算代价"。事实上,再也没有什么比用一个个这样的志愿兵充满基督军队行列的做法更伤害基督教信仰:这些志愿兵愿意作出小小的认信,言语流利地谈论他的经历。然而令人难过的是,人忘记了单单有人

第 八 章

数,这并不使教会有力量,可能会有大量外在的信仰表现,真正的美德却非常之少。让我们都记住这一点。让我们不要扣下任何事情,不对刚刚认信之人和对基督感兴趣的人宣讲。让我们不要用虚假的理由征召他们入伍,让我们明明白白地告诉他们,在尽头有荣耀的冠冕,但也让我们同样明明白白地对他们讲,在路上有每天都要背负的十字架。

在这段经文的后半部分,我们认识到**真正使人得救的信心,常常混杂着极多的无力和软弱**。这是一个使人降卑的教训,但也非常有益。

这段经文告诉我们,我们的主和门徒乘船渡过加利利海。一场风暴兴起,船因着波浪拍打,有被水灌满的危险,而就在此时我们的主睡着了。被吓坏的门徒叫醒他,向他大声求救。他听他们的呼求,用一句话命令波浪平静,结果"风和海就大大地平静了"。与此同时,他温柔地责备不安的门徒:"你们这小信的人哪,为什么胆怯呢?"

在这里我们看到了对成千上万信徒内心的刻画描写是何等的栩栩如生!有多少人有足够多的信心和爱心,甘愿为基督的缘故撇下一切,无论他往哪里去都跟从他,然而在试炼的时候却充满惧怕!多少人有足够的美德,在每一个苦难中转向耶稣,呼求"主啊救我们",然而却没有足够的美德,可以平稳安静,相信即使在最黑暗的时候一切都稳妥安好!确实,信徒有实在的理由要"以谦卑束腰"。

让"求主加增我们的信心"这祷告,成为我们每日祈求的一部分。不被放在试炼和担忧的火窑之中,我们可能就绝不会知道自己信心的软弱。若能通过经历而认识到自己的信心能经受火的试炼，能与约伯一道说，"他必杀我，我虽无指望，然而我在他面前还要辩明我所行的"（伯13：15），这样的人是有福的。

我们有充分的理由感谢上帝，我们伟大的大祭司耶稣极富同情心，内心温柔。他知道我们的本体，他顾念我们的软弱，他不因他的百姓有缺陷就抛弃他们，他甚至怜悯那些他责备的人。就连"小信"的祷告也蒙垂听，得到应允。

三 基督在格拉森为一个人赶鬼

太8：28—34

28. 耶稣既渡到那边去，来到加大拉人的地方，就有两个被鬼附的人从坟茔里出来迎着他，极其凶猛，甚至没有人能从那条路上经过。
29. 他们喊着说："上帝的儿子，我们与你有什么相干？时候还没有到，你就上这里来叫我们受苦吗？"
30. 离他们很远，有一大群猪吃食。
31. 鬼就央求耶稣说："若把我们赶出去，就打发我们进入猪群吧！"
32. 耶稣说："去吧！"鬼就出来，进入猪群。全群忽然闯下山崖，投在海里淹死了。
33. 放猪的就逃跑进城，将这一切事和被鬼附的人所遭遇的都告诉人。
34. 合城的人都出来迎见耶稣，既见了，就央求他离开他们的境界。

* * *

这七节经文的主题深奥，这里特别详细地描写了赶鬼的事。这是一段用强光照亮一个隐秘难解要点的经文。

第八章

让我们在心里坚信，**存在着魔鬼这样的东西**。这是一个可怕的事实，但太过经常地被人忽视。我们身边总有一个看不见的灵，大有能力，充满反对我们灵魂的无尽恶意。从创造之初它就努力要害人。在主再来捆绑它之前，它绝不会停止不试探人，不行恶事。在我们主在地上的日子，很清楚它既对某些男女的灵魂，也对他们的身体有一种特别的权势。即使在我们自己这个时代，也可能有一些人身体遭鬼附的事，这要比一些人以为的更多。虽然我们承认，这与基督在肉身中来的那时相比，程度远低得多。但魔鬼总是以灵的形式在我们附近，随时准备用试探对付我们内心，这一点绝不应该忘记。

让我们在心里坚信，**魔鬼的能力是受到限制的**。虽然它大有能力，但有一位能力比它更大。它死了心要在世上行破坏，但只能在得到许可的条件下行事。正是这几节经文让我们看到，邪灵知道它们只能在万主之主许可它们的时间内在地上来往蹂躏。它们说："时候还没有到，你就上这里来叫我们受苦吗？"它们这呼求本身就让我们看到，除非上帝的儿子耶稣许它们，否则它们连加大拉人地方的一只猪也伤害不了。它们说："让我们进入猪群吧！"

让我们在心里坚信，**我们的主耶稣是人类伟大的救主，救他们脱离魔鬼的权势**。他不仅能救我们"脱离一切罪恶"以及"这罪恶的世代"，还能救我们脱离魔鬼。古时上帝就预言他要伤蛇的头。当他从童贞女马利亚而生的时候，他就开始伤那头。当他在十字架上死的时候，他就胜过了那头。他在地上的时候，"医好凡被魔鬼压制的人"（徒10∶38），表明他完全管辖着撒旦。在魔鬼的攻击中，我们极大的解救方法，就是向主耶稣呼求,寻求他的帮助。他能击破撒旦捆绑我们的锁链,将我们释放。他能把困扰我们内心的每一个鬼都赶出去,就像古时他确实做的那样。如果我们知道自己附近总有一鬼魔,却不知道基督"能拯救到底,因为他是长远活着,替我们祈求"(来7:25),我们就真是苦了。

离开这段经文之前,让我们不要忽略了**加大拉人贪爱世俗的可悲**。主在他们当中行了一个赶鬼的神迹,他们却求主耶稣"离开他们的境界"。除了损失猪这件事,他们心里就再也没有留意这件事的意义。他们不在乎那两位有不灭灵魂,被救脱离撒旦捆绑的同胞。他们不在乎在他们中间站立,比魔鬼还要大的那一位——上帝的儿子耶稣。除了他们的猪被淹死了,"得利的指望没有了"(徒16:19)以外,就什么也不在乎。他们无知地认为,耶稣在他们和他们的利益之间挡道,他们只希望将他赶走。

可惜现在像这些加大拉人的人太多。有成千上万的人,只要他们能多赚一点点钱,得着多一点点这世上的好处,就对基督,或对撒旦一点儿也不在乎。求上帝救我们脱离这样的灵!我们要常常守望祷告,反对这样的灵!这非常常见,而且具有可怕的、强烈的传染性。让我们每天早上都思想,我们有灵魂要得救,有一天我们都必定死去,在那之后要受审判。让我们小心,不要爱世界胜过爱基督。

第九章

一 基督医治一个瘫子，呼召税吏马太

太9：1—13

1. 耶稣上了船，渡过海，来到自己的城里。
2. 有人用褥子抬着一个瘫子到耶稣跟前来。耶稣见他们的信心，就对瘫子说："小子，放心吧！你的罪赦了。"
3. 有几个文士心里说："这个人说僭妄的话了。"
4. 耶稣知道他们的心意，就说："你们为什么心里怀着恶念呢？
5. 或说'你的罪赦了'，或说'你起来行走'，哪一样容易呢？
6. 但要叫你们知道，人子在地上有赦罪的权柄。"就对瘫子说："起来，拿你的褥子回家去吧！"
7. 那人就起来，回家去了。
8. 众人看见都惊奇，就归荣耀与上帝，因为他将这样的权柄赐给人。
9. 耶稣从那里往前走，看见一个人名叫马太，坐在税关上，就对他说："你跟从我来。"他就起来，跟从了耶稣。
10. 耶稣在屋里坐席的时候，有好些税吏和罪人来，与耶稣和他的门徒一同坐席。
11. 法利赛人看见，就对耶稣的门徒说："你们的先生为什么和税吏并罪人一同吃饭呢？"
12. 耶稣听见，就说："康健的人用不着医生，有病的人才用得着。
13. 经上说：'我喜爱怜恤，不喜爱祭祀。'这句话的意思，你们且去揣摩。我来，本不是召义人，乃是召罪人。"

＊　＊　＊

　　在这两段经文的第一部分，让我们留意，**我们主知道人心里的思想**。有某几个文士，对耶稣向一个瘫痪病人说的话感到不满。他们暗暗在心里说，"这个人说僭妄的话了。"他们可能以为无人知道他们想什么。他们还不知道上帝的儿子能看透人心，分辨诸灵。他们的恶念被当众揭露出来，在众人面前蒙羞。

　　这里有对我们的一个重要教训。"原来万物在那与我们有关系的主眼前，都是赤露敞开的"（来4：13）。没有什么能向基督隐藏。无人看着我们的时候，我们在私下想什么？我们在教会看似庄重严肃的时候在想什么？这段文字在我们眼前闪过的时候，此刻我们在想什么？耶稣知道。耶稣看见。耶稣把这记录下来。耶稣有一天要呼唤我们前来交账。经上记着说："上帝借耶稣基督审判人隐秘事……照着我的福音所言。"（罗2：16）当我们思想这些，肯定的是，我们应当非常降卑。我们应该每天感谢上帝，基督的血能洗净我们一切的罪。我们应当经常呼求，"愿我口中的言语，心里的意念，在你面前蒙悦纳。"（诗19：14）

　　让我们接着留意，**使徒马太奇妙蒙召做基督的门徒**。

　　我们看到这个后来写第一卷福音书的人，坐在税关上。我们看见他沉浸在他世上的呼召中，可能除了金钱和得利，什么也不想。但突然间主耶稣呼召他来跟从他，做他的门徒。马太立刻遵从。他"急忙遵守"基督的命令，"并不迟延"（诗119：60）。他起来跟从他。

请让这成为我们信仰中牢固的原则，就是在基督里没有什么是不可能的。他能接受一位税吏，让他成为一位使徒。他能改变任何人的心，使一切都变成新的。让我们不要对任何人是否能得救心感绝望。让我们继续祷告，继续说话，继续做工，向人的灵魂行善，向最坏之人的灵魂也是如此。"耶和华的声音大有能力。"（诗29∶4）当他以圣灵的大能说"你跟从我来"，他能使最刚硬、最罪恶的人听命。

让我们观察**马太的决定**。他一刻也不等，他不拖延等"得便"（徒24∶25）的时候。因此他收获了极大的赏赐，他写了一卷全世界都知道的书。他既使自己灵魂蒙福，也成为别人的祝福。他身后留名，比王子君王的名更为人所知。世上最富有的人死后很快就被遗忘，但只要世界尚存，数以百万计的人就要知道税吏马太的名字。

最后让我们注意，**我们的主对他自己使命的宝贵宣告**。法利赛人责备他，因为他容许税吏和罪人与他作伴。他们骄傲瞎眼，幻想从天差下来的教师不应该与这样的人打交道。他们完全不知道弥赛亚到世上来的伟大目的，就是做被罪腐蚀之病人的救主、医生和医治者。他们从我们主的口里得到责备的话，但同时也有这句配得称颂的话："我来，本不是召义人，乃是召罪人。"

让我们确保自己完全明白这些话包含的教训。要在基督里有分，所需的第一件事，就是要深深地感受到我们自己的败坏，并且愿意到他这里来得拯救。我们不可因为感到自己坏、邪恶、不配，就像许多无知的人那样，与基督保持距离。我们要记住，罪人是基督到世上来要拯救的人，如果我们感到自己是这样的人，这就好了。若能真正明白到基督那里去的一个主要资格，就是深深地感受到罪，这样的人有福了！

最后，如果我们靠着上帝的恩典，明白一个荣耀的事实，就是罪人是基督来召的，那么，就让我们记住这点，决不忘记。让我们不要梦想真基督徒能在这世上达到一种如此完全的境界，以致无需耶稣的中保之工和代求。我们一开始到基督这里来时是罪人，只要我们还活着，我们仍是可怜穷乏的罪人，无时无刻不需要从基督的丰富吸取我们能得到的一切恩惠。在我们死的时候，我们要发现自己是罪人，就像我们开始相信的时候一样，大大地依赖基督的血。

二 新酒新皮袋，管会堂的人的女儿得复活

太9：14—26

14. 那时，约翰的门徒来见耶稣，说："我们和法利赛人常常禁食，你的门徒倒不禁食，这是为什么呢？"
15. 耶稣对他们说："新郎和陪伴之人同在的时候，陪伴之人岂能哀恸呢？但日子将到，新郎要离开他们，那时候他们就要禁食。
16. 没有人把新布补在旧衣服上，因为所补上的反带坏了那衣服，破的就更大了；
17. 也没有人把新酒装在旧皮袋里，若是这样，皮袋就裂开，酒漏出来，连皮袋也坏了。惟独把新酒装在新皮袋里，两样就都保全了。"
18. 耶稣说这话的时候，有一个管会堂的来拜他说："我女儿刚才死了，求你去按手在她身上，她就必活了。"
19. 耶稣便起来跟着他去，门徒也跟了去。
20. 有一个女人，患了十二年的血漏，来到耶稣背后，摸他的衣裳䍁子，
21. 因为她心里说："我只摸他的衣裳，就必痊愈。"
22. 耶稣转过来看见她，就说："女儿，

放心！你的信救了你。"从那时候，女人就痊愈了。

23. 耶稣到了管会堂的家里，看见有吹手，又有许多人乱嚷，
24. 就说："退去吧！这闺女不是死了，是睡着了。"他们就嗤笑他。
25. 众人既被撵出，耶稣就进去，拉着闺女的手，闺女便起来了。
26. 于是这风声传遍了那地方。

* * *

让我们在这部分经文中留意，**主耶稣称呼自己的那满有恩惠的名**。他称自己是"新郎"。

新郎对新娘意味着什么，主耶稣对所有信他之人的灵魂就意味着什么。他用一种深深的和永远的爱来爱他们。他接过他们来，与他自己联合。他们与基督合一，基督在他们里面。他偿清了他们欠上帝的债。他供应他们所有日用的需要。在他们的一切苦难中，他同情他们。他忍耐他们一切的软弱，不因一些软弱就拒绝他们。他看他们是自己的一部分，逼迫伤害他们的人是在逼迫他。他从父领受的荣耀，他们有一天要与他同享；他在哪里，他们也要在哪里。这些就是所有真基督徒的特权。他们是那羔羊的新妇（启19：7）。这就是信心让我们得到的分。借此上帝把我们可怜有罪的灵魂与一位宝贵的丈夫联合起来；这些与上帝联合的，必不会分开。信的人确实有福了！

接着让我们留意，**主耶稣为如何对待刚成为门徒的人立下何等有智慧的原则**。有一些人责备跟从我们主的人，因为他们不像施洗约翰的门徒那样禁食。我们的主用一个充满深奥智慧的论证为门徒辩护。他表明，只要他——他们陪伴的新郎——还与他们同在，他们禁食就不合适。但他没有就此为止，他继续用两个比喻表明，在

基督教这所学校里新入学的人，一定要受到温柔对待，一定要按照他们能够承受的来教导他们，绝不可期望他们一次领受一切。忽略这个原则，就会像是"把新酒装在旧皮袋里"，或者"把新布补在旧衣服上"一样不明智。

这里有深奥智慧的宝藏，所有对经历尚浅的人做属灵教导的人，若是记住这点，他们就会做得好了。我们务必要谨慎，不要把过分的重要性加在信仰之中较为小的事情上。我们绝不可匆忙要求人在彻底学会悔改和相信这首要原则之前，就在"无关紧要的事情"上严密遵守一条严格的规矩。我们亟需祷告求恩典和基督徒应有的常识，在这件事上指引我们。合宜地对待新做门徒的人，这是一种罕有的恩赐，但也非常有用。知道什么是要从一开始就坚持，作为绝对必需之事加以要求，知道什么是要留着，等到学习之人得到更完全的知识之后才学习的教训，这是灵魂的教师所当具有的一项最高成就。

接着请留心，**我们主是何等鼓励最微小的信心**。我们在这一段看到，一个因病大大受苦的女人，在人群中来到我们主身后，"摸他的衣裳繸子"，希望这样做就能得到医治。她没有说一句求助的话，也没有公开认信，但她有信心，只要能"摸他的衣裳繸子"，就能得痊愈。事情就这样发生了。她这举动中藏着一颗宝贵信心的种子，得到我们主的嘉许。她立刻得痊愈，平安回家去了。用一位古时优秀作家的话来说，"她战抖而来，得胜而归。"

让我们在脑海里把这段历史储存起来。在某个有需要的时刻，它也许会极大地帮助我们。我们的信心可能软弱，我们的勇气可能微小，我们对福音和它应许的把握，可能软弱发抖，但最重要的问题是，我们真的唯独信靠基督吗？我们仰望耶稣，唯独仰望耶稣求赦罪和平安吗？如果这样就好了。如果我们不能摸着他的衣裳，我们却能摸着他的心，这样的信心拯救人。软弱的信心带来的安慰不及坚强的信心。软弱的信心带我们上天堂时，给我们的喜乐远远不及完全确据带来的喜乐。但软弱的信心肯定和坚强的信心一样，让人在基督里有分。只摸着基督衣裳的人必不灭亡。

最后，让我们在这段经文中留意**我们主的大能**。他让一个死了的人重得生命，那场面该何等奇妙！曾经见过死人的人，有谁会忘记当生气离开身体，死人的静止、沉默和冰冷？谁能忘记那可怕的感觉？一项重大的改变已经发生，我们自己和那逝去的人之间已经安置了一条巨大的鸿沟。但是请看！我们的主去到停放那死人的房间，把那灵呼唤回它在地上的帐棚。脉搏再次跳动起来，眼睛再次得看见，气息再次回来，一呼一吸，持续不已。这管会堂的人的女儿又活了，被交回给她的父母。这真是上帝的全能！除了在一开始造人、掌管天地权柄的那一位，无人能行这样的事。

这种真理，我们永远不可能完全识透。我们越清楚看到基督的能力，就越可能认识到福音中的平安。我们所处的局面可能试炼人，我们内心可能软弱，穿越世界的客旅生涯可能困难重重；我们的信心可能看起来太小，不足带我们归家，但是当我们集中思想基督，就让我们鼓起勇气，不要灰心。他帮助我们，比所有反对我们的更大。我们的救主能让死人复活。我们的救主是大能的救主。

三　两个瞎子得医治，基督怜悯众人，门徒的本分

太9：27—38

27. 耶稣从那里往前走，有两个瞎子跟着他，喊叫说："大卫的子孙，可怜我们吧！"
28. 耶稣进了房子，瞎子就来到他跟前。耶稣说："你们信我能作这事吗？"他们说："主啊，我们信！"
29. 耶稣就摸他们的眼睛，说："照着你们的信给你们成全了吧！"
30. 他们的眼睛就开了。耶稣切切地嘱咐他们说："你们要小心，不可叫人知道。"
31. 他们出去，竟把他的名声传遍了那地方。
32. 他们出去的时候，有人将鬼所附的一个哑巴带到耶稣跟前来。
33. 鬼被赶出去，哑巴就说出话来。众人都希奇说："在以色列中，从来没有见过这样的事！"
34. 法利赛人却说："他是靠着鬼王赶鬼。"
35. 耶稣走遍各城各乡，在会堂里教训人，宣讲天国的福音，又医治各样的病症。
36. 他看见许多的人，就怜悯他们，因为他们困苦流离，如同羊没有牧人一般。
37. 于是对门徒说："要收的庄稼多，做工的人少。
38. 所以，你们当求庄稼的主，打发工人出去收他的庄稼。"

* * *

这段经文有四个教训，值得我们关注。让我们依次注意。

让我们首先注意，**对基督坚固的信心，有时出现在最出人意料的地方**。谁会想到这两个瞎子会称我们的主是"大卫的子孙"？他们当然没有可能看见他行的神迹。他们只能通过大众传闻来认识他。尽管他们身体的眼睛黑暗，他们的心眼却得到光照。他们看见

了文士和法利赛人看不见的事实。他们看到拿撒勒人耶稣是弥赛亚,他们相信他能医治他们。

这样的例子让我们看到,我们绝不可仅仅因为任何一个人生活的光景于他灵魂不利,就对他是否能得救感到绝望。福音比环境更强大,信仰的生命不仅仅取决于外在的优势。人没有学问,没有金钱,只有很少的蒙恩之道,圣灵却能赐下信心,保持这信心活跃。没有圣灵,一个人可能知道一切的奥秘,活在福音完全的大光中,然而却失丧了。我们将要在末日看到许多奇怪的景象。我们要发现,贫穷的农夫相信了大卫的子孙,而有钱的人,有各种大学问的人,要显明像是法利赛人一样,在顽梗的不信中活着和死去。许多在后的将要在前,在前的将要在后(太20:16)。

让我们接下来留意,**我们的主耶稣对疾病有丰富的经验**。他"走遍各城各乡"行善。

他是肉体承受一切疾病的目击见证人。他见过各式各样的病症,他接触过各种形式身体上的苦难。没有一样对他来说太厌恶,而不愿帮助的。没有一样对他来说太过可怕,而不能治愈的。他是医治"各样病症和痛疾"的医者。

我们从这事实可以得到极大的安慰。我们每一个人都住在可怜软弱的身内。我们坐在至亲和朋友的病床边,绝不可能知道我们要目睹多大的苦难。我们绝不知道在躺下死去之前,我们自己要服在怎样折磨人的病痛之下。然而让我们尽早用这宝贵的思想装备自己,耶稣特别合适做病人的朋友。为了得到赦罪和与上帝和好,我们必须向其祈求的那位伟大的大祭司,大大地胜任医治有病的良心,也能同情人类作痛的身体。身为万王之王的那一位的眼睛，常常同情地看顾有病的人。世人对病人毫不在乎，常常与他们保持远远的距离，但主耶稣特别看顾病人。他首先去探访他们，并且说："我站在门外叩门。"听到他的声音，让他进来的人有福了！（启3∶20）

让我们接着留意，**我们主温柔地关心遭遇忽视的人**。他在地上的时候，看见"许多的人"困苦流离，"如同羊没有牧人一般"，他的同情心被大大地激动。他看见那些人，被当时本应做他们夫子的人忽视。他看见人无知、无望、无助、正在死去、还没有做好死的准备。这景象感动他，令他生出极大的同情。他那充满爱的心不会看见这些事情而没有感触。

我们看到这样的景象会有何感受？这是我们思想里要提出的问题。到处都可以看见许多这样的人。地上有数以百万计的拜偶像之人和异教徒，数以百万计受蒙骗的伊斯兰教徒，数以百万计迷信的罗马天主教教徒。我们自己门口附近就有成千上万尚未得救的挂名更正教徒。我们感受到对他们灵魂温柔的关切吗？我们深深地同情他们荒凉的灵命吗？我们盼望看到这荒凉状况得到解决吗？这些是严肃的拷问，应该得到回答。人很容易讥笑那些派到异教徒那里去的宣教士，以及那些帮助他们的人，但是不关心所有尚未归正之人灵魂的人，肯定不可能有"基督的心"（林前2∶16）。

最后让我们留意，**所有希望向尚未归主的那部分世人行善的基督徒，都有一种严肃的义不容辞的本分**。他们当祷告求上帝兴起更多的人，为灵魂的归正做工。看来这应当是我们日常祷告的一部分，"所以你们当求庄稼的主，打发工人出去收他的庄稼"。

如果我们对祷告有最基本的认识，我们就切不可忘记我们主的这严肃吩咐。让我们立定心志相信,这是扬善抑恶最有效的方法之一。亲自为灵魂做工,这是好的;奉献金钱,这也是好的。但祷告是一切当中最好的。通过祷告我们能到他那里,没有他,做工和金钱同样枉然。我们要得圣灵的帮助。金钱能雇请工人,大学能给人学问,会众能选举,主教能按立,但唯独圣灵能造就福音的工人,兴起平信徒工人收割灵里的庄稼,他们必做无愧的工人。我们绝对、绝对不要忘记,如果我们要向世人行善,我们首要的责任就是祷告!

第 十 章

一　差遣第一批基督徒传道人

太10：1—15

1. 耶稣叫了十二个门徒来，给他们权柄，能赶逐污鬼，并医治各样的病症。
2. 这十二使徒的名：头一个叫西门，又称彼得，还有他兄弟安得烈，西庇太的儿子雅各和雅各的兄弟约翰，
3. 腓力和巴多罗买，多马和税吏马太，亚勒腓的儿子雅各和达太，
4. 奋锐党的西门，还有卖耶稣的加略人犹大。
5. 耶稣差这十二个人去，吩咐他们说："外邦人的路，你们不要走；撒玛利亚人的城，你们不要进。
6. 宁可往以色列家迷失的羊那里去。
7. 随走随传，说：'天国近了！'
8. 医治病人，叫死人复活，叫长大麻风的洁净，把鬼赶出去。你们白白地得来，也要白白地舍去。
9. 腰袋里不要带金银铜钱。
10. 行路不要带口袋，不要带两件褂子，也不要带鞋和拐杖，因为工人得饮食是应当的。
11. 你们无论进哪一城，哪一村，要打听那里谁是好人，就住在他家，直住到走的时候。
12. 进他家里去，要请他的安。
13. 那家若配得平安，你们所求的平安就必临到那家；若不配得，你们所求的平安仍归你们。
14. 凡不接待你们、不听你们话的人，你们离开那家或是那城的时候，就把脚上的尘土跺下去。
15. 我实在告诉你们：当审判的日子，所多玛和蛾摩拉所受的，比那城还容易受呢！"

＊　＊　＊

这一章是特别严肃的一章，记载了在基督的教会里发生的首次按立（ordination）：主耶稣拣选和差遣十二使徒。这里的叙述讲的是给新按立的基督工人的首次嘱咐。这是主耶稣亲自吩咐的。以前从未有过如此重要的任命，从未有过如此严肃的嘱咐！

本章前十五节经文突出了三个教训，让我们依次来看。

第一节首先教导我们，**不是所有基督的工人都必然是得救之人**。我们看到，我们的主拣选加略人犹大成为他的使徒之一。我们不能怀疑他是否认识所有人的内心，是否非常清楚他拣选的每一个人的品格。他在使徒名单中包括了一个做叛徒的人！

我们要是心里记住这个事实就好了。任命并不把圣灵拯救的恩典加给人。被任命的人不一定就是归正的人。我们不可把他们看作是无谬的，无论在教训还是在实践方面都不可这样认为。我们不可把他们变成教皇或偶像，不知不觉地把他们放在基督的位置上。我们应当看他们与我们"是一样性情"的人，有同样的软弱，每日需要同样的恩典。我们不可以为他们不会做非常坏的事，或者以为他们高高在上，不会受到阿谀奉承、贪婪和世界的伤害。我们要用上帝的话语试验他们的教训，按他们跟从基督的程度跟从他们，但仅此而已。最重要的，我们应当为他们祷告，让他们不要做加略人犹大的继承人，而是做雅各和约翰的继承人。做福音的工人，这是一件可畏的事！福音的工人需要极多的祷告。

接着我们得到的教训是，**一位基督工人的重大工作就是行善**。他奉差遣去寻找"迷失的羊"，宣告好消息，帮助受苦的人，减轻忧愁，加增喜乐。他的生命应当是"舍去"，而不是"得来"的生命。

这是一个很高的标准，一个非常特别的标准。让人仔细衡量，认真察究。很明显的一件事，就是一位基督忠心工人的生活不可能是安逸的。他必须做好准备，在他蒙召来做的工作上耗尽身体和心思，时间和力量。对任何职业来说，懒惰和轻浮都是糟糕透顶的，但对一个为灵魂守望的职业来说，那是最为恶劣的。很清楚的另外一件事，就是基督工人的位置，并不是无知之人有时所说的那样。不幸的是，这些人有时自称占据这样的位置。基督的工人受任命，不是为了统治，而是为了服侍。基督设立他们，不是要辖管教会，而是为供应教会的需要，服侍教会的肢体（林后1：24）。如果人们更明白这些事，有关真正信仰的事业就会蒙受祝福。在基督教信仰中一半的弊病，是出于对牧师职分的错误观念！

最后我们得到的教训是，**疏忽所传的福音，这是一件至为危险的事**。当审判的日子，"所多玛和蛾摩拉所受的"，要比那些听了基督的真理却不领受的人还容易受。

这是一个遭人忽视的教训，真让人害怕；这是一个人们理当认真思想的教训。令人难过的是，人很容易就忘记，要使一个灵魂永远沉沦，人不需要犯极大公然的罪。他们只需要继续听却不相信，继续听而不悔改，上教会却不到基督那里去，渐渐地他们就要发现自己是在地狱里！我们都要按照我们所得的光照受审判，都要为着我们如何使用信仰方面的特权而交账。听说"大的救恩"却忽略，这是人能干犯的最恶劣的罪之一（约16：9）。

我们自己如何面对福音？这是每一个读到这段话的人都应当认真思想的问题。让我们设想，我们生活正派，受人尊敬，在所有人际关系方面正确、讲求道德，在正式领受蒙恩之道方面固定有规律。就这些而言，这一切都好。但这就是对我们所有的评价吗？我们真的领受爱真理的心吗？基督因信住在我们心里吗？如果不是，我们就是在可怕的危险之中。我们就要比根本就没有听过福音的所多玛人更有罪。我们可能会醒过来，发现我们虽然守规律、有道德、正确，却失丧了灵魂，直到永远。活在基督教信仰特权的完全光照下，每周聆听对福音忠心的传讲，这并不能拯救我们。一定要有对基督经历方面的认识，一定要个人领受他的真理，一定要在生命上与他联合。我们一定要成为他的仆人和门徒。没有这些，福音的传讲只会加增我们的责任，加增我们的罪责，最终要更深深地把我们压下，沉到地狱里。这些是很不客气的话，但我们已经读到的圣经的话语是清楚的，不可能让人产生误解，它们是全然真实的。

二 对第一批基督徒传道人的训诲

太10：16—23

16."我差你们去，如同羊进入狼群；所以你们要灵巧像蛇，驯良像鸽子。

17.你们要防备人，因为他们要把你们交给公会，也要在会堂里鞭打你们；

18. 并且你们要为我的缘故，被送到诸侯君王面前，对他们和外邦人作见证。
19. 你们被交的时候，不要思虑怎样说话，或说什么话。到那时候，必赐给你们当说的话，
20. 因为不是你们自己说的，乃是你们父的灵在你们里头说的。
21. 弟兄要把弟兄，父亲要把儿子，送到死地；儿女要与父母为敌，害死他们。
22. 并且你们要为我的名被众人恨恶，惟有忍耐到底的必然得救。
23. 有人在这城里逼迫你们，就逃到那城里去。我实在告诉你们：以色列的城邑，你们还没有走遍，人子就到了。"

* * *

所有希望在这世上行善的人，都应深思这些经文中包含的事实。对于除了自己的安逸舒适以外，其余皆不理会的自私之人来说，这些经文看起来几乎没有讲什么。对于福音的工人，对于每一位努力救人灵魂的人来说，这些经文对他们应当大有关系。无疑，当中有极多内容是具体应用在使徒那个时候的，但也有极多内容适用于一切时候的。

其中一样是，我们看到**要向灵魂行善的人，他们的期望必须合乎中道**。他们绝不可认为普世的成功必然伴随他们的劳动，相反一定要料到会遇见极大的反对。他们一定要立定心志，准备好被人"恨恶"、逼迫、虐待，他们至亲的亲人也会这样对待他们。他们将会常常发现自己如同"羊进入狼群"。

让我们不断地想经受住这一考验。无论我们是讲道、教导，抑或是从一家到另一家进行探访，写信还是辅导，无论做什么，让主作为我们立定的原则，就是不要期望所得的比圣经和经历保证我们可以得着的更多。人性远比我们想象的更邪恶败坏。邪恶的权势比

我们想象的要大得多。幻想人人都会明白什么是对他们好，相信我们对他们讲的事情，这是枉然。这就是期望要得着我们必找不到的，到头来只会令我们失望。基督的工人如果一开始就知道，而不是透过痛苦的经历来明白这些事情，那他就有福了！这就是许多曾经看似充满行善热情的人为何掉头转向的秘密原因。他们一开始就抱有过分的期望，他们没有计算代价，他们落入了德国那位伟大的改教家所犯的错误，这人承认他曾一度忘记"老亚当太强大，是年轻的梅兰希顿无法抵挡的"。

另外一样就是，我们看到**希望行善的人需要祈求上帝赐智慧、敏锐的触觉和清醒的头脑**。我们的主要门徒"灵巧像蛇，驯良像鸽子"。他告诉人，当他们在这城受到逼迫，可以合法"逃到那城"。

我们主的教训，很少有像这里的教训一样，是如此难以正确应用的。在两个极端之间，有一条线为我们画出；但我们需要极强的判断力来界定这条界线。沉默不言而避免受逼迫，把我们的信仰完全留在自己里面，这是一个极端。我们不可犯错走在这方向上。寻求逼迫，把我们的信仰强加在我们遇见的每一个人身上，不考虑时间、地点和环境，这是另一个极端。我们在此也得到警告，不要像在另外一个方向上那样，犯错走向这个方向。确实我们可以说，"这事谁能当得起呢？"我们需要向唯一全智的上帝呼求智慧。

当今大多数人容易落入的极端，就是沉默、胆怯和不管别人这一个极端。我们所谓的谨慎，容易堕落变为在举止方面妥协，或者全然不忠心。我们太轻易认为，尝试向某种人行善，这是没有用的。我们给自己找借口，不努力使他们的灵魂得益，说这是轻率、不明智，或会无谓得罪人，甚至造成实际的伤害。让我们大家都警醒防备这种精神。懒惰和魔鬼常常是这种精神的真正原因。向它投降，无疑会令血肉之体欢喜，免除我们许多麻烦，但向这诱惑妥协的人，常常扔掉了被上帝使用的很好机会。

另一方面，无可否认的就是，存在着这样一种事情，就是一种公义和圣洁的热心，却"不按着真知识"。人完全有可能生出无谓得罪人的事，犯重大错误，挑起极大的反对，但其实，一点小小的谨慎、有智慧的管理、行使判断力，本是可以避免这样的事情。让我们都谨慎，不要在这方面有罪。我们可以确定，存在着一种与耶稣会式的欺骗或属肉体的谋略完全不同的基督徒智慧。让我们寻求这种智慧。当我们为我们的主耶稣做工，他并不要求我们抛开常识。无论做什么，我们的信仰本身就有足够多让人跌倒的地方；但是让我们不要无缘无故加增这样的事。让我们努力"谨慎行事，不要像愚昧人，当像智慧人"（弗5∶15）。

我们担心，相信主耶稣基督的人没有充分祈求他赐知识、智慧的灵和清醒的头脑。他们容易幻想，如果他们有恩典，就有了所需的一切。他们忘记了蒙恩的心应当祈求，这样可以既被圣灵充满，也能使智慧充足（徒6∶3）。让我们都记住这一点。极大的恩典和常识，也许是其中一样最罕有的组合。它们有可能并行，大卫的一生，使徒保罗的侍奉就是很有说服力的例子。然而在这方面，就像在任何别的方面一样，我们的主耶稣基督自己是我们最完美的榜样。没有人像他那样信靠神，但也没有人像他那样真正有智慧。让我们以他为榜样，跟随他的脚踪行。

第十章

三 对第一批基督徒传道人的警告

太10：24—33

24. "学生不能高过先生，仆人不能高过主人。
25. 学生和先生一样，仆人和主人一样也就罢了。人既骂家主是别西卜（"别西卜"是鬼王的名），何况他的家人呢？
26. 所以，不要怕他们，因为掩盖的事，没有不露出来的；隐藏的事，没有不被人知道的。
27. 我在暗中告诉你们的，你们要在明处说出来；你们耳中所听的，要在房上宣扬出来。
28. 那杀身体不能杀灵魂的，不要怕他们；惟有能把身体和灵魂都灭在地狱里的，正要怕他。
29. 两个麻雀不是卖一分银子吗？若是你们的父不许，一个也不能掉在地上；
30. 就是你们的头发也都被数过了。
31. 所以，不要惧怕！你们比许多麻雀还贵重。
32. 凡在人面前认我的，我在我天上的父面前也必认他；
33. 凡在人面前不认我的，我在我天上的父面前也必不认他。"

* * *

  向这世上人的灵魂行善，这是很难的一件事。所有尝试的人都体会到这一点，这需要很大的勇气、信心、耐心和坚忍。撒旦要顽强抵抗捍卫它的国。人性极其邪恶。行恶容易，行善艰难。

  主耶稣第一次差遣门徒传福音的时候，他是很清楚这一点的，即使他们不知道摆在他们面前的是什么，他却知道。他专门给他们一系列的鼓励，好使他们消沉时可以得到鼓舞。去到海外疲倦的宣教士，留在本地灰心的牧师，沮丧的学校老师，在教区里消沉的探访事工，要能经常学习我们现在看的这九节经文就好了。让我们留意它们包含的内容。

努力向灵魂行善的人，绝不可期望得到比他们伟大的老师更好的待遇。"学生不能高过先生，仆人不能高过主人。"主耶稣遭到一些人的毁谤和拒绝，虽然他来却是为他们的益处。他的教导没有错谬，他教训的方法没有缺陷，然而许多人恨他，骂他是"别西卜"。相信他，重视他说的话的人寥寥无几。对我们来说，最大的努力也混杂着极多不完全。如果我们得到人对基督一样的待遇，肯定没有权利感到惊奇。如果我们不管世人，他们很有可能也不管我们。但如果我们尝试向他们行属灵的善事，他们就要像恨恶我们的老师一样仇恨我们。

努力行善的人，必须忍耐盼望审判的日子。"掩盖的事，没有不露出来的；隐藏的事，没有不被人知道的。"他们一定要甘愿在当今的世上遭误解、诬告、辱骂、毁谤和虐待。他们绝不可因动机遭人误解、人品遭到猛烈攻击就停止做工。他们必须常常记住，在最后那日，一切都要得到平反。那时所有人心的秘密都要被显明出来。"他要使你的公义如光发出，使你的公平明如正午"（诗37：6）。他们纯洁的动机、智慧的劳作、正确的事业最终要向全世界显明。让我们安静坚定地做工。人可能不理解我们，可能激烈地反对我们，但审判日近了，我们最后必得伸冤。主再来的时候，"要照出暗中的隐情，显明人心的意念。那时，各人要从神那里得着称赞"（林前4：5）。

努力行善的人，必须怕神过于怕人。人能伤害身体，但他的敌意只能就此为止，他不能更进一步。神却"能把身体和灵魂都灭在地狱里"。如果我们走在尽基督徒本分的道路当中，可能就会受到威胁，

第十章

要失去名声、产业和一切使生活愉快的事。当我们的道路清楚地显明，我们就绝不要理会这些威胁。我们必须像但以理和那三位希伯来少年一样，甘愿承受一切，也不要让神不悦，伤害我们的良心。人的怒气可能难以承受，但要承受神的怒气，这更难得多。对人的惧怕确实带来网罗，我们一定要让这惧怕向一个更大原则的驱逐力量（就是对神的惧怕）让路。那好人加德纳上校（Colonel Gardiner）的话说得很好，"我怕神，所以我无需怕任何别的什么。"

努力行善的人，必须在思想里不断地想起神对他们护理的看顾。没有他的许可，这世界什么事情也不能发生。现实中不存在像偶然、事故或运气这样的事。"就是你们的头发，也都被数过了"。尽本分的道路可能有时把他们带进极大的危险。如果他们向前走，健康和生命可能看起来就要遭遇危险。让他们想起，他们身边的一切都在神的手中，这样就得安慰。他们的身体、他们的灵魂、他们的名声都在他的安全保守之中。要不是他许可，没有疾病能抓住他们，人的手不能伤害他们。他们可以大胆地对遇见的各样可怕的事说："若不是从上头赐给你的，你就毫无权柄办我。"

最后，**努力行善的人，必须不断地记住那一日，他们要与他们的主相见，领受他们最后的分**。如果他们要主认他们，在他父的宝座前承认他们，他们就绝不可羞于在这世界的人面前承认属于他，"宣称认信他"。这样做可能让我们付出极大的代价，可能给我们招来取笑、嘲讽、逼迫和藐视，但让我们不要被人笑出天堂。让我们想起那重大可怕的交账之日，不要怕让人看到我们爱基督，要他们也认识他和爱他。

让这些鼓励的话珍藏在所有为基督的事努力工作之人的心中，

无论他们所处的位置如何。主知道他们的试炼，已经说了这一番话安慰他们。他看顾所有相信他的百姓，但没有什么人，是像那些为他的事工作、努力行善的人，能得到他如此多多的看顾。愿我们追求成为那群人中的一员。每一个相信的人，如果尝试，都能做一些事。总是有一些事情，可供每一个人去做。愿我们每一个人都能看到这一点，并且愿意去做。

四 对第一批基督徒传道人的鼓励

太10：34—42

34. "你们不要想，我来是叫地上太平；我来并不是叫地上太平，乃是叫地上动刀兵。
35. 因为我来是叫人与父亲生疏，女儿与母亲生疏，媳妇与婆婆生疏。
36. 人的仇敌就是自己家里的人。
37. 爱父母过于爱我的，不配作我的门徒；爱儿女过于爱我的，不配作我的门徒；
38. 不背着他的十字架跟从我的，也不配作我的门徒。
39. 得着生命的，将要失丧生命；为我失丧生命的，将要得着生命。"
40. "人接待你们，就是接待我；接待我，就是接待那差我来的。
41. 人因为先知的名接待先知，必得先知所得的赏赐；人因为义人的名接待义人，必得义人所得的赏赐。
42. 无论何人，因为门徒的名，只把一杯凉水给这小子里的一个喝，我实在告诉你们，这人不能不得赏赐。"

* * *

在这段经文中，教会伟大的元首讲完他对奉差遣出去传扬他福音之人的第一个命令。他宣告了三个重大事实，它们成了对整个论述的贴切结论。

首先，他命令我们记住，**他的福音去到哪里，都不会引发和睦与一致**。"我来并不是叫地上太平，乃是叫地上动刀兵。"他第一次到地上来的目的，不是建立起一个千禧年的国度，人人在当中有同一的心思意念，而是带入福音，这福音要导致纷争和分裂。如果我们看到这不断实现，就无权感到惊奇。如果福音使家庭分裂，让至亲的亲属关系疏远，我们不可以为奇怪。在很多情形里，因着人心深深的败坏，它肯定会带来这样的结果。只要一人相信，另外一人仍不相信；只要一人决意坚持他的罪，另外一人希望将罪放弃，传福音的结果就必然是分裂。对于这种情形，人不可责怪福音，而应责怪人心。

这一切当中包含一个深邃的道理，人经常忘记忽略。许多人笼统谈论基督教会的合一、和谐与和睦，仿佛这些是我们总要预料必有的事。为了这些事情的缘故，每一样事情都应牺牲。这样的人很应当记住我们主的话。无疑，合一与和睦是极大的祝福，我们应当寻求这些，为着它们祷告，为要得到它们，除了真理和无愧的良心，甘愿放弃一切。但认为基督的教会在千禧年来到之前，就要享有极大的合一与和睦，这是虚梦一场。

第二，我们的主告诉我们，**真基督徒必须立定心志在这世上受苦**。无论我们是牧师还是会众，无论我们教导还是受教，这都没有分别。背负"十字架"。我们必须为基督的缘故，连失去生命本身都心甘情愿。甘愿失去人的好感，忍受苦难，在许多事上舍己，否则我们最后必不能上天堂。只要世界、魔鬼和我们自己内心仍像现在的样子，这些事情就必然如此。

我们要发现，我们自己记住这教训，向别人强调这教训，这就极其有用。很少有什么像不切实际夸大的期望那样，给信仰带来极大伤害。人期望在对基督的服侍中找到某种程度属世的安慰，而这是他们无权期望的。得不到他们想找的，就受到试探，然后感到厌烦，就放弃了信仰。虽然基督教信仰在最后要赐人冠冕，但在过程之中也要带来十字架，若有人彻底明白这个真理，就有福了。

最后，**我们的主鼓励我们，向为他做事的人所做的最小服侍，神也要看见和赏赐**。"因为门徒的名，只把一杯凉水给这小子里的一个喝，这人不能不得赏赐。"

这应许中有一些非常美好的事。它教导我们，伟大的主常常用眼察看为他做工、努力行善的人。他们做的工似乎得不到人的注意和重视。传道人、宣教士、教师和探访穷人的人，他们的工作与君王和国会、军队和政治家的行动相比，看上去可能非常琐碎和没有价值，但在神的眼中它们并非没有价值。他注意到谁反对他的仆人，谁帮助他们。他观察谁善待他们，就像吕底亚善待保罗（徒16：15）；谁为他们设置困难，像丢特腓为难约翰（约三9）。他们劳苦收割他的庄稼，他们每天的经历都被记录下来。一切都被记在他所记念的这本大册子里，要在末日落在光照之中。酒政官复原位，就忘记了约瑟，但主耶稣绝不忘记他百姓中的任何一人。在复活的早晨，他要对许多没有料到这点的人说："我饿了，你们给我吃；渴了，你们给我喝。"（太25：35）

看到这一章结束部分时，让我们自问，我们用什么眼光看待基督的工作、基督在这世上的事？我们是帮助，还是拦阻基督的工作？我们在任何方面帮助主的"先知"和"预言"吗？我们帮助他的"小子"吗？我们拦阻他的工人，还是向他们欢呼鼓励？这些是严肃的问题。只要有机会，就给"一杯凉水"的人，他们就是做得好，行事有智慧。在主的葡萄园中积极工作的人，他们是做得更好。愿我们都努力在离开世界时，使它变得比我们出生时要更好！这就是以基督的心为心，这就是发掘这奇妙一章所包含教训的价值。

第 十 一 章

一　基督为施洗约翰作见证

太11：1—15

1. 耶稣吩咐完了十二个门徒，就离开那里，往各城去传道教训人。
2. 约翰在监里听见基督所作的事，就打发两个门徒去，
3. 问他说："那将要来的是你吗？还是我们等候别人呢？"
4. 耶稣回答说："你们去，把所听见、所看见的事告诉约翰。
5. 就是瞎子看见，瘸子行走，长大麻风的洁净，聋子听见，死人复活，穷人有福音传给他们。
6. 凡不因我跌倒的就有福了。"
7. 他们走的时候，耶稣就对众人讲论约翰说："你们从前出到旷野是要看什么呢？要看风吹动的芦苇吗？
8. 你们出去到底是要看什么？要看穿细软衣服的人吗？那穿细软衣服的人是在王宫里。
9. 你们出去究竟是为什么？是要看先知吗？我告诉你们：是的，他比先知大多了。
10. 经上记着说：'我要差遣我的使者，在你面前预备道路。'所说的就是这个人。
11. 我实在告诉你们：凡妇人所生的，没有一个兴起来大过施洗约翰的；然而天国里最小的比他还大。
12. 从施洗约翰的时候到如今，天国是努力进入的，努力的人就得着了。
13. 因为众先知和律法说预言，到约翰为止。
14. 你们若肯领受，这人就是那应当来的以利亚。
15. 有耳可听的，就应当听！

＊　＊　＊

　　这两段经文中要求我们关注的第一件事，就是**施洗约翰向我们主耶稣基督传达的信息**。他"打发两个门徒去，问耶稣说：'那将要来的是你吗？还是我们等候别人呢？'"

　　引发这个问题的，不是约翰的怀疑或不信。如果我们这样解释，就是冤枉那位神圣之人了。这样问，是为了他门徒的益处。这是要给他们一个机会，让他们听基督亲口说出他从神而来之使命的证据。无疑施洗约翰感到他自己的工作结束了。他里面有一些东西告诉他，他再也不会从希律的监牢里出来，而是肯定要死了。他记得他的门徒曾经对基督的门徒显出的无知嫉妒。他采取最有可能起作用的方法，要永远驱散这些嫉妒。他派门徒去，让他们自己"听见、看见"。

　　施洗约翰在这件事上的举动，给即将走完他们道路的牧师、教师和父母做了一个令人震撼的榜样。他们主要关注的，应该是那些他们将要留在身后之人的灵魂。他们强烈的愿望，应当是劝服他们紧紧跟从基督。那些在地上曾经指引、教导我们的人，他们的死总应当产生这样的果效。这应当使我们更牢牢地抓住不再死、"永远常存"、其"祭司职任长久不更换"的那一位（来7：24）。

　　这里要求我们注意的第二件事，就是**我们主对施洗约翰品格作的美好见证**。没有一个必死之人曾经得到像耶稣这里对他入狱朋友发出的称赞。"凡妇人所生的，没有一个兴起来大过施洗约翰的。"在过去，约翰曾在人面前勇敢地承认耶稣是上帝的羔羊。现在耶稣公开宣告约翰比先知更大。

无疑一些人容易轻看施洗约翰，这部分是出于对他侍奉性质的无知，部分是出于对他派人提出的这问题的误解。我们的主用他在此作的宣告，堵住了这些挑剔之人的口。他对他们说，不要以为约翰是一个胆小、摇摆不定、不稳固的人，"风吹动的芦苇"。他们这样认为就完全错了。他是一个勇敢、不退缩的真理见证人。他告诉他们，不要以为约翰在心里是一个爱世界的人，喜爱王宫和精致的生活。如果他们这样想，这就大错特错了。他是一个舍己传讲悔改之道的人，冒着惹王发怒的危险，而不愿不责备王的罪恶。简而言之，他要他们知道，约翰"比先知大多了"。他是一个上帝尊荣的人，超过尊荣所有旧约的先知。他们确实预言了基督，但到死的时候都没有看见他。约翰不仅预言基督，还当面看见了他。旧约先知预言人子的日子必然要来到，弥赛亚必然要显现。而约翰是这些日子的实际目击见证人，是上帝使用让人预备迎接这日子的尊荣工具。上帝让旧约先知预言弥赛亚要"像羊羔被牵到宰杀之地"，并被"剪除"（赛53：7；但9：26）。上帝让约翰把他指出来，说："看哪，上帝的羔羊，除去世人罪孽的。"（约1：29）

在我们主为约翰作的这见证中，有一些对真正的基督徒而言是非常美好的事情，而且可以安慰他们。它让我们看到，我们伟大的主温柔地关心他所有肢体的生活和品格。它让我们看到，他乐意尊荣他们为他做的一切工作和劳动。这是对将来主夸许——就是他要在末日，在聚集的世人面前承认他们，把他们毫无瑕疵地呈现在天父的宝座前——的甜美预尝。

我们知道什么是为基督作工吗？我们曾经感受到沮丧和无精打

采,仿佛我们一件善事也没有做,关怀我们的人一个也没有吗?我们因病躺在一边,或被上帝的护理之工留在后面时,是否受到试探,感觉到"我劳碌是徒然,我尽力是虚无虚空"?让我们回想这段经文,回应这样的念头。让我们记住,有一位主天天把我们为他做的事记录下来,看他仆人工作有更多美好之处,超过他仆人对自己的评价。为狱中约翰作见证的同一张口,要在末日为他的所有百姓作见证。他要说:"你们这蒙我父赐福的,可来承受那创世以来为你们所预备的国。"(太25:34)那时他忠心的见证人要惊奇地发现,他们为他们的主说的话,没有一句不得赏赐。

二 揭露不信之人的无理,不使用光的危险

太11:16—24

16. 我可用什么比这世代呢?好像孩童坐在街市上招呼同伴,说:
17. '我们向你们吹笛,你们不跳舞;我们向你们举哀,你们不捶胸。'
18. 约翰来了,也不吃,也不喝,人就说他是被鬼附着的。
19. 人子来了,也吃也喝,人又说他是贪食好酒的人,是税吏和罪人的朋友。但智慧之子,总以智慧为是。"
20. 耶稣在诸城中行了许多异能,那些城的人终不悔改,就在那时候责备他们说:
21. "哥拉汛哪,你有祸了!伯赛大啊,你有祸了!因为在你们中间所行的异能,若行在推罗、西顿,他们早已披麻蒙灰悔改了。
22. 但我告诉你们,当审判的日子,推罗、西顿所受的比你们还容易受呢!
23. 迦百农啊,你已经升到天上,将来必坠落阴间,因为在你那里所行的异能,若行在所多玛,它还可以存到今日。
24. 但我告诉你们:当审判的日子,所多玛所受的,比你还容易受呢!"

＊　＊　＊

主耶稣是因着他在地上时犹太民的光景说这番话。但这既是对犹太人说的，也是大声对我们说的。这番话大大光照出属血气之人品格的某些方面，教导我们当今许多不灭灵魂所处的危险光景。

这段经文的第一部分让我们看到，**在信仰的事情上，许多尚未归正的人是何等不讲道理**。在我们主的那时候，犹太人对上帝派到他们当中的每一位教师都能挑出错处。首先是施洗约翰来传悔改的道——他是一个自我克制的人，远离人群，过着苦行的生活。犹太人对此感到满意吗？没有！他们挑错说："他是被鬼附着的。"然后上帝的儿子耶稣来到，传讲福音，像其他人一样生活，施洗约翰特别的克己行为，他一件也没有行。犹太人对此感到满意吗？没有！他们又挑错说："看啊！他是贪食好酒的人，是税吏和罪人的朋友！"简而言之，他们就像悖逆的孩童一样乖张难伺候。

令人难过的事实就是，总有成千上万认信的基督徒，就像这些犹太人一样不讲道理。他们同样乖张，同样难以伺候。无论我们教导传讲什么，他们都要挑错。不管我们有怎样的生活方式，他们都不满意。我们对他们说靠恩典得救，因信称义，他们就马上高呼反对我们的教训，说这教训让人放纵恩典，并且陷入反律主义。我们告诉他们福音要求的圣洁，他们就马上惊叫，说我们太严厉、严苛、过分为义。我们喜乐，他们就指责我们轻浮。我们严肃，他们就称我们是阴暗乖戾。我们远离舞会、赛马会和戏院，他们就谴责我们像清教徒一样，排外和心思狭隘。我们像别人一样吃喝、穿衣打扮，做我们在世上呼召的工作，进入社会，他们就讥笑，并含沙射影地说，他们看不出我们和那些根本不认信有信仰的人有何分别，我们不比别人更好。如果这不是犹太人的做法再现，那又是什么呢？"我们向你们吹笛，你们不跳舞；我们向你们举哀，你们不捶胸。"说这番话的人是明白人心的。

　　清楚的事实就是，真信徒绝不可期望未归正之人对他们的信心或行为感到满意。如果他们期望，他们就是在期望某种他们得不到的东西。他们一定要心里做好准备，不管他们自己的生活多么圣洁，都会听到别人的反对、挑剔和推脱。昆斯内尔（Quesnel）说得好："好人无论做什么都逃脱不了世界的责备。最好的办法就是不要理会他们。"毕竟圣经是怎么讲的？"体贴肉体的，就是与上帝为仇"。"属血气的人不领会上帝圣灵的事"（罗8：7；林前2：14）。这就是对整件事的解释。

　　这些经文的第二个部分让我们看到，**故意不悔改是何等的邪恶**。我们的主宣告，"当审判的日子，推罗、西顿所受的"，要比那些听过他讲道，见过他的神迹却不悔改的城"还容易受"。

　　这句话讲了一些非常严肃的事，让我们认真来看。让我们花一些时间思想，推罗和西顿会是何等黑暗、偶像崇拜猖獗、道德沦丧和荒淫的地方。让我们记住所多玛那无法言说的邪恶。让我们记住，我们主提到名字的那些城，哥拉汛、伯赛大和迦百农，很有可能不会比其他犹太人的城更糟。无论如何，要比推罗、西顿和所多玛好得多了。然后让我们观察，哥拉汛、伯赛大和迦百农的人，因为他们听见了福音却不悔改，因为他们有极大的信仰特权却不使用，就要落在地狱的最深处。这听起来是多么可怕！

肯定的是，这番话应当刺痛每一个经常听到福音，却依然不归正的人的耳朵。这样的人在上帝面前罪责是何等之大！他每天是落在何等大的危险之中！他的生活可能很有道德、正派和受人尊重，实际上却比一个拜偶像的推罗、西顿人，或一个可耻的所多玛的居民更有罪。那些人没有属灵的光照，而他是有的，却是忽视。他们没有听过福音，他听见了，却不信服。那些人如果享有他有的特权，他们的心可能早就软化了，推罗和西顿可能"已悔改了"，所多玛可能"还可以存到今日"。在福音完全的光照下，他的心依然刚硬不为所动。我们只能得出一个痛苦的结论：在末日他的罪责要比他们的更大。一位英格兰主教的话至为真实："在我们所有重大的罪中，没有一样比经常听到我们的本分却不去行更为恶劣。"

愿我们都经常思想哥拉汛、伯赛大和迦百农！让我们立定心志，绝不要以仅仅听见和喜欢福音为满足。我们必须比这更进一步。我们必须实际"悔改归正"。我们必须实在抓住基督，与他联合。在这之前我们都是落在可怕的危险当中。实情就是，生活在推罗、西顿和所多玛的人，要比在英格兰听见福音、至终死不悔改的人所受的罪更小。

第十一章

三 基督的伟大，福音所发出邀请的完全

太11：25—30

25. 那时，耶稣说："父啊，天地的主，我感谢你！因为你将这些事向聪明通达人就藏起来，向婴孩就显出来。
26. 父啊，是的，因为你的美意本是如此。
27. 一切所有的，都是我父交付我的。除了父，没有人知道子；除了子和子所愿意指示的，没有人知道父。
28. 凡劳苦担重担的人，可以到我这里来，我就使你们得安息。
29. 我心里柔和谦卑，你们当负我的轭，学我的样式，这样，你们心里就必得享安息。
30. 因为我的轭是容易的，我的担子是轻省的。"

* * *

四福音书中很少有经文比这一段更重要。很少有经文像这里一样，在如此简短的篇幅之内包含如此多的宝贵真理。愿上帝赐我们能看见的眼睛，能感受的心，明白它们的价值！

让我们首先认识到**孩子般受教的心态是何等的美好**。我们的主对他的父说："你将这些事向聪明通达人就藏起来，向婴孩就显出来。"

为什么一些人接受和相信福音，而其他人却不接受、不相信，这不是由我们去尝试解释的。上帝在这件事上的主权是一个极深的奥秘，我们无法测透。但无论如何，有一件事在圣经里非常突出，是一个非常重大的应用性真理，是人要永远记住的。圣经向其隐藏起来的人，通常是那些"聪明通达人"。福音向其显明出来的

人通常是谦卑、思想单纯和愿意学习的人。童贞女马利亚的话不断地得到应验,上帝"叫饥饿的得饱美食,叫富足的空手回去"(路1∶53)。

让我们警惕各种形式的**骄傲**——理智的骄傲,财富的骄傲,对我们自己的善的骄傲,对我们自己功德的骄傲。没有什么东西像骄傲一样,如此容易把一个人挡在天堂之外,拦阻他看见基督。只要我们还认为自己有一些了不起,我们就绝不能得救。让我们祈求得着谦卑,并能培养谦卑。让我们努力正确认识自我,找出我们在一位圣洁的上帝眼中的位置。通往天堂之路的起点,就是体会到我们走在通往地狱的路上,愿意接受圣灵的教诲。使人得救的基督教信仰的其中第一步,就是能够与扫罗一道说:"主啊!你要我做什么?"(徒9∶6。莱尔使用的译本有此句。——译者注)我们主的话,几乎没有哪一句是像这句一样经常重复的,"自卑的,必升为高"(路18∶14)。

接着让我们从这些经文中看到**我们主耶稣基督的伟大和威严**。我们主在这个问题上的用语特别深入和奇妙。他说:"一切所有的,都是我父交付我的。除了父,没有人知道子;除了子和子所愿意指示的,没有人知道父。"我们看到这句话的时候,可以真的说,"这样的知识奇妙,是我不能测的;至高,是我不能及的。"(诗139∶6)我们看到某些关于三一真神第一位和第二位之间完全联合的事,我们看到某些关于主耶稣无法量度之超越性的事情——超越于人类之上,因人和耶稣相比仅仅是凡夫俗子。但是,当我们说完了这一切,我们仍必须承认,这节经文还有高深之处,是我们薄弱的理解能力所不能及的。我们只能用小孩子的心对此发出赞美。

第十一章

但我们必然感受到，发出的赞叹不及当发出的一半。

然而让我们从这些话语中吸取那重大的应用性真理，就是在所有关乎我们灵魂福祉的事情上，所有的能力和权柄，都被交在了我们主耶稣基督的手里，"都交付他"了。他拿着钥匙——若想被接纳进入天堂，我们一定要到他那里。他是那门——我们一定要从他进去。他是那牧人——如果我们不想在旷野里灭亡，就一定要听他的声音，并跟从他。他是那医生——如果我们罪的病灾要得医治，就一定要去找他。他是生命的粮——如果我们灵魂要得饱足，就一定要把他吃下。他是光——如果我们不想在黑暗中游荡，就一定要跟从他行。他是那源泉——如果我们要得洁净，为在那大日交账做好准备，就一定要在他里面洗净。这些真理是配得称颂和充满荣耀的！如果我们得着基督，我们就有了一切（林前3：22）。

最后让我们从这段经文学到**基督福音邀请范围的宽广和完全**。包含着这教训的本章最后三节经文确实宝贵。它们用至为恩惠的鼓励，迎接这样的罪人——他们战战兢兢地问："基督愿意向我这样的人显明父的慈爱吗？"人在读这几节经文时应特别关注。一千八百年来，它们一直是对这世界的祝福，已经使无数灵魂大得益处。在这些经文中，没有一句话不包含着美好思想的宝藏。

请留意耶稣邀请的人是谁。他不是对那些自认为义而配得的人说话，他是对"凡劳苦担重担的人"说话。这是一个范围广阔的描写，它包括了在这世界上极多的劳苦人。所有心里感受背负重担，真心希望摆脱这罪的重负、忧愁的重担、焦虑的重担或懊悔重担的人。凡这样的人，不管他们是谁，不管他们过去生活如何，所有这些人都得到邀请，到基督这里来。

请留意耶稣发出何等恩惠的邀请："我要使你们得安息，你们心里就得安息。"这话何等令人欢喜得安慰！不安是这世界一大特征：匆忙、烦恼、失败、失望，在每一边都与我们直面相对。但这里是盼望：这里有给劳苦之人避难的方舟，真的就像给挪亚的鸽子提供的避难所一样。在基督里有安息，良心的安息，心的安息。安息都建立在一切罪得到赦免之上，安息从与上帝相和而流出。

留意耶稣对劳苦担重担的人发出的一个简单要求。"到我这里来——你们当负我的轭，学我的样式。"他没有加上苛刻的条件，他也没有说首先要做工，好配得他的恩赐。他只要求我们按照我们的本相，带着我们一切的罪来，让自己像孩子一样听从他的教训。他似乎在说："不要到人那里去求解救，不要等待帮助从任何别的地方出现，只要按照今天你的样子到我这里来。"

留意耶稣对自己作了何等鼓励人的说明。他说："我心里柔和谦卑。"所有上帝的圣徒的经历，已经常常证明这是何等真切。伯大尼的马利亚和马大、跌倒后的彼得、主复活后的门徒、先前经历过冰冷和不信的多马，都尝到了"基督柔和谦卑"的滋味。这是圣经唯一一处确实提到基督的"心"的地方。这是一句永远不应该忘记的话。

最后请留意耶稣对他服侍工作的说明。他说："我的轭是容易的，我的担子是轻省的。"无疑我们若要跟从基督就要背负十字架。无疑要忍受试炼，要进行争战。但福音的安慰远超十字架。与服侍世界和罪相比，与犹太人礼仪的轭、人迷信的捆绑相比，基督的服侍在最高意义上是容易轻省的。说他的轭是担子，不过就是说羽毛对飞鸟是负担一般。他的诫命不是难守的；他的道是安乐，他的路全是平安（约一5：3；箴3：17）。

现在有一个严肃的问题——我们自己接受了这邀请没有？我们没有罪要得赦免，没有忧伤要被除去，良心没有伤要得医治吗？如果我们有，就让我们来听基督的声音。他既是对犹太人，也是对我们说话。他说"到我这里来"。这是打开真幸福的钥匙，这是得着一颗快乐的心的秘诀。所有这一切都取决于接受基督的这邀请。

愿我们若非知道并能感受到已经凭信心来到基督这里得安息，就不得满足。并且我们仍然每天都需要到他这里来得恩典的新鲜供应！如果我们已经到他这里来了，就让我们学会更加紧紧地跟从他。如果我们还没有到他这里来，让我们开始今天就来。他的话绝不落空——"到我这里来的，我总不丢弃他。"（约6：37）

第 十 二 章

一 澄清安息日的正确教训,清除犹太人的错误

太12:1—13

1. 那时,耶稣在安息日从麦地经过。他的门徒饿了,就掐起麦穗来吃。
2. 法利赛人看见,就对耶稣说:"看哪,你的门徒做安息日不可做的事了。"
3. 耶稣对他们说:"经上记着大卫和跟从他的人饥饿之时所做的事,你们没有念过吗?
4. 他怎么进了神的殿,吃了陈设饼,这饼不是他和跟从他的人可以吃得,惟独祭司才可以吃。
5. 再者,律法上所记的,当安息日,祭司在殿里犯了安息日,还是没有罪,你们没有念过吗?
6. 但我告诉你们:在这里有一人比殿更大。
7. '我喜爱怜恤,不喜爱祭祀。'你们若明白这话的意思,就不将无罪的当作有罪的了。
8. 因为人子是安息日的主。"
9. 耶稣离开那地方,进了一个会堂。
10. 那里有一个人枯干了一只手。有人问耶稣说:"安息日治病,可以不可以?"意思是要控告他。
11. 耶稣说:"你们中间谁有一只羊,当安息日掉在坑里,不把它抓住拉上来呢?
12. 人比羊何等贵重呢!所以,在安息日做善事是可以的。"
13. 于是对那人说:"伸出手来!"他把手一伸,手就复了原,和那只手一样。

* * *

　　这段圣经中表现突出的一大主题就是**安息日**。这是在我们主的时代，犹太人抱有大量奇怪看法的主题。法利赛人在圣经关于安息日的教导上作了加添，用人的传统掩盖了这日的真正特征。在基督的众教会中，人对这个主题经常持有不同意见，目前人们对此有极大的分歧。让我们来看看，从这些经文里、我们主的教导中，可以学到什么功课。

　　让我们首先在思想中以此作为一个确定的原则，就是**我们的主耶稣基督没有废除对每周安息日的遵守**。他在此没有这样做，在四福音书其他地方也没有如此行。我们常常发现他对犹太人在安息日这个问题上所犯错误表明的意见。但我们找不到一句话，告诉我们他的门徒根本就不守安息日。

　　观察到这一点很重要。人们对主耶稣有关安息日的论述存在肤浅的观察，并由此而生出错误。这种错误既数目多，又性质严重。成千上万的人匆匆得出鲁莽的结论，认为基督徒已经废弃了第四条诫命，它就像在献祭方面的摩西律法一样，对我们不再有约束力。新约圣经中没有任何教导支持这样的结论。

　　清楚的事实就是，我们主并没有废除每周的安息日。他只是使之摆脱了对它不正确的解释，使之洁净，进而除掉人为的加增。他没有把第四条诫命从十诫中剔除出去，他只是剥去了法利赛人给这日加上的糟糕传统。他们用这些传统，没有使这日变成祝福，反而成为一个负担。他把第四条诫命留在原位，就是上帝永远律法的一部分，这律法一点一画也不会废去。愿我们永远不忘记这一点！

第二，让我们对此思想坚定，就是**我们的主耶稣基督允许在安息日行一切救人和怜恤的工作。**

我们现在看的经文充分证明了这个原则。我们发现我们的主为他的门徒在安息日掐麦穗辩护。这是圣经许可的做法（申23：25）。他们"饿了"，需要食物，所以他们无可指责。我们发现他坚持在安息日医治一个病人的合法性。那人因疾病和疼痛而受苦，在这样的情形里，解救人并不违背上帝的诫命。我们绝不应该停止行善。

我们主用来支持在安息日做任何救人和怜恤工作之合法性的论据，是惊人和无可辩驳的。他提醒那些控告他和门徒违背律法的法利赛人，大卫和跟从他的人，因缺乏食物，是怎样吃了会幕中神圣的陈设饼。他提醒他们，圣殿中的祭司在安息日是怎样一定要做工，宰杀动物和献祭。他提醒他们，甚至他们自己当中也不会有人不帮忙把一只羊从坑里拉上来，而让它受苦死去。最重要的，他立下那重大原则，就是任何上帝的律例都不可强调过分，以致让我们疏忽了行善的清楚本分。"我喜爱怜恤，不喜爱祭祀。"律法的第一块法版不可作如此解释，以致我们破坏第二块法版上的律法。不可如此解释第四条诫命，以致我们对邻舍没有恩慈，没有怜悯。在这一切当中有极深的智慧。我们此刻想起这句话，"从来没有像他这样说话的！"

在结束这个题目之前，让我们小心，绝不要受到试探，轻看基督教安息日的神圣。让我们小心，不要把我们恩主的教导作为亵渎安息日的借口。让我们不要滥用他为我们如此清楚指出的自由，假

第十二章

装我们是依据"救人和怜恤"在安息日做工，而实际上是为了满足我们自己的私心。

很有理由在这一点上警告大家。法利赛人对安息日的错误是在一个方向上的，而基督徒的错误则在另外一个方向上。法利赛人自称给这日增加圣洁，而基督徒太容易夺走这种神圣，以一种闲懒、亵渎、不敬的方式守这日。愿我们在这个问题上都警惕我们自己的举止。使人得救的基督教信仰是与守安息日紧密联系在一起的。愿我们永不忘记，我们重大的目标就是"守安息日为圣"。救人的工可行，"在安息日做善事是可以的"，向人显出怜恤是可以的。但若在安息日懒惰、寻欢作乐或贪爱世界，这是完全违背律法的。这有违基督的榜样，是干犯上帝清楚诫命的罪。

二 法利赛人的邪恶，对基督品格的描写鼓舞人心

太12：14—21

14. 法利赛人出去，商议怎样可以除灭耶稣。
15. 耶稣知道了，就离开那里，有许多人跟着他，他把其中有病的人都治好了。
16. 又嘱咐他们，不要给他传名。
17. 这是要应验先知以赛亚的话，说：
18. "看哪，我的仆人，我所拣选、所亲爱、心里所喜悦的；我要将我的灵赐给他，他必将公理传给外邦。
19. 他不争竞，不喧嚷，街上也没有人听见他的声音。
20. 压伤的芦苇，他不折断；将残的灯火，他不吹灭。等他施行公理，叫公理得胜；
21. 外邦人都要仰望他的名。"

＊　＊　＊

这段经文要求我们注意的第一件事，就是**人心极度邪恶**。这段经文对这邪恶作了举例说明。法利赛人被我们主的论证堵住了口，被击败，就越来越深扎进罪中。他们"出去，商议怎样可以除灭耶稣"。

我们主行了什么恶事，让他受到如此对待？没有，一件也没有。人不能控告他的生活——他圣洁、无邪恶、无玷污、远离罪人；他的日子在行善中度过。人不能控告他的教训——他已证明这教训符合圣经和理智，人无法驳斥他的证据。但是，不管他的生活和教导如何完全，他就是遭人仇恨。

这就是显出真相的人性！不归正的人心恨上帝，每次他们胆大包天，并且得着好机会，都要表露出它的仇恨。它要逼迫上帝的见证人，它不喜欢任何在最基本程度上有上帝的心、按上帝的形象而更新改变的人。为什么如此多先知被杀？先知的名为什么被当作邪恶，遭犹太人弃绝？早期的殉道士为什么被杀害？约翰·胡斯、布拉格的哲罗姆、里德利（Ridley）和拉蒂默（Latimer）为什么被烧死在火刑柱上？不是因为他们犯有什么罪，不是因为他们犯了任何恶事。他们受苦，都是因为他们是敬虔人。没有归正的人性恨敬虔的人，因为它恨上帝。

真基督徒如果遇上主耶稣所遭遇那样的对待，他们绝不可以为希奇。"弟兄们，世人若恨你们，不要以为希奇"（约一3：13）。最连贯一致、最亲密地与上帝同行，这并不能使他们免除属血气之人的敌意。他们无须折磨自己的良心，幻想只要更远离过失、更表里如一，

第十二章

人人就必然爱他们。这完全是一种错误的想法。他们应当记住,地上除了一个完全人,其余都不完全,而那一位完全人不被人爱戴,而是遭人仇恨。世人不喜欢的,并不是一位信徒的软弱,而是他的良善。招致世人敌意的,不是旧性情的残余,而是新性情的彰显。让我们记住这些事情,并要忍耐。世人恨基督,世人也要恨基督徒。

这一段要求我们注意的第二件事,就是**对我们主耶稣基督品格那鼓舞人的描写**。马太是从先知以赛亚那里引用这描述的。"压伤的芦苇他不折断,将残的灯火他不吹灭。"

我们应当如何理解压伤的芦苇和将残的灯火?先知的用语无疑是比喻性的。这两个说法指的是什么?最简单的解释似乎就是,圣灵在此描写那些目前灵命软弱,悔改无力,信心微小的信徒。对这样的人,主耶稣基督将会是非常温柔、充满同情的。压伤的芦苇虽软弱,它却必不被折断。将残的灯火里面的火星可能是小的,但必不被吹灭。这是恩典国度里一个长久不变的真理,就是软弱的灵命、软弱的信心和软弱的悔改,在我们主眼中都是宝贵的。他有大能,却"并不藐视人"(伯36:5)。

这里立定的教义充满安抚与慰藉。基督的教会里有成千上万的人,这句话要对他们讲说平安与盼望。每一个聚会里都有这样的一些人,他们听了福音,因为他们的力量看起来如此微弱,就很容易对自己的得救感到绝望。他们充满惧怕和沮丧,因为他们的知识、信心、盼望和爱心,看起来如此矮小细微。让他们从这节经文畅饮安慰,让他们知道,软弱的信心和刚强的信心一样,都足以让他们在基督里享受同样的救恩利益,尽管这信心或许没有带给这人同样的喜乐。婴孩和成年人一样,里面都有一种生命。火星和熊熊大火一样都有火。即便最低程度的恩典，人却拥有它直到永远。它是从天降下的，在我们主眼中看为宝贵，它绝不会被丢弃。

撒旦轻看起初向上帝悔改，并相信我们主耶稣基督吗？不，真的不是！它并不轻看。它心怀大怒，因为它看到，它的时候不多了。上帝的天使轻视在基督里悔罪和内心寻求上帝的第一丝迹象吗？不，真的不是！当他们看到这景象，他们当中有"欢喜"。是不是除非信心强大和悔改强烈，否则主耶稣就对此毫不关心？不，真的不是！那压伤的芦苇，就是大数的扫罗，一开始向上帝发出呼求，他就派亚拿尼亚到他那里去。主对亚拿尼亚说："他正祷告。"（徒9：11）如果我们不鼓励灵魂向基督发出的第一个回转的动作，我们就大错特错了。无知的世人要是讥笑嘲讽，就让他们这样做好了。我们可以肯定，"压伤的芦苇"和"将残的灯火"在我们主眼中非常宝贵。

愿我们都把这一切记在心上，在我们自己和他人需要的时候使用。火星要比彻底的黑暗好，小信要比根本不信好，这应当成为我们信仰中一条长存的座右铭。"谁藐视这日的事为小呢？"（亚4：10）基督不藐视，基督徒也不应当藐视。

三 基督仇敌的亵渎，明知故犯的罪，闲话

太12：22—37

22. 当下，有人将一个被鬼附着，又瞎又哑的人带到耶稣那里，耶稣就医治他，甚至那哑巴又能说话，又能看见。

23. 众人都惊奇，说："这不是大卫的子孙吗？"

24. 但法利赛人听见，就说："这个人赶鬼，无非是靠着鬼王别西卜啊。"
25. 耶稣知道他们的意念，就对他们说："凡一国自相纷争，就成为荒场；一城一家自相纷争，必站立不住。
26. 若撒旦赶逐撒旦，就是自相纷争，他的国怎能站得住呢？
27. 我若靠着别西卜赶鬼，你们的子弟赶鬼又靠着谁呢？这样，他们就要断定你们的是非。
28. 我若靠着上帝的灵赶鬼，这就是上帝的国临到你们了。
29. 人怎能进壮士家里，抢夺他的家具呢？除非先捆住那壮士，才可以抢夺他的家财。
30. 不与我相合的，就是敌我的；不同我收聚的，就是分散的。
31. 所以我告诉你们：人一切的罪和亵渎的话，都可得赦免；惟独亵渎圣灵，总不得赦免。
32. 凡说话干犯人子的，还可得赦免；惟独说话干犯圣灵的，今世、来世总不得赦免。"
33. "你们或以为树好，果子也好；树坏，果子也坏。因为看果子就可以知道树。
34. 毒蛇的种类！你们既是恶人，怎能说出好话来呢？因为心里所充满的，口里就说出来。
35. 善人从他心里所存的善，就发出善来；恶人从他心里所存的恶，就发出恶来。
36. 我又告诉你们：凡人所说的闲话，当审判的日子，必要句句供出来。
37. 因为要凭你的话定你为义；也要凭你的话定你有罪。"

* * *

这段圣经包含"难明白"的地方。特别是干犯圣灵的罪，甚至最有学问的神学家也从未全面解释过这个问题。要从圣经证明这罪不是什么，这并不困难。要清楚地表明它是什么，那就难了。对此我们绝不可感到惊奇。圣经若非不时有深奥的地方，让人无法测透，那它就不是上帝的书了。我们倒是要感谢上帝，即使从这些经文里，我们也可以收聚智慧的教训，是连没有学问的人也能轻易明白的。

首先让我们从这段经文中得出教训，最亵渎的事莫过于**心里刚**

硬、心怀偏见的人诋毁基督教的话。我们的主赶鬼，法利赛人马上宣告他是"靠着鬼王"做这件事。

这是荒谬的指控。我们的主让人看到，认为魔鬼要帮忙拆毁它自己的国，"撒旦赶逐撒旦"，这种想法是不合情理的。但当人彻底与基督为敌，就没有什么话是太荒唐、太不合情理，以致他们说不出口。法利赛人并不是唯一一群这样的人：他们在攻击基督福音的时候全然不顾逻辑和常识，并失去自控。

这条控告虽然听起来古怪，人却经常用它来反对上帝的仆人。他们的敌人被迫承认他们正在行一件大事，给世界带来美好的果效。基督徒工作的果效使他们无法视而不见，他们无法加以否认。那么他们会怎么说？他们说的正是法利赛人对我们主说的话，"这是魔鬼。"早期的异端分子用这种话攻击阿塔那修，罗马天主教传播这种流言攻击马丁·路德。只要世界尚存，就会有人说这样的话。

如果我们听到这可怕的控告无缘无故就向最好的人发出，绝不可以为稀奇。"人既骂家主是别西卜，何况他的家人呢？"这是一条古老的诡计。当恶人无法回应基督徒的论证，不能否认基督徒的工作，他们尝试的最后一种手段，就是试图抹黑基督徒的品格。如果这是我们的分，就让我们忍耐承受吧。有了基督和一颗无愧的良心，我们就可满足。虚假的控告不能把我们挡在天堂之外，在末日，我们的品格要得到辩白。

第二，让我们从这段经文得知，**在信仰方面保持中立，这是不可能的**。"不与基督相合的，就是敌挡他的；不同他收聚的，就是分散的。"

第十二章

在教会的各个时代都有许多人，他们需要有人向他们强调这个教训。他们努力在信仰上走中间道路，他们不像许多罪人一般坏，但他们仍不是圣徒。当基督福音的真理被带到他们面前，他们深有体会，但惧怕承认他们的感受。因为他们有这般感受，就以此恭维自己，说自己不像别人一样坏。然而他们退缩离开主耶稣设立的信心和行为的标准。他们不是勇敢地站在基督这一边，但也不是公然地反对他。我们的主警告所有这样的人，他们处在一种危险的位置。在信仰的事情上只有两方，只有两种阵营，只有两边。我们是与基督在一起，为他的事做工吗？如果不是，我们就是反对他的。我们是在世上行善吗？如果不是，我们就是在破坏。

这里立下的原则，是我们都应当记住的。让我们心里牢牢地记住这一点，除非我们在基督教信仰上彻底坚定，否则我们就绝对得不到平安，不能向别人行善。迦玛列和伊拉斯谟的道路过去从未给任何人带来幸福和用处，将来也绝不会。

第三，让我们从这段经文得出以下教训，就是**对抗知识的罪是极其罪大恶极的**。从我们主关于亵渎圣灵的论述来看，可以很自然地得出一个实际结论。这些话无疑是难明白的，但看起来相当能证明罪有程度之分。因对人子的真正使命无知而产生的过犯，将不会像有了圣灵如日中天般的光照而犯的罪一样受到严惩。光越明亮，那拒绝光的人罪责就越大。人对福音性质的认识越清楚，如果故意拒绝悔改相信，他的罪就越大。

这里教导的教训并不是圣经中唯一的一处。保罗对希伯来人说："论到那些已经蒙了光照……的人，若是离弃道理，就不能叫他们从新懊悔了。""我们得知真道以后,若故意犯罪,赎罪的祭就再没有了,惟有战惧等候审判"(来6:4—6,10:26、27)。我们在各处都能找到支持这个教义的令人难过的证据。敬虔父母的不信儿女,敬虔家庭的不信仆人,福音会众中的不信成员,是世上最难被打动的人。他们看起来已经没有了感觉,火能够融化蜡,但同样的火却令泥土刚硬。

而且这是从一些人的经历得到证实的可怕教训,这些人末后的结局显然是没有指望的。法老、扫罗、亚哈,还有加略人犹大、朱利安,以及弗朗西斯·史柏拉,是我们主所说意思的可怕例证。在这里的每一种情形中,都是清楚的知识加上对基督故意的拒绝。在每一种情形里,这些人头脑都有光照,但心里却仇恨真理。每一个人的结局看来都是永远的黑暗。

求上帝赐我们愿意的心,无论知识是大是小,都愿意使用!愿我们都小心,不要疏忽我们的机会,滥用我们的特权!我们得到光照了吗?那么让我们完全按照我们所得的光照而生活。我们认识真理吗?那么让我们行在真理当中。这是对这不得赦免之罪最好的防备。

最后,让我们从这段经文中得到教训:**谨慎我们日常的言语,这极其重要**。我们的主告诉我们,"凡人所说的闲话,当审判的日子,必要句句供出来。"他还加上一句,"要凭你的话,定你为义;也要凭你的话,定你有罪。"

我们主的话很少有像这句话一样察验人心的。也许大部分人最不注意的,莫过于他们的言语。他们在每天的工作中,说话交谈很多,却不加思想和反思。他们似乎以为,如果他们做正确的事,那么他们说什么根本就不要紧。

但事情真是这样吗？我们的言语是如此琐碎而无关紧要吗？有这样一段圣经经文摆在我们眼前，我们断不敢这样说。我们说的话是我们内心光景的证据，就像水的滋味就是泉源光景的证据一样真实。"心里所充满的，口里就说出来。"嘴唇只说心里所想的。我们说的话，在审判日要成为一个查究的主题。我们既要为我们所做的交账，也要为我们所说的交账。这些确实是非常严肃的考虑。即便圣经中没有其他经文，这一段也应当令我们信服，就是我们所有人都"在上帝面前有罪"，需要一种比我们自己的义更好的义，就是基督的义（腓3:9）。

当让我们读这段圣经时能谦卑下来，并回想过去的生活。我们都讲过多少无聊、愚昧、虚妄、轻浮、无意义、有罪和无益的东西！我们用了多少言语，就像轻浮的绒毛，飞得又远又广，在其他人心中种下祸害，绝不死去！我们何等经常在遇到朋友时，用一位已故圣徒的话说："我们的言谈只是带来需要认罪悔改的工作。"伯基特（Burkitt）的话中有深刻的真理："亵渎的讥笑，或无神论的笑话，在说这些话的舌头死去之后，还会缠着听见这话的人的思想。一句出口的话按自然来说是一瞬即逝，但按道德来说却是永久。"所罗门说："生死在舌头的权下。"（箴18:21）

当我们读到这段关于言语的经文时，当我们展望我们尚未来到的日子时，让我们警醒。让我们靠着上帝的恩典，决心更谨慎我们的舌头，更加严格地使用它们。让我们天天祷告，求上帝让我们的"言语常常带着和气"（西4:6）。让我们每天早上与那圣洁的大卫一道说："我要谨慎我的言行，免得我舌头犯罪。"让我们和他一道向大能的上帝求力量，并说，"求你禁止我的口，把守我的嘴。"雅各说得实在有道理："若有人在话语上没有过失，他就是完全人。"（诗39：1，141：3；雅3：2）

四 不信的力量，不完全与不完整归正的危险，基督对门徒的爱

太12：38—50

38. 当时，有几个文士和法利赛人对耶稣说："夫子，我们愿意你显个神迹给我们看。"
39. 耶稣回答说："一个邪恶、淫乱的世代求看神迹，除了先知约拿的神迹以外，再没有神迹给他们看。
40. 约拿三日三夜在大鱼肚腹中，人子也要这样三日三夜在地里头。
41. 当审判的时候，尼尼微人要起来定这世代的罪，因为尼尼微人听了约拿所传的，就悔改了；看哪，在这里有一人比约拿更大。
42. 当审判的时候，南方的女王要起来定这世代的罪，因为她从地极而来，要听所罗门的智慧话；看哪，在这里有一人比所罗门更大。"
43. "污鬼离了人身，就在无水之地过来过去，寻求安歇之处，却寻不着。
44. 于是说：'我要回到我所出来的屋里去。'到了，就看见里面空闲，打扫干净，修饰好了，
45. 便去另带了七个比自己更恶的鬼来，都进去住在那里。那人末后的景况比先前更不好了。这邪恶的世代也要如此。"
46. 耶稣还对众人说话的时候，不料，他母亲和他弟兄站在外边，要与他说话。
47. 有人告诉他说："看哪，你母亲和你弟兄站在外边，要与你说话。"
48. 他却回答那人说："谁是我的母亲？谁是我的弟兄？"
49. 就伸手指着门徒说："看哪，我的母亲，我的弟兄。
50. 凡遵行我天父旨意的人，就是我的弟兄、姐妹和母亲了。"

* * *

这一段的开头,是一处明显说明旧约圣经历史真实性的地方。我们的主讲到南方的女王,说她是一个真正真实、活过又死了的人。他提到约拿的故事以及他神迹般地在大鱼腹中得到保守,说这些是无可否认的事实。如果我们听见人承认相信新约圣经作者说的话,却讥笑记载在旧约圣经中的事,仿佛它们是无稽之谈,那么就让我们记住这一点。这样的人忘记了,他们这样做的时候,其实是把藐视倾倒在基督自己身上。旧约和新约圣经的权威是生死与共的。默示人写下所罗门和约拿的故事,和默示福音书作者写下关于基督事情的,是同一位圣灵。在今天,这些并不是无关紧要的,让我们把这些立定在我们的思想当中。

这段经文中,要求我们注意的第一个实际教训,就是看到**不信的令人惊讶的力量**。请注意文士和法利赛人要求我们的主显更多的神迹给他们看:"夫子,我们愿意你显个神迹给我们看。"他们假装只需要更多证据,就能被说服成为门徒。他们闭眼不看耶稣已经行的许多奇妙作为。他医治病人、洁净长大麻风的、使死人复活、赶鬼,这些对他们来说还不够。他们仍未被劝服,他们还需要更多的证据。他们不愿面对我们的主在回答中向他们指出的,就是他们没有相信的真正愿望。有足够的证据说服他们,但他们没有被说服的意愿。

基督的教会里有很多人,他们正是落在这些文士和法利赛人的光景里。他们恭维自己,说只需要再多一点点证据,就可以成为坚定的基督徒。他们幻想只要他们的理智能找到一些额外的论据，他们就会立马为基督的缘故舍弃一切，背起十字架来跟从他。但与此同时，他们等待。哎呀，他们是瞎眼的，他们不愿看，他们四周充满大量的证据。实情就是他们并不要被说服。

愿我们都警惕不信的灵！在这末后的日子，这是越发增长的恶。缺乏单纯、孩子一般的信心，这是社会各阶层日益明显的时代特征。教会和各国的领导人举止中那令我们震惊的各样奇怪之事，其真正原因就是完全没有信心。不相信上帝在圣经所说一切的人，在道德和信仰问题上必然要走摇摆不定的路线。"你们若是不信，定然不得立稳。"（赛7：9）

这段经文让我们看到的第二个实际教训，就是**部分和不完全的归正极其危险**。请注意我们主描绘的那人的可怕画面，污鬼一度离开他，然后又回到他那里。"我要回到我所出来的屋里去"，这句话多么可怕！"到了，就看见里面空闲，打扫干净，修饰好了"，这描写多么栩栩如生！"便去另带了七个比自己更恶的鬼来，都进去住在那里。那人末后的景况比先前更不好了"，这结果多么可怕！这是一幅意味深长、令人至为痛苦的画面。让我们仔细审视，学习智慧。

我们在这画面中肯定可以看到我们主来到的时候，**犹太宗教及其民族历史**的情景。从他们一开始被召出埃及做上帝特别的子民开始，他们似乎就从未完全丢弃拜偶像的意向。他们后来得救脱离被掳之地巴比伦，看来从未为着上帝的良善而正确回应他。他们被施洗约翰的传道激发起来，他们的悔改看起来十分肤浅。在我们主说这番话的时候，他们作为一个民族，已经比以往变得越发刚硬邪僻。公然的偶像崇拜让位给了仅仅形式上的宗教，但其实是死的。比第一个更恶的那七个鬼，已经附上他们。他们末后的境况迅速变得比先前更糟。然后四十年内，他们就恶贯满盈。他们疯狂地陷入与罗马的战争。犹大完全变成了混乱的巴别塔，耶路撒冷被攻取，圣殿被毁，犹太人被分散到全地。

还有，极有可能我们在这幅画面中看到的是**基督教会整体的历史**。通过福音传讲，很多人被救脱离异教的黑暗，却从未真正按他们所得的光照生活。在宗教改革的时候，他们当中许多人得到复兴，却没有一个正确使用他们的特权，"竭力进到了完全的地步"。他们全部都多多少少停了下来，还没有达到目标就安定下来。他们都太容易满足仅仅是外在的修正。现在很多方面有痛苦的征兆，污鬼已经回到它的家，正预备将不信和虚假的教义爆发出来，是众教会之前从未见过的。在一些地方是不信，在其他地方则是形式主义的迷信。一切看似都在为敌基督的某种可怕的显现做成熟的预备。人们有理由担忧，认信的基督教会末后的景况，将要比先前更不好。

最令人难过和最糟糕的是，我们在这幅画面中看到**许多个人灵魂的历史**。有人在他们生命的某个时候，看起来是受到强烈宗教情感的影响。他们改正他们的道路，撇弃很多糟糕的事情；做了很多好事，但他们止步于此，不再前行，渐渐地就完全放弃了他们的信仰。污鬼回到他们心里，发现他们的心空闲，打扫干净，修饰好了。他们现在比先前更糟。他们的良心看来像是被烙了一般，他们对信仰之事的感受看来被完全摧毁。他们就像任凭自己放纵堕落的人一般。我们可以说，这样就"不能叫他们从新懊悔了"。有些人以前经历过强烈的信仰冲击,并且知罪,但之后再次回到罪和世界当中——没有比这样的人更加邪恶透顶的。

如果我们爱生命,就让我们祈求上帝把这些教训深深地刻在我们的脑海之中。让我们永不要以生命的部分改良为满足,却不彻底向上帝悔改,治死罪的全部身体。努力把罪从我们心里赶出去,这是好事。但让我们确保也领受上帝的恩典,以此取而代之。让我们确保,我们不仅摆脱那从前的房客——魔鬼,还要让圣灵内住在我们里面。

这段经文让我们看到的最后一个实际的教训,就是**主耶稣对他真门徒的温柔之爱**。请留意他如何讲到每一个遵行他天父旨意的人。他说,他们"就是我的弟兄姐妹和母亲"。这句话充满了何等的恩惠!谁能想象我们亲爱的主对他血亲之爱的深度?那是一种纯洁无私的爱。那必然是一种大爱,超过人能理解的。然而在此我们看到,所有相信他的人都被算作他的家人。他爱他们,与他们感同身受,关心他们,把他们看作是他的家人,是他骨中的骨,肉中的肉。

这是对所有因信仰缘故讥笑逼迫真基督徒之人的严肃警告。他们没有想过他们在做什么。他们是在逼迫万王之王的至亲。他们在末日要发现,他们曾经讥笑那位审判万人的主看作是"他的弟兄姐妹和母亲"的人。

这里有对所有信徒极大的鼓舞。他们在他们主的眼中极为宝贵,远超过他们自己看自己。他们的信心可能软弱,他们的悔改无力,他们的力量微薄。他们可能在这世上是贫穷有缺乏的人。但本章最后一节经文有一个充满荣耀的"凡"字,应当令他们欢喜。

第十二章

"凡"相信的人，就是基督的至亲。兄长要在时间之内，要在永恒之中供应他，绝不让他遭弃绝。在被赎之民的家中，没有一个"小妹"耶稣不记念的（歌8：8）。约瑟为他所有的亲人都作丰富的供应，耶稣也要供应属他的人。

第十三章

一 撒种的比喻

太13：1—23

1. 当那一天，耶稣从房子里出来，坐在海边。
2. 有许多人到他那里聚集，他只得上船坐下，众人都站在岸上。
3. 他用比喻对他们讲许多道理，说："有一个撒种的出去撒种。
4. 撒的时候，有落在路旁的，飞鸟来吃尽了。
5. 有落在土浅石头地上的，土既不深，发苗最快，
6. 日头出来一晒，因为没有根，就枯干了。
7. 有落在荆棘里的，荆棘长起来，把它挤住了。
8. 又有落在好土里的，就结实，有一百倍的，有六十倍的，有三十倍的。
9. 有耳可听的，就应当听！"
10. 门徒进前来，问耶稣说："对众人讲话为什么用比喻呢？"
11. 耶稣回答说："因为天国的奥秘，只叫你们知道，不叫他们知道。
12. 凡有的，还要加给他，叫他有余；凡没有的，连他所有的也要夺去。
13. 所以我用比喻对他们讲，是因他们看也看不见，听也听不见，也不明白。
14. 在他们身上，正应了以赛亚的预言，说：'你们听是要听见，却不明白；看是要看见，却不晓得。
15. 因为这百姓油蒙了心，耳朵发沉，眼睛闭着；恐怕眼睛看见，耳朵听见，心里明白，回转过来，我就医

治他们。'
16. 但你们的眼睛是有福的，因为看见了；你们的耳朵也是有福的，因为听见了。
17. 我实在告诉你们：从前有许多先知和义人要看你们所看的，却没有看见；要听你们所听的，却没有听见。"
18. "所以，你们当听这撒种的比喻：
19. 凡听见天国道理不明白的，那恶者就来，把所撒在他心里的夺了去，这就是撒在路旁的了。
20. 撒在石头地上的，就是人听了道，当下欢喜领受，
21. 只因心里没有根，不过是暂时的，及至为道遭了患难，或是受了逼迫，立刻就跌倒了。
22. 撒在荆棘里的，就是人听了道，后来有世上的思虑，钱财的迷惑，把道挤住了，不能结实。
23. 撒在好地上的，就是人听道明白了，后来结实，有一百倍的，有六十倍的，有三十倍的。"

* * *

　　以这段经文开始的这一章，其突出之处在于它包含了许多比喻。教会伟大的元首，从大自然这卷书中得出属灵真理的七个惊人例证。他通过这样做让我们看到，信仰方面的教导可从创造界的每个东西、每件事上得到帮助。要"寻求可喜悦的言语"的人（传12：10），不要忘记这一点。

　　本章开头提到的撒种的比喻，是一个可以得出非常广泛应用的比喻，这在我们自己眼中不断得到证实。无论在哪里，只要传讲或解释上帝的道，人聚集来听，我们主在这比喻中的话就要显为真实。它作为一种普遍原则，描写了在所有聚会中发生的事。

　　让我们从这比喻中首先认识到，**传道人的工作就像撒种人的工作一样**。和撒种人一样，传道人如果要看见有结果，就必须**撒好种子**。他必须撒下上帝纯正的话语，而不是教会的传统，或人的教

训。没有这一点,他的劳苦就要徒然。他可能来来往往,看起来说许多话,在周而复始的教牧本分中大大做工。但这将不会为天堂收取灵魂,不会有生命的结果,不会有归正。

和撒种人一样,传道人必须**勤奋**。他必须不遗余力,他必须使用每一样可能的方法,让他的工作兴盛。他必须耐心"在各水边撒种","存着指望去耕种"。他必须"无论得时不得时"总要传道。他绝不可被困难和挫折拦阻,"看风的必不撒种"。当然他的成功并不完全取决于他的劳动和努力,但没有劳动和努力,人很少能获得成功(赛32:20;提后4:2;传11:4)。

和撒种人一样,传道人**不能赐人生命**。他能撒播交给他的种子,但不能命令它生长。他可以把真理的道传给一群人,但他不能让他们领受这道,结出果子。赐生命,这是上帝的主权和特权。"叫人活着的乃是灵",唯独上帝能"叫他生长"(约6:63;林前3:7)。

请让这些事情牢牢地存在我们心里。做上帝话语的真正执事并非一件轻松的事。要在教会里做一个懒散、形式主义的雇工,这是一件轻松的工作。要做一名忠心的撒种人,这很不容易。我们祷告时应当特别地记念传道人。

接着让我们从这段经文认识到,**有很多听上帝之道的方法并不能使听者得益**。我们可以带着一颗像"路旁"一样刚硬的心听讲道——毫不在乎,不假思索,毫不关心。传道人可能充满感情地把基督钉十字架的画面摆在我们面前,我们却可能带着彻底的冷漠听他受苦的事,把这当成一个我们不感兴趣的题目。话语一落入我们耳中,魔鬼就会把它们夺走,我们可能回到家中时,仿佛根本就没有听过一篇讲道。哎呀!这样的听众有很多!论到古时偶像的话,

第十三章

也可以用在他们身上，他们是"有眼却不能看，有耳却不能听"（诗135：16、17）。看来真理在他们心上带来的影响，不过就像水淋在石头上面。

我们可能带着喜悦之情听讲道，但在我们身上留下的印象却是暂时和短命的。我们的心，就像"石头地"，可能带出温暖感觉和美好决心的丰收，但与此同时，事工的果效却没有在我们心灵之内深深扎根。结果，反对或试探的第一阵冷风一吹来，就可能让我们看似存在的信仰枯萎消失。哎呀！这样的听众有很多！仅仅爱听讲道，这并不是蒙恩的记号。成千上万受了洗礼的人，就像以西结时候的犹太人那样，"他们看你如善于奏乐声音幽雅之人所唱的雅歌，他们听你的话却不去行"（结33：32）。

我们可能听一场讲道，赞同它里面的每一句话，却因这世界对我们的吸引，无法从中得益处。我们的心，就像"荆棘地"，被思虑、作乐和属世计划的毒草挤住了。我们可能真的喜欢福音，希望按着福音的真理行事，却在不知不觉间不给它机会结果子，容许其他事情在我们的情感之中占据一席之地，不知不觉就充满我们整个内心。哎呀！这样的听众有很多！他们很明白真理，他们希望有一天成为坚定的基督徒。但他们从未走到一种地步，可以为基督的缘故舍弃一切。他们从不下定决心"先求上帝的国"，就这样死在他们的罪中。

这些是我们应当认真衡量的要点。我们绝不可忘记，有不止一种毫无帮助的听道方法。我们来听，这并不够。我们可能来，却心不在焉。我们不做心不在焉的听众，这还不够。我们的感动可能只是暂时的，会很快消失。我们的感动不是暂时的，这还不够。它们可能因着我们的顽梗和抓住世界不放，就持续

没有结果。确实,"人心比万物都诡诈,坏到极处,谁能识透呢?"(耶 17:9)

最后,让我们从这比喻认识到,关于正确的听道方式,**只有一种证据**。这证据就是**结果子**。这里讲的果子是圣灵的果子。向上帝悔改,信靠主耶稣基督,生活和品格圣洁,常常祷告、谦卑、仁爱、顾念属灵的事——这些是唯一充分的证据,证明上帝话语的种子正在我们心里做它原本的工作。没有这样的证据,不管我们的认信多么高调,我们的信仰都是虚的,比鸣的锣、响的钹好不了多少。基督已经说了,"我拣选了你们,并且分派你们去结果子"(约 15:16)。

在这个比喻当中,没有哪一点比这一点更重要。我们绝不可满足于一种不结果子的"正统"信仰,一种对正确神学观点的冰冷的坚持。我们绝不能以清楚的认识、火热的感觉和庄重的认信为满足。我们务必要确保,我们承认所爱的福音,在我们心里和生活当中结出了积极的"果子"。这是真正的基督教信仰。雅各的话应当常常回响在我们耳边——"只是你们要行道,不要单单听道,自己欺哄自己。"(雅 1:22)

让我们在离开这段经文之前,自问这个重要的问题:"**我们应该怎样听道?**"我们生活在一个基督教国家,我们每个星期日去敬拜的地方听讲道。我们是带着怎样的心去听的?它们对我们的品格产生了什么影响?我们能指出任何事情,是配得上"果子"称号的吗?

我们可以确定,要最终到达天堂,所需的不只是固定在星期日上教会和听传道人讲道。上帝的话语一定要被接受进到我们的心里,成为我们行动的原动力。它必然对我们里面的人造成实际影响,在我们外在行为上表现出来。如果它没有做到这一点,就只会在审判那日加重我们的审判。

二 麦子与稗子的比喻

太13:24—43

24. 耶稣又设个比喻对他们说:"天国好像人撒好种在田里,
25. 及至人睡觉的时候,有仇敌来,将稗子撒在麦子里就走了。
26. 到长苗吐穗的时候,稗子也显出来。
27. 田主的仆人来告诉他说:'主啊,你不是撒好种在田里吗?从哪里来的稗子呢?'
28. 主人说:'这是仇敌做的。'仆人说:'你要我们去薅出来吗?'
29. 主人说:'不必,恐怕薅稗子,连麦子也拔出来。
30. 容这两样一齐长,等着收割。当收割的时候,我要对收割的人说:先将稗子薅出来,捆成捆,留着烧;惟有麦子要收在仓里。'"
31. 他又设个比喻对他们说:"天国好像一粒芥菜种,有人拿去种在田里。
32. 这原是百种里最小的,等到长起来,却比各样的菜都大,且成了树,天上的飞鸟来宿在它的枝上。"
33. 他又对他们讲个比喻说:"天国好像面酵,有妇人拿来,藏在三斗面里,直等全团都发起来。"
34. 这都是耶稣用比喻对众人说的话;若不用比喻,就不对他们说什么。
35. 这是要应验先知的话,说:"我要开口用比喻,把创世以来所隐藏的事发明出来。"
36. 当下耶稣离开众人,进了房子。他的门徒进前来,说:"请把田间稗子的比喻讲给我们听。"
37. 他回答说:"那撒好种的就是人子,
38. 田地就是世界,好种就是天国之子;稗子就是那恶者之子,
39. 撒稗子的仇敌就是魔鬼;收割的时候就是世界的末了,收割的人就是天使。
40. 将稗子薅出来用火焚烧,世界的末了也要如此。

41. 人子要差遣使者，把一切叫人跌倒的和作恶的，从他国里挑出来，
42. 丢在火炉里，在那里必要哀哭切齿了。
43. 那时，义人在他们父的国里，要发出光来，像太阳一样。有耳可听的，就应当听！"

* * *

麦子和稗子的比喻占了这段经文的主要部分，在当今具有特别的重要性。①这个比喻可特别用于一些基督徒的过高期待——就是对海外宣教和本土传福音效果所持的过度期望。愿我们按它当得的关注来留意它！

首先这比喻教导我们，**在宣告其信仰的教会中，人要发现善恶总是混杂在一起，这要一直持续到世界的末了**。展现在我们面前的有形教会，是一个混杂的群体。它是一片巨大的"田地"，在其中"麦子和稗子"一齐成长。我们务必明了，相信的人和不信的人，归正的人和没有归正的人，都混杂存在于每个由受洗之人组成的教会中。

最纯净地传讲福音也无法避免这种局面。教会每一个时代都存在着这样的光景。初期教父经历了这一点。这是改教家们的经历。这是当今最好牧师的经历。从未有过一个有形教会或信仰团体，当中的成员都是"麦子"。灵魂的大敌魔鬼，总是花大力气撒"稗子"。

最严格和慎重的教会纪律惩治也不能预防这一点。主教制、长老制和独立教会的人，都发现情况确实如此。尽我们所能地洁净一家教会，我们都绝不能成功得到一个完全纯洁的团契。

---

① 我刻意把芥菜种和面酵的比喻留待"四福音释经默想"将来的部分加以阐述。

第十三章

麦子当中会有稗子。假冒为善之人和骗子要偷偷溜进来。最糟糕的是，如果我们在努力要获得纯洁时走了极端，我们造成的伤害就要大于我们所行的善。我们就要落入危险，鼓励许多人做加略人犹大，折断许多受伤的芦苇。我们发热心"薅稗子"时，就有"薅稗子，连麦子也拔出来"的危险。这样的热心不是按照知识，已经造成许多伤害。那些只要能把稗子拔起来，就不顾麦子遭遇的人，让人看不到他们有多少基督的心。毕竟奥古斯丁这句爱心话语中有着极深的真理——"今天是稗子的人，明天可能就是麦子。"

我们想看到全世界因着宣教士和上帝工人的努力工作而归正吗？让我们把这个比喻摆在我们面前，警惕这种念头。按照目前事情的秩序，我们将永远看不到地上所有居民都成为上帝的麦子。稗子和麦子要"两样一齐长，等着收割"。这世界的国绝不会变成基督的国，在万王之王再来之前，千禧年绝不会开始。

我们是否曾经因着不信之人的蔑视之词而受到煎熬？他们说因为有如此多假基督徒，所以基督教信仰不可能是真信仰。让我们谨记这个比喻，而不为那些蔑视之词所动。让我们告诉那不信的人，他的讥诮根本不足为奇。我们的主在一千八百年前就已经让我们预料到有这样的情况。他预见并且预言他的教会将是一片田地，不仅有麦子，还有稗子。

我们是否曾经因为看见一家教会有许多成员未归正，就受到试探要离开去另外一家教会？让我们记住这个比喻，谨慎我们的行为。我们永远也找不到一家完美的教会。我们可能穷尽一生从一个团契迁徙到另外一个团契，在不断失望中度日。我们无论去到哪里，在哪里敬拜，都总会发现稗子。

第二，这个比喻教导我们，**在世界末了的时候，将有一日，有形教会中义和不义的成员要被区分开来。**

目前教会中混杂的光景不是永远的。麦子和稗子到了最后要被分开。主耶稣要在他再来的日子"差遣使者"，把所有自称为基督徒的人收聚成两大群体。这些大有能力的收割使者不会犯错。他们要用无误的判断分清义人和恶人，把每一个人放在他自己的位置。圣徒和基督忠心的仆人要得到荣耀、尊荣和永生。属世界、不敬虔、漫不经心和不归正的人，要被"丢在火炉里"，遭受羞辱及永远的蔑视。

比喻的这部分有某样特别严肃的事情，它的含义不容错误理解。我们的主亲自用特别清晰的话作了解释，仿佛他要把这深深地印在我们的脑海里。他大有理由在结束时说："有耳可听的，就应当听！"

让不敬虔之人读到这比喻时发抖，让他在可怕的言语中看到，除非他悔改归正，否则他自己要确定灭亡。让他知道，如果他继续忽视上帝，他就是正在为自己播种苦境。让他深思，他的结局就是被"捆成捆"烧掉。肯定的是，这样的一种前景应当让人思想。正如巴克斯特正确说道："我们绝不可误解上帝对罪人的忍耐。"

让相信基督的人读到这比喻时得安慰。让他看到在主那大而可畏的日子，有幸福和安全为他预备。天使长的声音和上帝的号筒发声，这不会令他惧怕。这些要呼召他来加入他长久以来渴望看到的，就是一个完全的教会和一种完全的圣徒相通。当全体信徒最终与恶人分隔开来，这要显为何等美好！稗子最终被除去，麦子在上帝的谷仓里看起来是何等的美好！当美德不再因与世人和未归正之人不断接触而变得暗淡，它要何等灿烂发光！今天义人几乎不为人知，世人看不到他们的美好，就像他们看不懂他们主人的美好。"世人所以不认识我们，是因未曾认识他"（约一3：1）。但义人有一天"在他们父的国里，要发出光来，像太阳一样"。用亨利·马太的话说："他们的成圣要变得完全，他们的称义要被宣告出来。""基督是我们的生命，他显现的时候，你们也要与他一同显现在荣耀里。"（西3：4）

三 财宝、珠子与网的比喻

太13：44—50

44. "天国好像宝贝藏在地里，人遇见了就把它藏起来，欢欢喜喜地去变卖一切所有的，买这块地。"
45. "天国又好像买卖人寻找好珠子，
46. 遇见一颗重价的珠子，就去变卖他一切所有的，买了这颗珠子。"
47. "天国又好像网撒在海里，聚拢各样水族。
48. 网既满了，人就拉上岸来；坐下，拣好的收在器具里，将不好的丢弃了。
49. 世界的末了也要这样。天使要出来，从义人中把恶人分别出来，
50. 丢在火炉里，在那里必要哀哭切齿了。"

* * *

"**藏宝**"以及"**寻珠**"的比喻，看上去是要传递一个相同的教训。无疑，它们在一个明显的细节上有所不同。"宝贝"是被一个

看起来并不刻意寻找的人找到,而"珠子"是被确实在寻找珠子的人找到。但在这两种情形里,寻找的人行为举止都完全一样。两人都"变卖一切所有的",要让找到的成为他们自己的财产。正是在这一点上,两个比喻的教训是一样的。

这两个比喻是要教导我们,**人真正确信救恩重要,就会放弃一切,为要赢得基督和永生**。

我们主描写的这两个人,他们的行为举止如何?一个人相信有"宝贝藏在地里",如果他买下这地,无论要付出何等大的代价,这都要给他充足的回报。另外一人相信,他找到的"珠子"有如此重大价值,不惜一切将它买下,这都能给他带来补偿。两人都深信他们找到了一样有极大价值的东西。两人都确信,把这变为他们自己的,这值得付出现在极大的牺牲。其他人可能觉得他们奇怪,可能认为他们为这地和这珠子付出如此巨款是愚昧。但他们知道自己在做什么,他们肯定自己是在做一笔好买卖。

请看这幅特别画面**对真基督徒行为的解释**!他在他的信仰中如此为人,如此行事,这是因为他彻底相信这是值得的。他从世界中出来,脱去旧人,抛弃过去生活中虚妄的同伴。他像马太一样抛弃一切,他像保罗一样,为着基督的缘故"将万事当作有损的"。为什么?因为他深信,基督要补偿他舍弃的一切。他在基督里看到一件无价的"宝贝",他在基督里看见一颗宝贵的"珠子"。为赢得基督,他愿意作出任何牺牲。这是真信心。这是真正的圣灵动工的标志。

透过这两个比喻,我们可以一窥**许多没有归正之人的行为举止**!他们在信仰方面有这样的为人,是因为他们不完全相信与众不同是值得的。他们逃避作决定,他们退缩而不愿背负十字架,他们在两种选择之间犹豫不定，他们不愿将自己委身献上，不愿大胆前来站在主这一边。为什么？因为他们不确信这要给他们带来补偿。他们不肯定有"宝贝"在他们前面，他们不确信这"珠子"值如此大的价钱。他们还不能立定心志"变卖一切所有的"，好使他们能赢得基督。他们轻易地就永远灭亡了！当一个人不愿为基督的缘故冒任何风险，我们就不得不得出伤心的结论，就是他还没有得着上帝的恩典。

网撒在海里的比喻，在一些要点上与麦子和稗子的比喻是一样的。它意欲在一个至为重要的问题上教训我们：**基督有形教会的真正性质**。

传福音就是把一张大网撒在这世界的海里。它要让收聚在一起的认信的教会成为一个混杂的整体。在这网内有各种的鱼，好的和不好的都有。在教会的范围内有各种基督徒，既有归正的也有未归正的，既有真正的也有虚假的。肯定最后好坏要分开，但在世界末了之前不会如此。这就是这位伟大的主对门徒讲的，他们将要建立的众教会的样子。

至为重要的是，我们要把这比喻的教训深深地刻在脑海里。在基督教信仰里，几乎没有一点比有形教会的性质存在更大的各式错误。也许没有一个比它更大的错误，对人的灵魂如此充满危险。

让我们从这比喻中认识到，所有认信基督徒的聚集，应当被看作是混杂的整体。它们包含着"好的和不好的水族"，归正的和没有归正的，上帝的儿女和世界之子。我们应当这样描述它们，对它们说话。或许有人会对所有受了洗的人说，他们重生了，有圣灵，是基督的肢体，是圣洁的。但从这一个比喻来看，这样做是完全没有根据的。这种说话方式可能会奉承人，讨人欢喜，但不大可能使人得益或拯救人。我们痛苦地看到,这样做所导致的结果,就是促进自义,哄罪人入睡。它推翻了基督清楚的教导,败坏人的灵魂。我们在听这样的教导吗?如果在听,让我们记住这"网"。

最后,让我们坚信这原则,就是绝不要仅仅满足于外在的教会成员身份。我们可能在网内,却不在基督里。洗礼的水倒在许多人身上,而他们从未在生命之水里洗过。成千上万的人在主的桌前吃饼喝杯,却从未凭信心以基督为粮吃下。我们归正了吗?我们属于"好的水族"吗?这是一个极重要的问题,这是一个到了最后必须要回答的问题。网很快就要"拉上岸来"。每一个人信仰的真正特征最终要揭露出来,好的和不好的水族要永远分开。有一"火炉"为恶人存留。肯定的是,正如巴克斯特所言:"这清楚的话更需要相信和思想,而不是解释。"

四 基督在自己家乡受到的待遇,不信的危险

太13:51—58

51. 耶稣说:"这一切的话你们都明白了吗?"他们说:"我们明白了。"
52. 他说:"凡文士受教作天国的门徒,就像一个家主,从他库里拿出新旧的东西来。"
53. 耶稣说完了这些比喻,就离开那里,
54. 来到自己的家乡,在会堂里教训人,甚至他们都希奇,说:"这人从哪里有这等智慧和异能呢?
55. 这不是木匠的儿子吗?他母亲不是叫马利亚吗?他弟兄们不是叫雅各、约西(有古卷作"约瑟")、西门、犹大吗?
56. 他妹妹们不是都在我们这里吗?这人从哪里有这一切的事呢?"
57. 他们就厌弃他("厌弃他"原文作

"因他跌倒")。耶稣对他们说："大凡先知，除了本地本家之外，没有不被人尊敬的。"

58. 耶稣因为他们不信，就在那里不多行异能了。

* * *

我们从这段经文中应该注意的第一件事，就是我们主讲完这七个奇妙比喻后提出的**惊人问题**。他说："这一切的话你们都明白了吗？"

个人应用被称为讲道的"灵魂"。没有应用的讲道就像没有写地址就寄出的信。它可能写得很好，落款日期正确，署名恰当，但它无用，因为它永远不能达至它的目的地。"你们都明白了吗？"我们主提出的问题为我们设立了一个令人佩服的榜样，就是讲道信息最后要有真正从心发出的个人应用。

仅仅听道，这形式不能使人得益，除非他明白讲道的意思。要不然他就大可以听吹号，或打鼓，他大可以参加用拉丁文进行的罗马天主教仪式。他的理智一定要发动起来，他的心一定要受感动。观念一定要被领受进入他的脑海中。他一定要带着新观念的种子离开。没有这一点，他听道就是枉然的。

清楚地认识这一点非常重要。人对此存在着极大的无知。有成千上万的人固定去到敬拜的场所，认为自己已经尽了他们信仰方面的本分，但从未带走一个想法，或者领受一个感动。星期日晚上回到家中时，你若问他们学会了什么，他们连一句话也说不出来。在年终的时候考察他们，看他们获得了什么样的信仰知识，你会发现他们和异教徒一样无知。

让我们在这件事上为自己的灵魂守望，让我们上教会的时候，不仅带着身体去，还带上我们的思想、我们的理智、我们的心和我们的良心。让我们经常自问："我们从这篇讲道得到什么？我学到了什么？有什么真理打动了我的思想？"当然理性并非信仰的一切，但并不因此就能得出结论，说它一无是处。心无疑是要点，但我们绝不可忘记，圣灵通常通过头脑的思想抵达人心。昏昏欲睡、懒惰、不专注的听众，绝不可能得到归正。

我们在这段经文中应当注意到的第二件事，就是**我们主在他自己家乡所受到的奇怪待遇**。

他来到自己成长于其中的拿撒勒城，"在会堂里教训人"。无疑他的教训和以往是一样的。"从来没有像他这样说话的！"但这对拿撒勒人无效。他们"希奇"，但他们的心不为所动。他们说："这不是木匠的儿子吗？他母亲不是叫马利亚吗？"他们藐视他，因为他们如此与他相熟。"他们就因他跌倒。"他们让我们主说出这句严厉的话："大凡先知，除了本地本家之外，没有不被人尊敬的。"

我们从这件事中看到，人性令人伤感的一页之展现。如果我们习惯了怜悯，把它们当作廉价，我们就都容易藐视它们。圣经和信仰的书籍在英格兰如此之多，我们享有的蒙恩之道方面的供应如此充足，我们每周都听到福音传讲——所有这一切，所有这一切都容易被轻看。"亲不敬，熟生蔑"，这句话在信仰方面是令人痛心的实在，超过任何其他领域。人忘记了真理就是真理，不管它听起来可能是多么的古老和平常，而是因着它古老就藐视它。哎呀！他们这样做的时候，就触动上帝的怒气，将真理取走了。

对于义人的亲属、仆人和邻舍并不总是归正的人，我们会感到希奇吗？对于最显赫的福音执事的教区会众，常常就是他们最刚硬和最不悔罪的听众，我们会感到惊奇吗？让我们不要再惊奇，让我们留意我们主在拿撒勒的经历，学习要有智慧。

我们是否想象，只要我们能见到耶稣基督，听他说话，我们就会做他忠心的门徒？我们是否认为，正如我们只要能在他身边生活，亲眼见证他的行事之道，我们就不会对信仰犹豫不决，三心二意？如果我们这样想，那么让我们不要再这样。让我们观察拿撒勒的人，学习要有智慧。

在这些经文中，我们要留意的最后一件事，就是**不信的破坏性本质**。本章以这句可怕的话结束："耶稣因为他们不信，就在那里不多行异能了。"

这句话里包含着极多人灵魂永远败亡的秘密！他们永远灭亡，因为他们不信。除此以外，天地间没有任何事情拦阻他们得救。他们的罪虽众多，却可以得赦免。父的爱愿意接纳他们，基督的血愿意洁净他们，圣灵的大能愿意更新他们。但是一大障碍插了进来——他们不信。耶稣说："你们不肯到我这里来得生命。"（约5：40）愿我们防备这受咒诅的罪。这是古老的、根本的罪，导致人的堕落。圣灵的大能在上帝真正的儿女身上砍断了这罪，它却随时要再次萌发。有三大仇敌是上帝的儿女应当每天祷告防备的——骄傲、爱世界和不信。在这三样当中，没有一样比不信更大。

第 十 四 章

一 施洗约翰殉道

太14：1—12

1. 那时，分封的王希律听见耶稣的名声，
2. 就对臣仆说："这是施洗的约翰从死里复活，所以这些异能从他里面发出来。"
3. 起先希律为他兄弟腓力的妻子希罗底的缘故，把约翰拿住锁在监里。
4. 因为约翰曾对他说："你娶这妇人是不合理的。"
5. 希律就想要杀他，只是怕百姓，因为他们以约翰为先知。
6. 到了希律的生日，希罗底的女儿在众人面前跳舞，使希律欢喜。
7. 希律就起誓，应许随她所求的给她。
8. 女儿被母亲所使，就说："请把施洗约翰的头放在盘子里，拿来给我。"
9. 王便忧愁，但因他所起的誓，又因同席的人，就吩咐给她。
10. 于是打发人去，在监里斩了约翰，
11. 把头放在盘子里，拿来给了女子，女子拿去给她母亲。
12. 约翰的门徒来，把尸首领去埋葬了，就去告诉耶稣。

* * *

我们在这一段看到上帝写的殉道录里的一页——施洗约翰之死

的经过：希律王的邪恶受到约翰勇敢的指责，结果，随之希律王将他囚禁、处死。写下这一切是为了让我们学习。"在耶和华眼中，看圣民之死极为宝贵。"（诗116：15）

马可对施洗约翰之死的记载比马太详细。从马太的叙述中得出两个普遍的教训就足够了。下面我们便集中来看这两个教训。

让我们首先从这段经文看到**良心的强大力量**。

希律王听到"耶稣的名声"，对他的仆人说："这是施洗的约翰从死里复活。"他记得自己是如何恶毒地对待那位圣洁的人，他的心在自己里面消化。他的心告诉他，他藐视了约翰敬虔的意见，犯下了肮脏可憎的杀人罪。他的心告诉他，虽然他杀了约翰，却有清算的一日。他和施洗约翰还要再相见。豪尔主教（Bishop Hall）说得好："一个恶人，除了他自己的心以外，无需其他折磨他的人，在流人血的罪上尤为如此。"

所有人生来皆有良心。我们绝不要忘记这点。虽然我们生下来进入这世界，是堕落、失丧和邪恶的，但上帝却确保在我们里面为他自己留下一位见证人。没有了圣灵，这位见证人就是一个可怜的瞎眼引路人，它救不了任何人，它不能带人来就近基督，它会像被烙铁烙了一般，会被践踏在脚下。但每个人里面都有一个叫良心的东西，互相较量，或以为是，或以为非，圣经和人的经历都宣告事情确实如此（罗2：15）。

当君王故意拒绝良心的意见，良心甚至能让他们痛苦不堪。它能让这世上的王子充满惧怕和战兢，就像保罗传道时，腓利斯的良心让他如此。他们发现，把传道人囚禁斩首倒算容易，难的是捆绑他的讲道，并在他们自己心中压制传道人责备的声音。上帝的见证人可能被推到一旁，但他们的见证，在他们死后却长久存活，仍常常继续动工。上帝的先知不能永远存活，但他们说的话在他们死后仍常常活着（提后2：9；亚1：5）。

让缺乏思想的人和不义之人记住这一点，让他们不要得罪自己的良心。让他们知道，他们的罪"必追上他们"。他们可能在短期之内嘲笑、讥讽和挖苦信仰。他们可能会高喊："谁会害怕？我们这样做会有什么大的害处？"他们可以肯定，他们是在为自己撒下悲惨的种子，迟早要收获苦果。他们的邪恶有一天必然追上他们。他们要像希律一样，发现得罪上帝是一件恶事、苦事（耶2：19）。

让牧师和教师记住人心里有良心，所以要大胆工作。教训并不因在发出时看似不结果子，就必然是被人抛诸脑后。教导并不总是徒然，虽然我们以为它们被人忽视、浪费和忘记。听讲道的人里面有良心。我们学校里的孩子有良心。讲道和教导的人像施洗约翰一样躺在坟墓里之后，他们许多讲道和教导的内容还要复活。成千上万的人知道我们是对的，他们像希律一样，不敢承认。

第二，让我们认识到，**上帝的儿女绝不可盼望在这世上得到他们的赏赐。**

如果曾有一个例子，表明敬虔在今生并没有得到赏赐，这就是施洗约翰的例子。请我们思想片刻，他在短暂生涯中是一个怎样的人，然后思想他得到的结局。看，他是至高上帝的那位先知，比所有由妇人所生的要大，却像一位罪犯被囚禁起来！看，他三十四岁未到，却遭暴力被剪除，就像点燃的灯被熄灭，而且忠心传道却因尽其本分而被杀。这一切竟是为了满足一位淫妇的仇恨，被一位反复无常的暴君下令执行！确实，如果世上曾有一件事，可以让一个无知之人说，"侍奉上帝有什么益处呢"？那么这里的事就是了。

但正是这种事情让我们看到，有一日将要有审判。万人之灵的上帝必在最后开庭，按个人的行为报应各人。施洗约翰、使徒雅各还有司提反的血，以及波利卡普、胡斯、里德利、拉蒂默的血，都必要得以显明。这都写在了上帝的书卷上。"地也必露出其中的血，不再掩盖被杀的人"（赛26：21）。世人要知道，有一位上帝，要审判全地。"你若在一省之中见穷人受欺压，并夺去公义、公平的事，不要因此诧异。因有一位高过居高位的鉴察，在他们以上还有更高的。"（传5：8）

让所有的真基督徒记住，他们最好的福分还没有来到。如果我们在目前这时候受苦，让我们不要以为奇怪。这是试验的时候。我们在学习忍耐、温柔和谦卑，如果我们现在就得了我们的好事，我们就不会学习这些了。但有一永远欢庆的节日，是还没有开始的。对此请让我们安静等候。到那日就要补偿一切。"我们这至暂至轻的苦楚，要为我们成就极重无比永远的荣耀。"（林后4：17）

二　五饼二鱼的神迹

太14：13—21

13. 耶稣听见了，就上船从那里独自退到野地里去。众人听见，就从各城里步行跟随他。

14. 耶稣出来，见有许多的人，就怜悯

他们，治好了他们的病人。

15. 天将晚的时候，门徒进前来说："这是野地，时候已经过了，请叫众人散开，他们好往村子里去，自己买吃的。"

16. 耶稣说："不用他们去，你们给他们吃吧！"

17. 门徒说："我们这里只有五个饼、两条鱼。"

18. 耶稣说："拿过来给我。"

19. 于是吩咐众人坐在草地上，就拿着这五个饼、两条鱼，望着天祝福，擘开饼，递给门徒，门徒又递给众人。

20. 他们都吃，并且吃饱了，把剩下的零碎收拾起来，装满了十二个篮子。

21. 吃的人，除了妇女孩子，约有五千。

* * *

这些经文讲了我们主耶稣基督所行的一个最大神迹，就是用五饼二鱼喂饱"除了妇女孩子，约有五千"吃的人。在我们主行的所有神迹当中，没有一个像这神迹，在新约圣经中如此经常被提到。马太、马可、路加和约翰都详细论述它。显然我们主的历史中的这事件应当受到特别关注。让我们对它给予关注，看看我们能学到什么。

首先这神迹是一个无法辩驳的证据，证明我们主有上帝的大能。

用五饼二鱼这样分量微薄的食物喂饱五千多人，没有超自然地加增食物，这显然是不可能的。没有一个行邪术的、骗子或假先知曾经尝试做过这样的事。这样的人可能假装治好了单单一个病人，或者让单单一具死尸复活——使用把戏和诡计，可能说服软弱的人，说他成功了。但这样的人绝不会尝试去做像这里记载的、如此大能的一件事。他很清楚自己无法劝服一万个男女和儿童，在他们还饥饿的时候，说他们已经吃饱了。他会当场遭到揭露，显明是一

第十四章

个骗子和冒牌货。

然而，这就是我们主实际行的大能作为，因如此行，就举出一个决定性的证据，证明他是上帝。他说有，之前不存在的就有了。本来不足以让五十个人吃饱的食物，耶稣却使用它们为五千多人提供了可见、可触摸、实实在在的食物。肯定的是，如果我们不能在这件事当中看到"赐粮食给凡有血气的"、创造世界和其中一切所有的那一位的手，我们就肯定是瞎了。创造是唯独上帝才有的特权。

我们应当紧紧把握住类似这一段的经文。我们应当把表明我们主之神能的各样证据珍藏在脑海里。冰冷、自以为正统、未归正的人，可能在这故事中看不到什么。真信徒应把这储藏在他的记忆里。让他想到世界、魔鬼和他自己的心，学会为着他的救主耶稣基督的大能大力而感谢上帝。

第二，这神迹是**我们主对人心怀怜悯的突出例子**。

他看见在荒野有极大的人群，因着饥饿快要晕厥。他知道在这群人中，有很多人对他自己没有真信心和爱。他们跟从他，是出于时髦和好奇，或某种同样卑贱的动机（约6：26）。但我们的主怜悯所有的人。所有的人都得到救济，所有的人都有分于他行神迹供应的食物，所有的人都"吃饱了"，没有一个人饿着肚子离开。让我们在这件事中看到我们主耶稣基督对罪人所怀的心。他现在就像从前一样，"耶和华，耶和华，是有怜悯、有恩典的上帝，不轻易发怒，并有丰盛的慈爱和诚实"（出34：6）。他不按人的罪待人，不按他们的罪孽报应他们。他甚至把各样益处多多堆在他敌人身上。没有人要像最后显为不悔改的人那样，是如此没有借口。主的良善领他们悔改（罗2：4）。在他对待世人的一切作为中，他显明自己是"喜爱施恩"（弥7：18）。让我们努力效法他。一位老作家曾说："我们应当对有病的灵魂大发怜悯与同情。"

最后，这神迹是活泼的象征，表明福音足以满足全人类心灵的需要。

无可置疑的是，我们主所行的一切神迹都有极深的寓意，教导了重大的属灵真理。但我们必须带着敬畏和谨慎看待这个问题。我们必须谨慎，不要像许多教父那样，在圣灵没有打算要人看到寓意的地方，看到各样寓意。但也许，如果有任何神迹，除了从它表面得出清楚教训以外还有显然的寓意，那么现在摆在我们面前的这一个，就是这样的神迹了。

这群在旷野中饥饿的人向我们说明了什么？这是全人类的一个象征。人类是正在灭亡之罪人的大群聚集，在一个荒凉的世界中忍受饥荒，无助、无望地走在灭亡的路上。我们都曾如羊走迷（赛53：6）。我们按本性是远离上帝的，我们的眼睛无法睁开看见我们身处危险的全部范围。但事实上，我们是困苦、可怜、贫穷、瞎眼、赤身的（启3：17）。我们和永死之间不过是一步之遥。

这五饼二鱼显然不足以在当时的情况下喂饱那么多人，但因耶稣所行的神迹，却足以使一万人吃饱。那么，这饼和鱼代表了什么？它们是基督为罪人钉十字架这个教义的象征。基督作了罪人的替代，因着他的死，为世人的罪作了赎罪祭。这教义在属血气的人看来就是软弱。钉十字架的基督，对犹太人来说是绊脚石，对希腊人来说是愚拙（林前1：23）。然而钉十字架的基督被证明是从天

第十四章

上降下来的上帝的粮,赐生命给世界的(约6:33)。十字架的故事,无论在哪里被传讲出来,都大大地满足了人类灵里的需要。成千上万各种等级、年龄和民族的人,都见证了这是"上帝的能力,上帝的智慧"。他们吃了这就"饱"了,他们已经发现这"真是可吃的,真是可喝的"。

让我们好好思想这些事情。圣经所记载我们主在世上待人的事,都有极深奥的含义,是无人能完全测透的。在他所有话语和行事之道当中,有丰富教训的宝藏,是无人能彻底探索的。福音书中的许多经文,就像以利亚的仆人看见的那片云(王上18:44),我们越看它就显得越大。圣经有消耗不尽的丰富,其他著作都是熟读了以后就看不出什么新东西了,但圣经却是越读就越能发现它的丰富。

三 基督在海面行走

太14:22—36

22. 耶稣随即催门徒上船,先渡到那边去,等他叫众人散开。
23. 散了众人以后,他就独自上山去祷告。到了晚上,只有他一人在那里。
24. 那时,船在海中,因风不顺,被浪摇撼。
25. 夜里四更天,耶稣在海面上走,往门徒那里去。
26. 门徒看见他在海面上走,就惊慌了,说:"是个鬼怪!"便害怕,喊叫起来。
27. 耶稣连忙对他们说:"你们放心,是我,不要怕!"
28. 彼得说:"主,如果是你,请叫我从水面上走到你那里去。"
29. 耶稣说:"你来吧!"彼得就从船

上下去,在水面上走,要到耶稣那里去,

30. 只因见风甚大,就害怕,将要沉下去,便喊着说:"主啊,救我!"
31. 耶稣赶紧伸手拉住他,说:"你这小信的人哪,为什么疑惑呢?"
32. 他们上了船,风就住了。
33. 在船上的人都拜他,说:"你真是上帝的儿子了。"
34. 他们过了海,来到革尼撒勒地方。
35. 那里的人一认出是耶稣,就打发人到周围地方去,把所有的病人带到他那里,
36. 只求耶稣准他们摸他的衣裳䍁子,摸着的人就都好了。

* * *

  这段经文中包含的历史特别有意思。这里记载的神迹,用强光带出基督和他百姓的品格。主耶稣的大能和怜悯,他最好的门徒之信心与不信的混杂,都栩栩如生地描绘了出来。

  我们从这神迹首先认识到,**我们的救主对所有受造物拥有何等绝对的支配权**。我们看见他"在海面上行走",如同在旱地上行。把他门徒所乘的船抛来抛去的怒浪,顺从上帝儿子的命令,在他脚下成了牢固的地面。那一丝风都会吹动的液体表面,像磐石一般承托起我们救赎主的双脚。对我们这些可怜、有限的头脑而言,这件事完全不能领会。按照多德里奇(Doddridge)的说法,双脚在海面行走的画面,是一种象征手法,埃及人用以说明一件事是不可能的。讲求科学的人对我们说,要让实实在在的血肉之躯在水面行走,这在物理学上是不可能的。对我们来说,知道这做成了,这就够了。对我们来说,记住起初创造海的他,当他乐意时在海的波浪上行走,这完全是轻而易举的事,这就够了。

  这里有对所有真基督徒的鼓励,让他们知道,没有一样被造之

第十四章

物,不在基督的控制之下。"万物都是他的仆役"。他可能容许他的百姓受试炼一段时间,被苦难的风暴吹来吹去。他们希望他来帮助他们,他来的可能比希望的迟,直到"夜里四更天"才就近。但让他们绝不要忘记,大风、大浪、暴雨都是基督的仆役。没有基督的批准,它们就不能动。"耶和华在高处大有能力,胜过诸水的响声,洋海的大浪"(诗93:4)。我们是否在受到试探时,像约拿一样呼喊,"大水环绕我,你的波浪洪涛都漫过我身"(拿2:3)?让我们记住,它们是"他的"波浪洪涛。让我们耐心等候。我们还要看到耶稣"在海面上走",到我们这里来。

接着我们从这神迹认识到,**耶稣能够赋予相信他的人何等的能力**。我们看见西门彼得从船上下来,像他的主一样在水面上行走。这是我们主之神性何等奇妙的证据!他自己在海上走,这是一个极大的神迹,但赋予一个可怜软弱的门徒能力,使他能做同样的事,这就是一个更大的神迹。

我们看的这历史的这部分有一种深意。它让我们看到,我们的主能为那些听见他声音,就跟从他的人行何等大事。他能加给他们能力,做他们一度认为不可能的事情。他能背负他们经过困难和试炼,没有了他,他们就绝不敢面对这些事情。他能给他们力量,经过水火不受伤害,胜过每一个仇敌。在埃及的摩西、在巴比伦的但以理、尼禄家中的圣徒,都是他大能的明证。如果我们走在尽本分的道中,就让我们一无所惧。水可能看起来很深,但如果耶稣说,"你来吧",我们就没有理由惧怕。"我所做的事,信我的人也要做;并且要做比这更大的事"(约14:12)。

第三,让我们从这神迹认识到,**门徒因不信,给自己带来何等**

的烦恼。我们看见彼得勇敢地在水面行走，走了很短一段距离。但不久当他看见"风甚大"，他就怕了，开始下沉。软弱的肉体胜过了愿意的心灵。他忘记了他的主良善和大能的奇妙证据，而这是他刚刚才得到的。他没有想到，能使他走一步的这位救主，必然能永远扶持他。他没有仔细想，当他一旦在水上，就比他一开始离开船的时候更接近基督。惧怕夺去了他的记忆，惊惶混乱了他的理智。除了风浪和他直面的危险，他什么也不想，他的信心就退下了。他高呼："主啊，救我！"

在此我们看到对许多信徒经历的何等生动的描绘！有多少人，有足够的信心迈出跟从基督的第一步，但开始了，却没有足够的信心继续跟从。他们惧怕看似在拦住他们道路的试炼和危险，他们看见包围他们的仇敌，以及看似沿路纠缠着他们的种种困难。他们专注于这些过于专注耶稣，马上他们的脚开始下沉。他们的心在他们里面消化，他们的盼望失散，他们的安慰消失。为什么会有这一切？基督没有改变。他们的敌人不比从前更强大。这只是因为，像彼得一样，他们不再看耶稣，而是向不信屈服。他们专注于思想他们的仇敌，而不是思想基督。愿我们把这记在心上，学习智慧。

最后，让我们从这神迹中认识到，**我们的主耶稣基督对软弱的信徒何等怜悯**。我们看见彼得一开始向他呼求，他就立刻伸出手去救他。他不是任由他承受自己不信的苦果，在深水中沉没。看来他只是思想他的困苦，所想的，莫过于救他脱离这困苦。他说出口的唯一一句话，是温柔的责备："你这小信的人哪，为什么疑惑呢？"

在这神迹结束的部分，我们应当看清楚基督那极大的"温柔"！当他看见人心中有真正恩典的迹象，他能大大地忍耐，大大地饶恕。正如母亲温柔待她的婴孩，不因他小小的任性和悖逆就将他抛弃，主耶稣也同样温柔地待他的百姓。他们归正之前，他爱他们，怜悯他们，他们归正之后，他爱他们，怜悯他们更多。他知道他们的软弱，对他们长久忍耐。他要我们知道，怀疑并不证明一个人没有信心，只是证明他的信心是小的。即使当我们小信的时候，主仍愿意快快地帮助我们。"我正说'我失了脚'，耶和华啊，那时你的慈爱扶助我。"（诗 94：18）

　　这一切当中有对人何等大的鼓励，鼓励他们服侍基督！有像耶稣一样的救主，人怎么还会惧怕，不去开始奔跑基督徒当跑的路？如果我们失败，他要使我们再兴起。如果我们犯错，他要将我们挽回。但他绝不把他的怜悯从我们这里全然收回。他已经说了，"我总不撇下你，也不丢弃你"，他要信守他的诺言。愿我们牢记，尽管我们不可轻看微小的信心，却也绝对不可满足于小的信心而原地踏步。我们的祷告还必须是，"求主加增我们的信心"。

第 十 五 章

一 假冒为善的文士与法利赛人，遗传的危险

太15：1—9

1. 那时，有法利赛人和文士从耶路撒冷来见耶稣，说：
2. "你的门徒为什么犯古人的遗传呢？因为吃饭的时候，他们不洗手。"
3. 耶稣回答说："你们为什么因着你们的遗传，犯上帝的诫命呢？
4. 上帝说：'当孝敬父母，'又说：'咒骂父母的，必治死他。'
5. 你们倒说：'无论何人对父母说，我所当奉给你的，已经作了供献，
6. 他就可以不孝敬父母。'这就是你们藉着遗传，废了上帝的诫命。
7. 假冒为善的人哪！以赛亚指着你们说的预言是不错的。他说：
8. '这百姓用嘴唇尊敬我，心却远离我；
9. 他们将人的吩咐当作道理教导人，所以拜我也是枉然。'"

* * *

我们在这段经文中看到主耶稣基督与某些文士和法利赛人的交谈。谈话的主题乍看上去似乎与当代没有什么关系，但实际并非如此。法利赛人的原则是从未灭绝的原则。这里立下一些真理，是极

其重要的。

我们认识到的一件事，就是**假冒为善之人通常非常重视信仰中仅仅是外在的事**。

文士和法利赛人在此的抱怨很能说明问题。他们把一项控告带到我们主面前，反对他的门徒。但这控告的实质是什么？不是他们贪婪或者自义，不是他们不诚实或没有爱心，不是他们违背了上帝律法的哪个部分，而是他们"犯古人的遗传，因为吃饭的时候，他们不洗手"。他们不遵守一些仅仅具有人的权威的规条，而这些是某些古时的犹太人发明的！这就是他们冒犯人的主要地方！

我们在当今丝毫看不到有法利赛人的精神存在吗？不幸的是，我们看到得太多了。有成千上万认信的基督徒，看起来只关注他们邻舍的信仰在外在事情方面是否符合他们自己的信仰。他们的邻舍按照他们特有的形式敬拜吗？他们能重复他们特有的术语，稍微谈论他们喜好的教义吗？若是能够，他们就心满意足了，尽管没有证据表明他们的邻舍已经归正。如果他不能，他们就总是在挑毛病，虽然他可能比他们自己更好地服侍基督，却不能对他说和睦的话。让我们警惕这种精神。这正是假冒为善的核心。我们的原则是："上帝的国不在乎吃喝，只在乎公义、和平并圣灵中的喜乐。"（罗14：17）

我们从这段经文还认识到，**尝试给上帝的话语加添任何东西，都是极其危险的**。无论何时，人若以给圣经加添新东西为己任，他就有可能落入一个危险：看重自己加添的东西，过于看重圣经本身。

在我们主回应法利赛人对他门徒的控告中，我们看到这一点表现得特别清楚。他说："你们为什么因着你们的遗传，犯上帝的诫命呢？"他勇敢地攻击整个错误的体系——就是给上帝完全的话语加添任何东西，并以这些作为得救必需之事。他用一个例子揭露了这个体系有害的倾向。他让人看到，法利赛人自夸的传统，实际上如何摧毁了第五条诫命的权威。简而言之，他确立了这个伟大的事实，是人绝不可忘记的，就是所有传统都有一种内在的倾向，要"废了上帝的诫命"。这些传统的创始人可能没有这样的意图，他们的目的可能是纯洁的。但在一切仅仅具有人的权威的信仰制度中，都有一种倾向——要篡夺上帝话语的权威，这很显然是基督在此教导的。布塞（Bucer）说了一句很严肃的话："如果一个人过分关注信仰中人为的发明，他就难以避免地更信靠这些发明，胜过信靠上帝的恩典。"

我们不曾在基督教会的历史上看到这个事实令人伤心的证据吗？不幸的是，我们看到的太多了。正如巴克斯特所说："人认为上帝的律法太多、太严厉，却制定出更多他们自己的律法严格遵守。"我们岂没有读过一些例子，一些人何等高举教规、条例和教会律例，超过上帝的话语，对不遵从的严厉惩罚，大大超过对公开的罪如酗酒和咒骂的惩罚？我们难道没有读过罗马天主教会如何过分看重修道起誓、守独身的起誓，以及守节期和禁食，以致看来是把这些摆在家庭本分和十诫之上吗？我们岂没有听说过，人在大斋期吃肉的问题上小题大作，远超对生活公然不洁或者杀人的重视吗？我们岂没有观察到，多少人把坚守主教制看作基督教信仰更重要的事，并且看待他们所谓"牧师的职位"（churchmanship）比悔改、信心、圣洁和圣灵的诸般美德重要得多吗？

这些问题只有一个可悲的答案。法利赛人的精神在一千八百

第十五章

年后仍然活着。"藉着遗传，废了上帝的诫命"的倾向，就像在犹太人当中一样，可以在基督徒中间找到。这种高举人的发明超过上帝话语的倾向仍然盛行，令人害怕。愿我们守望防备，保持警觉！愿我们记住，信仰当中没有任何传统或人为的制度，能为疏忽对亲人当尽的本分找借口，为违背上帝话语任何清楚的命令辩护。

最后，我们从这段经文认识到，**上帝希望的信仰敬拜是内心的敬拜**。我们发现我们的主引用《以赛亚书》的经文证实这一点："这百姓用嘴唇尊敬我，心却远离我。"

在夫妻关系、朋友关系和亲子关系中，心是首要的。在上帝与我们灵魂之间的一切关系中，心必须要成为我们关注的要点。什么是我们成为基督徒的首要之需？一颗新心。上帝要我们向他献上怎样的祭物？一颗忧伤痛悔的心。什么是真割礼？就是内心受割礼。什么是真顺服？从心发出的顺服。什么是得救的信心？用心相信。基督应当住在哪里？因我们的信心住在我们心里。智慧对每个人的第一要求是什么？"我儿，要将你的心归我。"

让我们在结束对这一段的查考前，诚实自省我们内心的光景。让我们坚信这一点，所有对上帝形式方面的敬拜，无论是公开还是私下，只要我们"心远离他"，就是完全枉然。屈膝、低头、大声的阿们、每天读的经文、固定领主餐，但只要我们的心还与罪、寻欢作乐、金钱或世界钉在一起，这些就全然无用和无益。在我们能得救之前，主的这个问题仍要得到满意的答复。他问每一个人说："你爱我吗？"（约 21∶17）

二 假师傅，人心是罪的源头

太15：10—20

10. 耶稣就叫了众人来，对他们说："你们要听，也要明白。
11. 入口的不能污秽人，出口的乃能污秽人。"
12. 当时，门徒进前来对他说："法利赛人听见这话不服（"不服"原文作"跌倒"），你知道吗？"
13. 耶稣回答说："凡栽种的物，若不是我天父栽种的，必要拔出来。
14. 任凭他们吧！他们是瞎眼领路的，若是瞎子领瞎子，两个人都要掉在坑里。"
15. 彼得对耶稣说："请将这比喻讲给我们听。"
16. 耶稣说："你们到如今还不明白吗？
17. 岂不知凡入口的，是运到肚子里，又落在茅厕里吗？
18. 惟独出口的，是从心里发出来的，这才污秽人。
19. 因为从心里发出来的，有恶念、凶杀、奸淫、苟合、偷盗、妄证、谤讟，
20. 这都是污秽人的。至于不洗手吃饭，那却不污秽人。"

* * *

这段经文中有主耶稣说的令人震惊的两句话。一句话与虚假的教义有关，另外一句关乎人心。两句话都值得我们最密切的关注。

关于**虚假教义**，我们的主宣告，**我们的本分就是反对它，它最终必然遭毁灭，教导它的人当被弃绝**。他说："凡栽种的物，若不是我天父栽种的，必要拔出来。任凭他们吧！"

查看这段经文，很清楚的就是，门徒对于我们主就法利赛人和他们传统所说强烈的话感到吃惊。他们很有可能从青年时候开始，

就习惯了把他们看成是最有智慧和最好的人。他们听见主谴责他们假冒为善，控告他们干犯上帝的诫命，就大吃一惊。他们说："法利赛人听见这话跌倒，你知道吗？"对于这个问题，我们应当感谢我们主解释性的宣告——这宣告可能从未得到当有的关注。

我们主的话清楚的含义就是，像法利赛人的教义这样的虚假教义，是不配向其表明怜悯的栽种的物。它"不是他天父栽种的"，对于这样栽种的物，人的本分就是把它铲除，不管这可能会如何令人跌倒。把它留下来，这并非爱心之举，因为它伤害人的灵魂。栽种它的人是身处高位，抑或博学多才，这并不重要。如果它与上帝的话语相矛盾，就当受到反对、驳斥和拒绝。所以他的门徒必须要明白，抵挡一切不符合圣经的教导是正确的行为，他们应该弃绝所有坚持这教导的教师。他们迟早会发现，所有虚假教义都要被彻底推翻，他们也要蒙羞。而且除了在上帝话语之上建造的，没有一样能站立得住。

我们主这句话中有极深的智慧和教训，光照许多认信基督徒当尽的本分。让我们来认真领会这些教训。人在实际中顺服这句话，就引发出配得称赞的新教改革。它的教训值得我们密切关注。

我们在这里看不到**勇敢地抵挡虚假教导的本分**吗？无疑我们是看到了。当上帝的真理落在危险之中，我们不应当因为怕让人跌倒、怕教会指责而沉默不言。如果我们真是跟从我们的主，我们就应当直言，作毫不退缩的见证人，反对谬误。缪古鲁斯（Musculus）说："绝不可因为人是邪恶盲目的就压制真理。"

还有，我们看不到**如若假师傅不停止欺骗，就当弃绝他们的本分**吗？无疑我们是看到了。虚假的柔弱，装出来的谦卑，没有一样会使我们退缩，不离开任何一个违背上帝话语的牧师的侍奉。如果我们顺从不符合圣经的教导，我们就是自冒风险。我们的血要落在我们自己头上。用惠特比（Whitby）的话讲，"跟从瞎子掉在坑里，这绝不是什么正确的事。"

最后，难道我们看不到，当**我们看见假师傅横行时当尽忍耐的本分**吗？无疑我们是看到了。我们想到这不会持久，就可以以此作为安慰。上帝必亲自捍卫他自己真理的事。迟早每一样异端都"必要拔出来"。我们不可用属肉体的兵器争战，而要等候、传道、抗辩和祷告。正如威克里夫所说，迟早"真理必然得胜"。

关于**人心**，我们主在这段经文中宣告，**它是所有罪和污秽的真正源头**。法利赛人教导说，圣洁取决于饮食，取决于身体的清洗和洁净。他们认为所有遵守他们在这些事上所保留传统的人，在上帝眼中就是纯洁和洁净的，而所有忽视这些的人就是不洁不净。我们的主推翻了这恶劣的教训，让他的门徒看到，一切污秽真正的源头并不在人之外，而在人里面。他说："惟独出口的，是从心里发出来的，这才污秽人。因为从心里发出来的，有恶念、凶杀、奸淫、苟合、偷盗、妄证、谤讟，这都是污秽人的。"人要正确服侍上帝，需要比身体的洗更重要的事情。他必须追求得着"清洁的心"。

在此我们看到一幅关于人性的可怕画面，而这是由知道人心里有什么的那一位描绘出来的。这是一份何等可怕的清单，表明我们自己心中的内容！我们的主揭发了一份何等令人难过的邪恶种子清单，这些种子深深地潜伏在我们每一个人里面，随时爆发活动！骄傲自义的人读到这样一段经文，他们还能说什么呢？这不是对强盗

第十五章

或杀人犯内心的描绘,它是对全人类内心真实可靠的叙述。求上帝让我们深思,学习智慧!

让我们立定心志,在我们信仰的一切当中,我们心的状态应当成为主要的事。让我们不要以上教会,遵守宗教仪式为满足。让我们看得比这更深入,渴望得着"在上帝面前为正"(徒8:21)的心。为正的心是被基督的血洒过,被圣灵更新,凭信心得洁净的心。让我们恒切地寻找圣灵的见证,见证上帝已经为我们造了清洁的心,使一切都变成新的了;让我们找不到这些就决不安息。(诗51:10;林后5:17)

最后让我们下定决心,在一生的年日中"切切保守我们的心"(箴4:23)。我们的心即使在得更新后仍然软弱,即使我们在穿上新人之后,它们仍然诡诈。让我们永不要忘记,我们主要的危险来自里面。我们若不警醒祷告,世界和魔鬼加在一起给我们造成的伤害,也比不上我们自己的心给我们带来的伤害。每天记住所罗门这句话的人有福了,"心中自是的,便是愚昧人。"(箴28:26)

三 迦南妇人

太15:21—28

21. 耶稣离开那里,退到推罗、西顿的境内去。
22. 有一个迦南妇人从那地方出来,喊着说:"主啊,大卫的子孙,可怜我!我女儿被鬼附得甚苦。"
23. 耶稣却一言不答。门徒进前来,求他说:"这妇人在我们后头喊叫。请打发她走吧!"

24. 耶稣说："我奉差遣，不过是到以色列家迷失的羊那里去。"
25. 那妇人来拜他，说："主啊，帮助我！"
26. 他回答说："不好拿儿女的饼丢给狗吃。"
27. 妇人说："主啊，不错！但是狗也吃它主人桌子上掉下来的碎渣儿。"
28. 耶稣说："妇人，你的信心是大的，照你所要的，给你成全了吧！"从那时候，她女儿就好了。

* * *

这段经文记载了我们主的另外一个神迹。它的情形特别有意思，让我们看看它们讲的是什么。这叙述里每一个字都有丰富的教训。

我们首先看到，**人有时候会在最预料不到的地方找到真信心**。

一个迦南妇人代她的女儿向我们主呼救。她说："主啊，大卫的子孙，可怜我！"要是她住在伯大尼或耶路撒冷，这样的祈求也会表明她有极大信心。但当我们发现她来自"推罗、西顿境内"，这样的祷告就让我们充满惊奇。这应当教导我们，让人相信的是恩典，而不是地方。我们可能像以利沙的仆人基哈西一样，住在一位先知的家中，然而却一直不悔改、不信、爱世界。我们可能像乃缦家中那位小小的使女，住在迷信和黑暗的偶像崇拜当中，却是上帝和他的基督的忠心见证人。让我们不要因为任何人仅仅因其命运而落在不利位置，就对他的灵魂绝望。人有可能住在推罗、西顿境内，却在上帝的国里坐席。

我们接着看到，**患难有时证明是对一个人灵魂的祝福**。

这位迦南母亲无疑受到严厉的试炼。她看见她的宝贝孩子被鬼附，却不能帮助她。然而这苦难把她带到基督这里来，教导她祷

第十五章

告。没有这件事,她可能一直在不自觉的无知中活着并死去,根本见不着耶稣。无疑,她受苦是与她有益(诗 119:71)。

让我们认真地思想这一点。没有什么比我们在苦难中急躁不安,更显出我们的无知。我们忘记了每一个十字架都是从上帝来的信息,为的是最终于我们有益。试炼是为了让我们思考——切断我们对世界的依赖,打发我们到圣经里面去,驱使我们跪下来祷告。健康是好事,但如果生病能把我们带到上帝面前,它就是更好的事。兴盛是蒙了极大怜悯,但如果苦难把我们带到基督那里,它就是更大的怜悯。任何事情都比漫不经心地活着,然后死在罪中要好。像这位迦南母亲一样受苦,像她一样奔向基督,这要比那"无知的"财主要好上一千倍,因为他生活在安逸中,最后死去却没有基督,没有盼望(路 12:20)。

第三,我们看到**基督的门徒常常不及基督本人恩慈怜悯**。

我们要来看的这位妇人,得不到我们主门徒的恩待。也许他们认为,一个住在推罗、西顿境内的人,不配他们主人帮助。无论如何,他们说:"请打发她走吧!"

在许多认信、自称是信徒的人当中,这种精神实在太多。他们很容易让追求基督的人灰心,而不是帮助他们前进。他们太容易因为一个初信之人的美德较少,就怀疑这是否真实;对待他,就像扫罗归正伊始到耶路撒冷时受到的对待那样:"他们不信他是门徒。"(徒 9:26)让我们小心,不要让这种精神占了上风。让我们努力更有基督的心。让我们像他那样,在对待寻求得救之人的一切事上,有温柔、慈爱和鼓励。最要紧的是,让我们不断地告诉人,他们绝不可凭基督徒去判断基督。让我们向这些人保证，恩主比他最好的仆人还要好得多。彼得、雅各和约翰会对那受苦的人说"请打发她走吧"，但这样的话绝不会出自基督的口。他可能有时让我们长久等待，就像他对待这位妇人一样，但他绝不会打发我们空手离开。

最后我们看到，**对我们自己和其他人来说，这是对恒久祷告何等大的鼓励**。

很难想象还有比我们在这段经文中所看到的这个事实更加令人印象深刻。这位受苦母亲的祷告，一开始似乎完全得不到注意——耶稣"一言不发"。然而她继续祷告。接下来从我们主口中而出的回答，听起来让她气馁——"我奉差遣，不过是到以色列家迷失的羊那里去"。但她继续祈求："主啊，帮助我！"我们主的第二个回答甚至比第一个更令人气馁——"不好拿儿女的饼丢给狗吃"。然而"所盼望的迟延未得"，并未"令她心忧"（箴13：12）。即便这样她也没有被堵住口不再出声，即便这时她仍央求主赐她一些恩惠的"碎渣儿"。她坚持恳求，最终给她带来恩惠的赏赐。"妇人，你的信心是大的，照你所要的，给你成全了吧！""你们寻找，就寻见"（太7：7），这应许从未落空。

当我们为自己祷告时，让我们记住这个故事。我们有时会受到试探，以为我们的祷告不能给我们带来益处，或许我们大可以完全放弃祷告。让我们抵挡这试探。它是从魔鬼来的。让我们相信，并且继续祷告。与缠累我们的罪、世界的精神、魔鬼的诡计争战，让我们继续祷告，不要灰心。求力量尽本分，求恩典忍受试炼，在各样苦难中求安慰，让我们继续祷告。让我们确信，每日最花得其所的时间，莫过于我们跪下来祷告的时间。耶稣听我们祷告，要按他自己看为美的时间作出回应。

　　我们为别人代求时,让我们记住这个故事。我们希望儿女可以归正吗?我们对亲戚朋友的得救感到焦急吗?让我们效法这位迦南妇人的榜样,把他们灵魂的光景陈明在基督面前。让我们日夜在他面前为他们提名代祷,不得答复就不安息。我们可能要等漫长的几年时间,我们的祷告可能看起来是枉然,代求没有益处。但是让我们永不放弃。让我们相信,耶稣没有改变,他听那位迦南母亲,赐她所求的,他也要听我们祷告,有一日要用平安的话回答我们。

四　基督行医治的神迹

太15∶29—39

29. 耶稣离开那地方,来到靠近加利利的海边,就上山坐下。
30. 有许多人到他那里,带着瘸子、瞎子、哑巴、有残疾的和好些别的病人,都放在他脚前。他就治好了他们。
31. 甚至众人都希奇,因为看见哑巴说话,残疾的痊愈,瘸子行走,瞎子看见,他们就归荣耀给以色列的上帝。
32. 耶稣叫门徒来,说:"我怜悯这众人,因为他们同我在这里已经三天,也没有吃的了。我不愿意叫他们饿着回去,恐怕在路上困乏。"
33. 门徒说:"我们在这野地,哪里有这么多的饼叫这许多人吃饱呢?"
34. 耶稣说:"你们有多少饼?"他们说:"有七个,还有几条小鱼。"
35. 他就吩咐众人坐在地上,
36. 拿着这七个饼和几条鱼,祝谢了,擘开,递给门徒,门徒又递给众人。
37. 众人都吃,并且吃饱了,收拾剩下的零碎,装满了七个筐子。
38. 吃的人,除了妇女孩子,共有四千。
39. 耶稣叫众人散去,就上船,来到马加丹的境界。

* * *

这段经文开始的地方，包含有值得我们特别留意的三个要点。现在让我们专注地看。

首先让我们注意，**人为解除身体疾病，愿意付出比解决灵魂问题大得多的努力**。我们看到"有许多人到他那里，带着瘸子、瞎子、哑巴、有残疾的和好些别的病人"。无疑他们当中许多人走了很远的路，经受极大疲惫。没有什么是比搬动病人更困难、更麻烦的了，但得医治的盼望就在眼前，对于一个病人来说，这样的盼望意味着一切。

如果我们对这些人的举动感到诧异，我们就是对人性知之甚少。我们根本无须惊奇。他们觉得健康是地上最大的福气，他们认为痛苦是一切试炼当中最难忍受的。人们无法欺骗自己的感觉。人感受到自己体力不支，他知道自己的身体渐渐地衰残，面色变得苍白，他感受到食欲正离自己而去。简单地说，他知道自己病了，需要一位医生。当他看到有一位医生可去求助，而且据说是从未失手、百病皆治的，他就毫不拖延，赶快到他那里去。

然而让我们不要忘记，我们的灵魂远比我们的身体病得厉害，也让我们从这些人的举动中学到教训。我们的灵魂患的灾病，要比肉体承受的任何疾病重得多，复杂得多，难医治得多。它们实际上是罪的侵袭而导致的祸患。它们一定要得到医治——有效的医治，否则我们就要永远灭亡。我们真知道这一点吗？我们感受到这一点了吗？我们敏感于我们灵里的疾病吗？哎呀！这些问题只有一个答案。大部分人对此根本没有感觉。他们的眼睛瞎了，对他们身处的危险浑然不知。为得身体健康，他们挤满医生的候诊室。为得身体健康，他们长途跋涉，为要寻找更清新的空气。但至于他们灵魂的健康，他们根本没有思想过这一点。发觉自己灵魂有病的男女真的有福了！这样的人不找到耶稣就绝不安息。苦难在他看来根本算不得什么。这事关生命、生命，永恒的生命！为得到基督，得到医治，他看万事都是有损的。

第二，让我们留意，**我们主是何等容易地以奇妙的大能，医治了所有被带到他面前的人**。我们读过那段经文："众人都希奇，因为看见哑巴说话，残疾的痊愈，瘸子行走，瞎子看见，他们就归荣耀给以色列的上帝。"

注意这句话当中有生动的象征，表明我们主耶稣基督有能力医治因罪而得病的灵魂！没有一种内心的疾病是他不能医治的，没有一种形式的灵里病痛是他不能胜过的。私欲的热病、爱世界的瘫痪、散漫懒惰的慢性肺结核、不信的心脏病，在他差圣灵到任何一个人身上时就都退去。他能让罪人口里唱新歌，让他带着爱意述说他曾一度讥笑亵渎的那福音。他能开人的心眼，让他看见上帝的国度。他能开通人的耳朵，让他愿意听他的声音，无论他去哪里都愿跟从。他能给一个曾经走在通往死亡大道上的人加添力量，让他行走在生命之路中。他能让曾经一度作罪之工具的人服侍他，行出他的旨意。神迹的时代还没有过去。每一个归正就是一个神迹。我们曾经见过一个归正的实例吗？让我们知道，我们是看见基督的手做成这一点。就算我们曾经见过，我们主在地上时让哑巴说话，瘸子行走，我们所见的确实也比不上归正这么神奇。

如果我们希望得救,我们知道该做什么吗?我们感受到灵魂的疾病,要得医治吗?我们必须只凭信心到基督那里去,求他解救。他没有改变,一千八百年的时间没有让他改变。在高天之上,上帝的右边,他仍是那位大医生。他仍"接待罪人"。他仍以大能施行医治。

第三,让我们留意**我们主耶稣基督浩大的怜悯**。我们看到耶稣把门徒叫过来说:"我怜悯这众人。"一大群男女聚在一起——这总是一个庄严的场面。这应激发我们的心,去感受到每一个人都是一个正在死去的罪人,每一个人都有灵魂等待拯救。没有一个人像基督一样,看到一群人,有如此深切的感受。

一个奇妙和惊人的事实就是,我们主在地上经历的一切感情,没有一样像"怜悯"那样,是圣经如此经常提到的。他的喜乐、忧愁、感恩、愤怒、惊奇、热心,圣经都偶有记载。但这些感情,没有一样像"怜悯"这般经常被提到。圣灵看来是向我们指出,这是他在人中间时品格的特征,是他心里主要的感受。圣灵让"怜悯"这个词在四福音书里出现了九次以上——还不算比喻里的说法。

这情形有非常感人和启发之处。上帝的话语当中,没有一个字是随便记下的。选择每一个说法,都有特别原因。无疑圣灵特别选择"怜悯"这个词,是为要我们得益处。

这应鼓励所有犹豫不决,不知是否应该开始行在上帝道中的人。让他们记住,他们的救主充满"怜悯"。他要施恩接待他们,他要白白地赦免他们的罪,他不再记念他们从前的罪孽,他要丰富

第十五章

供应他们一切的需要。让他们不要害怕。基督的怜悯就像一口深井，无人曾经探到底部。

圣徒和主的仆人感到疲倦时，这应给他们带来安慰。让他们想起耶稣充满"怜悯"。他知道他们生活在怎样一个世界当中。他理解人的身体和这身体一切的软弱。他知道他们的仇敌魔鬼各样的诡计，并且主怜悯他的百姓。让他们不要灰心。他们可能感受到在所行的一切事上，都打上了软弱、失败和不完全的记号，但让他们不要忘记这句话："他的怜悯，不至断绝。"（哀3：22）

第 十 六 章

一 文士与法利赛人对基督的敌意，基督对他们的警告

太16：1—12

1. 法利赛人和撒都该人来试探耶稣，请他从天上显个神迹给他们看。
2. 耶稣回答说："晚上天发红，你们就说，'天必要晴'；
3. 早晨天发红，又发黑，你们就说，'今日必有风雨'。你们知道分辨天上的气色，倒不能分辨这时候的神迹。
4. 一个邪恶淫乱的世代求神迹，除了约拿的神迹以外，再没有神迹给他看。"耶稣就离开他们去了。
5. 门徒渡到那边去，忘了带饼。
6. 耶稣对他们说："你们要谨慎，防备法利赛人和撒都该人的酵。"
7. 门徒彼此议论说："这是因为我们没有带饼吧！"
8. 耶稣看出来，就说："你们这小信的人，为什么因为没有饼彼此议论呢？
9. 你们还不明白吗？不记得那五个饼分给五千人，又收拾了多少篮子的零碎吗？
10. 也不记得那七个饼分给四千人，又收拾了多少筐子的零碎吗？
11. 我对你们说：'要防备法利赛人和撒都该人的酵'，这话不是指着饼说的，你们怎么不明白呢？"
12. 门徒这才晓得他说的，不是叫他们防备饼的酵，乃是防备法利赛人和撒都该人的教训。

* * *

我们在这段经文中看到,我们主受到法利赛人和撒都该人持续不倦敌意的进攻。一般来说,这两个教门的人之间是彼此为敌的。然而在逼迫基督方面,他们找到了共同的事业。这确实是一个不神圣的同盟!然而我们在今天经常看到同样的事。意见和习惯最对立的人,在厌恶福音方面达成一致,要一起工作反对福音的扩展。"日光之下,并无新事。"(传1:9)

这部分经文值得特别留意的第一点,就是**我们主重复他在之前一个场合说过的话**。他说:"一个邪恶淫乱的世代求神迹,除了约拿的神迹以外,再没有神迹给他看。"如果我们翻到《马太福音》的第十二章三十九节,就会发现他之前说过同样的事。

在一些人眼中,这重复看上去可能是琐碎不重要的事。但实际并非如此。它光照了一个已经困扰了许多真诚爱圣经之人的问题,所以应该特别留意。

这重复让我们看到,我们的主习惯再次说同样的事。他不甘于说一件事一次,以后不再重复。明显他的习惯就是一次又一次地带出同样的真理,就这样把这些真理更深地印在他门徒的思想当中。他知道我们对属灵之事的记性很差。他知道我们听两次要比听一次更记得住。所以他从他的库里既拿出新的,也拿出旧的东西来。

那么这一切要教导我们什么呢?它教导我们,我们无须像许多人有意要做的那样,急于要把我们在四福音书中看到的叙述调和起来。人不能必然认为,我们在《马太福音》和《路加福音》中发现我们主说的同样的话，总是在同一时间所说，或者与这些话相连的事件，必然是同一样事情。马太有可能是在描写我们主生平中的一件事，路加可能是在描写另一件事。然而在这两个场合，我们主的话可能完全一样。因着使用的言语一样，就尝试得出结论，认为两件事就必然是同一件，这经常把学习圣经的人带入极大的困扰之中。持守这里强调的观点要安全得多——就是在不同的时候，我们的主经常使用相同的话语。

这段经文中值得特别注意的第二点，就是**我们主抓住机会向门徒发出严肃警告**。他心里明显感到痛苦，因为他看到犹太人中存在虚假的教训，这些教训已经带来致命影响。他抓住机会发出警告。"你们要谨慎，防备法利赛人和撒都该人的酵。"让我们认真留意这句话的内容。

这警告是对谁说的？是对十二使徒说的，是对基督教会的第一批工人说的，也是对为了福音的缘故已经舍弃一切的人说的！即使他们也受到警告！最好的人也还只是人，在任何时候都有可能落入试探。"自己以为站得稳的，须要谨慎，免得跌倒。"（林前10：12）我们若爱生命，愿享美福，就绝不可认为我们无需这提醒："要谨慎，要防备。"

我们主警告门徒防备什么？防备法利赛人和撒都该人的"教训"。福音书经常告诉我们，法利赛人是自以为义的形式主义者。撒都该人是怀疑论者、自由派思想家、半个不信的人。然而即使是彼得、雅各和约翰也必须要防备他们的教训！确实最好和最圣洁的信徒也极需要警惕！

我们主使用什么比喻来描写他让门徒警惕的虚假教训？他称它

们是酵。和酵一样，与整体真理相比，它们可能看起来是小事情。和酵一样，一旦被接受，它们就要秘密无声地动工。和酵一样，它们要渐渐地改变它们掺和的信仰的整体特征。单单一句话，何等意味深长！使徒要防备的，不仅仅是异端公开的危险，还有"酵"。

这段经文中有很多的道理，特别需要所有认信的基督徒密切关注。我们主在这一段的警告已经遭人可耻地忽视。基督的教会若是像重视学习福音的应许一样，也极大地留心它的警告就好了。

那么让我们记住，我们主就"法利赛人和撒都该人的酵"说的这番话，是针对所有世代的人说的。它不仅是针对当时那一代人说的。它是为了基督教会永远的益处说的。说此话的那一位，用先知的眼光看到基督教信仰将来的历史。这位大医生非常清楚，法利赛人的教训和撒都该人的教训，要被证明是毁坏他教会的两大疾病，这情形要持续到世界的末了。他要我们知道，在基督徒的行列中，总会有法利赛人和撒都该人。他们的后代永不断绝。他们的世代不会绝迹。他们的名字可能改变，但他们的精神会一直存在。所以耶稣向我们大声疾呼，"要谨慎，要防备。"

最后，让我们对这警告作个人应用，保持对我们自己灵魂的一种神圣的忌邪之心。让我们记住，在我们生活的这个世界上，法利赛人精神和撒都该人精神不断地努力要控制基督教会。一些人要给**福音加添东西**，一些人要从**福音删减东西**。一些人要把福音埋葬，一些人要把它缩减得什么也不剩下。一些人要把添加物堆砌在它之上，使其窒息，一些人要减去它的真理，令它失血而死。两派人只在一方面有共识。如果他们成功当道，双方都要杀害基督教信仰的生命。让我们守望祷告，防备这两样错谬，保持警惕。让我们不要为了取悦罗马天主教这法利赛人，给福音加添什么。让我们不要为了取悦讲新教义的撒都该人，从福音中删减什么。我们的原则应是，"真理，全备的真理，除了真理别无其他"，毫无加添，毫无删减。

二 彼得伟大的认信

太16：13—20

13. 耶稣到了凯撒利亚腓立比的境内，就问门徒说："人说我人子是谁（有古卷无"我"字）？"
14. 他们说："有人说是施洗的约翰，有人说是以利亚，又有人说是耶利米或是先知里的一位。"
15. 耶稣说："你们说我是谁？"
16. 西门彼得回答说："你是基督，是永生上帝的儿子。"
17. 耶稣对他说："西门巴约拿，你是有福的！因为这不是属血肉的指示你的，乃是我在天上的父指示的。
18. 我还告诉你：你是彼得，我要把我的教会建造在这磐石上，阴间的权柄不能胜过他（"权柄"原文作"门"）。
19. 我要把天国的钥匙给你，凡你在地上所捆绑的，在天上也要捆绑；凡你在地上所释放的，在天上也要释放。"
20. 当下，耶稣嘱咐门徒，不可对人说他是基督。

* * *

这一段中有一些话，已经在基督徒当中带来痛苦的分歧和分裂。人们为它们的意思努力争辩，直到失去了爱心，却仍然无法说服彼此。我们在此只需要**简单看一眼这引起争议的话**，然后继续看更实际的教训。

当我们读到我们主这句特别的话——"你是彼得，我要把我的教会建造在这磐石上，"我们该怎样理解呢？它的意思是不是使徒彼得他自己要作根基，基督的教会要在这根基上建造？这样的解释，至少可以说，看起来极其不可能。把一位会犯错、有问题的亚当子孙称为属灵圣殿的根基，这很不像圣经一般的说法。毕竟人找不到理由解释，如果这是我们主的意思，他为什么不说"我要把我的教会建造在**你**之上"，而是说"我要把我的教会建造在**这磐石**上"。*

这一段中"磐石"的真正含义，看来是指彼得刚刚宣信的真理，即我们的主是弥赛亚和上帝。这就好像是我们的主在说："你被叫作彼得，石头，这是对的，因为你已经宣信那伟大的真理，我要把我的教会建立在这真理之上，就像建立在一块磐石之上一样。"

但是当我们读到我们主对彼得作出的应许"我要把天国的钥匙给你"，我们又该如何理解呢？这句话的意思是不是说接纳人进天堂的权利，要交在彼得手里？这种想法是极其荒谬的。这样的一种职分是属于基督自己的一种特权（启1：18）。这句话是不是指彼得要在其余使徒之上享有某种更卓越、更高超的地位？在新约圣经的时代，没有丝毫证据表明人认为这句话有这含义，不认为彼得比十二使徒中的其他人有更高的地位或尊贵。

---

* 我在此处的观点并无任何现代特色或新教独有的成分，很久以前克里索斯托（Chrysostom）也持守这种观点。16世纪著名的罗马天主教传道人、马耶斯（Mayence）方济各会的弗鲁斯（Ferus）在他的《〈马太福音〉讲道》中也如此教导。

这里需要指出的是，那种认为圣经可以根据"教父一致的判断"加以解释的观点，完全是一种幻想。并不存在这种一致的观点！这仅仅是一种动听的空话，完全没有任何事实根据。教父们解释圣经的时候，彼此之间的意见分歧，就如惠特比（Whitby）与吉尔（Gill），或马太·亨利（Mattew Henry）与道伊里（D'Oyly）和曼特（Mant）之间的分歧一样巨大。

这给彼得应许的真正含义，看来是他要得着首先向犹太人和外邦人开启救恩大门的特权。当他在五旬节那日向犹太人传道，去到哥尼流家中探访他时，这应许就按字面意思应验了。在这两个场合，每次他都使用那"钥匙"，开启信心的大门。看来他自己也认识到这一点——他说："上帝早已在你们中间拣选了我，叫外邦人从我口中得听福音之道，而且相信。"（徒15：7）

最后，我们读到这句话："凡你在地上所捆绑的，在天上也要捆绑；凡你在地上所释放的，在天上也要释放。"这当如何理解？这是不是说使徒彼得有任何赦罪、宽恕罪人的权柄？这样的念头是贬损基督作为我们大祭司的特别职分。我们从未发现彼得或任何使徒曾行使过一次这种权柄。他们总是把人交给基督。

这应许的真正含义看来就是，彼得和他的众使徒弟兄，要受特别差遣，带着权柄教导得救之道。正如旧约祭司带着权柄宣告某个人的大麻风得了洁净，同样，众使徒被指定带着权柄"宣告某些人的罪得了赦免"。除此以外，他们还要受到默示，立下原则和条例，作为教会解决有争议问题的指引。有一些事情，他们要"捆绑"或禁止——其他的他们要"释放"或批准。耶路撒冷会议的决定——外邦人无需受割礼，就是行使这种权柄的一个例子（徒15：19）。但这使命是特别赋予使徒的，在履行这使命方面，他们并无继承人。这随着他们开始，也随着他们结束。

我们要在这里结束对这些有争议的话的说明。为了我们个人得造就，也许该说的都已经说过了。只是让我们记住，人不管认为它们有什么含义，这些都与罗马天主教无关。让我们现在把注意力转回到更与我们自己灵魂直接相关的要点上来。

第十六章

首先，让我们赞叹**使徒彼得在这段经文中作的那崇高的认信**。他在回答我们主的问题"你们说我是谁"时说："你是基督，是永生上帝的儿子。"

　　一位不细心的读者一眼看上去，可能觉得使徒这句话没有什么特别之处。他可能会想，真奇怪，这竟然得到我们主如此强烈的称赞。但这样的想法是出于无知和粗心。人忘记了，当我们生活在认信基督徒当中，相信基督从上帝而来的使命，这和我们生活在一群刚硬不信的犹太人当中相信此事是极不一样的。彼得认信的荣耀之处在于，当支持基督的人寥寥无几，反对他的人多如牛毛时，他作出这认信。当他自己民的长官、文士、祭司和法利赛人都反对他的主时，他作出这认信。当我们主"取了奴仆的形象"，没有财富，没有王的尊贵，没有任何可见的君王标志时，他作出这认信。在这样的时候作如此认信，这需要极大的信心和极其坚毅的品格。正如布伦提乌所说，这认信本身"是一切基督教信仰的一个摘要，是对有关信仰的真正教义的一个概括"。所以我们的主说："西门巴约拿，你是有福的！"

　　我们要是效法彼得在此彰显出来的心中的火热和感情就好了。因着这位圣徒偶尔不坚定，还有他三次不认主，我们也许太过倾向于要轻看他。这是一个极大的错误。彼得有这一切过错，却仍是基督的一位真心、火热和专一的仆人。他有各样的不完全，却给了我们一个榜样，许多基督徒若是效法这榜样，就是有智慧的。像他一样的热心可能有起伏，有时目标不够坚定。像他一样的热心可能用错了方向，有时犯下令人难过的错误。但我们不可藐视像他那样的热心。它唤醒沉睡的人，让懒散的人奋兴。它激发其他人行动起来。在基督的教会中，什么事情都要比懒散、不冷不热和麻木要好。基督教内有更多像彼得和马丁·路德的基督徒，更少像伊拉斯谟的基督徒，它就有福了。

接着让我们确保**我们明白，我们主在讲论他教会的时候，是什么意思**。

耶稣应许要在一块磐石上建立的教会，是"所有相信之人蒙福的团契"。它不是任何一个民族、国家或地方的有形教会。它是历世历代各民各方信徒的全体。它是由所有在基督的血里得洗净、披戴基督的义、被基督的灵更新、因信与基督联合、在生活中作基督见证的人组成的教会。每一位成员都在教会中受了圣灵的洗，它是真正圣洁的教会。它是一个身体的教会。所有属于它的人都一心一意，持守同样真理，相信得救所必需的同样教义。它是只有一位元首的教会。这元首就是耶稣基督自己。"他是教会全体之首。"（西1：18）

让我们小心不要在这个问题上犯错误。几乎没有一个词，像"教会"一词那样受到如此多误解。几乎没有像这方面的错误，如此大大地伤害了纯真信仰的事业。在这一点上的无知，已经成了偏执、宗派主义和逼迫的丰富源头。人已经在主教制、长老制和独立教会的问题上争辩、竞争，仿佛人要得救，就必须要归属某一具体宗派，仿佛如果我们属于这一派，我们就必然是属于基督的。与此同时他们却对那独一的真正教会视而不见——在它之外根本就没有拯救。如果我们不是由上帝选民组成的真教会的成员，那么无论我们在什么地方敬拜上帝，这在末日都毫无用处。

最后让我们留意**我们主对他教会作的荣耀应许**。他说："阴间的权柄，不能胜过它。"

第十六章

这应许的意思就是，撒旦的权柄绝不能摧毁上帝的百姓。它试探夏娃，把罪和死带入起初的世界，却绝不能推翻信徒，给新的世界带来毁坏。基督奥秘的身体必不至消亡或衰残。虽然常受逼迫、打击和患难，被带到低谷，它却绝不会终结。它一定比法老和罗马皇帝的怒气更经久。有形教会就像以弗所教会一样，可能会消失。但真教会绝不会死。它就像摩西看见的那荆棘，虽然在燃烧，却不被烧尽。它的每一个成员都必然要被安全带进荣耀里。虽然有跌倒、失败和缺点，虽然有世界、肉体和魔鬼的攻击，真教会却没有一个成员会遭丢弃（约10：28）。

三 基督对彼得的责备

太16：21—23

21. 从此，耶稣才指示门徒，他必须上耶路撒冷去，受长老、祭司长、文士许多的苦，并且被杀，第三日复活。
22. 彼得就拉着他，劝他说："主啊，万不可如此！这事必不临到你身上。"
23. 耶稣转过来，对彼得说："撒旦，退我后边去吧！你是绊我脚的，因为你不体贴上帝的意思，只体贴人的意思。"

* * *

在这段经文开始的地方，我们看到我们主向门徒揭示一个重大和令人震惊的事实。这事实就是他将要死在十字架上。他第一次把这令人震惊的宣告摆在他们面前，就是"他必须上耶路撒冷去，受苦，并且被杀"。他到地上来，不是为得到一个国，而是为了死。他来，不是为了做王，受人服侍，而是要流血作为祭物，并且舍命做多人的赎价。

我们几乎无法想象，这消息在门徒听来是何等的奇怪和难以理解。他们像大多数犹太人一样，无法想象会有一位受苦的弥赛亚。他们不明白，《以赛亚书》53章必须按字义应验。他们不明白，律法规定的所有献祭都是为了把他们引向那真正上帝羔羊的死。他们想到的只有弥赛亚的第二次荣耀降临，而这还要等到世界末了时才发生。他们太过想到弥赛亚的冠冕，以致看不见他的十字架。我们记住这一点，对我们就有好处。对这件事的正确认识，要大大光照这段经文包含的教训。

我们首先从这些经文认识到，**即使在基督的一位真门徒身上，也可能有极大的属灵上的无知**。

使徒彼得在此的表现，是对这一点再清楚不过的证明。他尝试劝说我们的主不要在十字架上受苦。他说："主啊，万不可如此！这事必不临到你身上。"他看不到我们主来到世上的完全的目的。他的眼睛瞎了，看不到我们主必然要死。他实际上是在尽他所能，去拦阻那死亡的发生！然而我们知道彼得是一个归正的人，他确实相信耶稣是弥赛亚，他的心在上帝眼中看为正。

这些事情教导我们，绝不可因为人得救了，就把他们看作是无谬的，也不要因为他们的美德软弱微小，就以为他们没有美德。一位弟兄可能有特别的恩赐，在基督的教会里明亮发光。但让我们不要忘记，他是一个人，是人就有可能犯大错。另外一位弟兄的知识可能很少，他可能在教义的许多要点上都不能作出正确的判断。他可能在言行方面犯错误。但关键问题是，他对基督有信心和爱心吗？他持定元首吗？若是如此，就让我们耐心待他。他现在看不到的，可能以后会看见。像彼得一样，他现在可能处在黑暗中，然而也像彼得一样，他有一日要被福音完全地光照。

让我们接着从这段经文认识到，**圣经中没有什么教义像基督赎罪之死的教义这般重要。**

再清楚不过的证据，莫过于我们主用来斥责彼得的话。他用"撒旦"这可怕的名字来称呼他，好像他是一个对头，做魔鬼的工作，尝试拦阻他去死。他刚才还称他为"有福"，现在却对他说："撒旦，退我后边去吧！你是绊我脚的。"他对刚刚作出崇高认信、得到他高度夸奖的这人说："因为你不体贴上帝的意思，只体贴人的意思。"从我们主口中出的话，没有比这更严厉的。让如此充满爱心的一位救主，对如此真正的门徒进行如此严厉斥责的，必然是一个极其巨大的错误。

事实就是，主耶稣要我们把他被钉十字架看作是基督教信仰的核心真理。对他代死，以及由此而来福益的正确看见，就是圣经信仰的根基。让我们永不要忘记这一点。在教会治理、敬拜形式的事情上，人可能与我们意见分歧，却能安全抵达天堂。在基督为赎罪而死，成就和平之路这件事上，真理只有一个。我们在这里犯错，就要永远灭亡。在许多其他要点上出错，这只是一种皮肤病。在基督的死这件事上出错，这是一种心脏病。让我们在这方面站稳了，不要让任何事情令我们摇动，以致离开这个根基。我们所有盼望的概括必然是："基督替我们死。"（帖前5：10）放弃这教义，我们就根本没有实在的盼望。

四　必须舍己，灵魂的价值

太16∶24—28

24. 于是，耶稣对门徒说："若有人要跟从我，就当舍己，背起他的十字架来跟从我。
25. 因为凡要救自己生命的（"生命"或作"灵魂"。下同），必丧掉生命；凡为我丧掉生命的，必得着生命。
26. 人若赚得全世界，赔上自己的生命，有什么益处呢？人还能拿什么换生命呢？
27. 人子要在他父的荣耀里，同着众使者降临；那时候，他要照各人的行为报应各人。
28. 我实在告诉你们：站在这里的，有人在没尝死味以前，必看见人子降临在他的国里。"

* * *

为了明白这些经文的联系，我们必须记住我们主的门徒对他来到世上目的的误解。他们和彼得一样，无法想象主钉十字架这件事。他们以为耶稣来，为要设立一个地上的国。他们不明白他必须要受苦和受死。他们梦想服侍主会得到世上的荣耀和现世的赏赐。他们不明白，真正的基督徒和基督一样，必须要因受苦难而得以完全。我们的主用特别严肃的话纠正这些误解，我们若是把这些话藏在心里就好了。

让我们首先从这些经文认识到，**人要跟从基督，就必须立定心志要受苦和舍己。**

我们的主打碎了门徒的美梦，告诉他们：跟从他的人必须"背起十字架"。他们正在盼望的那荣耀国度，不是立刻就要设立。如果他们要作他的仆人，就必须立下受逼迫和受苦的心志。他们要灵魂得救，就必须甘于"丧掉生命"。

我们所有人要是都能清楚地看到这一点就好了。我们一定要让自己看到，真正的基督教信仰给我们来生荣耀的冠冕，同时却带着今生天天都要背负的十字架。我们必须每天都把肉体钉在十字架上，必须天天抵挡魔鬼，必须天天胜过世界。有一场争战要打，有一场战斗要进行，这一切都与真信仰相伴，密不可分。没有它就不能赢得天堂。再也没有比"没有十字架就没有冠冕"这句老话更真实的了！如果我们从未通过经历认识这一点，我们的灵魂就是落在可怜的光景里。

其次，让我们从这些经文认识到，**没有什么比人的灵魂更加宝贵**。

我们的主问了新约圣经记载的一个最严肃的问题，以此教导这个功课。这个问题如此为人熟悉，如此经常重复，以致人们经常忘记了它检验人心的特征。但无论何时，只要我们受到试探，忽略我们永恒的利益，这问题就应当像号角声一样，在我们耳边响起——"人若赚得全世界，赔上自己的灵魂，有什么益处呢？"

对此问题只可能有一个答案。地上、地底下没有一件事，能补偿我们失去灵魂的损失。任何金钱能买到的，人能赋予的，都不能与我们的灵魂相提并论。世界，连同它包括的一切都是暂时的，都在变旧、消亡、过去。灵魂是一直存到永远的。单单灵魂这个词，就是整个问题的关键。让我们把它深藏在我们心里。我们在信仰的事情上摇摆不定吗？我们惧怕十字架吗？这路看起来太窄吗？让我们主的话在我们耳边回响，这对人"有什么益处呢"？然后让我们不再疑惑。

最后让我们认识到，**基督再来的时候，就是他百姓要得赏赐的时候**。"人子要在他父的荣耀里，同着众使者降临，那时候，他要照各人的行为报应各人。"

把我们主这句话与之前的经文联系起来看，就可以看出其中包含极深的智慧。他知道人心，他知道我们何等容易变得灰心，就像古时的以色列，"因这路难行，心中甚是烦躁。"（民21：4）所以他向我们发出一个宝贵应许。他提醒我们，他还要再来，这就像他第一次来一样确定。他告诉我们，这是他的门徒要领受美事的时候。有一天，将有丰盛的荣耀、尊贵和赏赐，要给所有服侍和爱耶稣的人。但这要在基督再来的时候，而不是第一次来的时候分发。必须先苦后甜，先有十字架后有冠冕。第一次来是分配十字架，第二次来是赐予国度。我们若要与我们的主同享荣耀，就必须顺服，在他的降卑中与他有分。

让我们针对这些经文包含的内容严肃地自省，否则就不离开这些经文。我们已经听了教训，必须要背起十字架和舍己。我们已经拾起这十字架，并天天背负它吗？我们已经听说灵魂的价值。我们的生活是否说明我们相信这一点？我们已经听说基督要再来。我们是带着喜乐盼望等候他再来吗？能对这些问题给出满意答案的人是有福的。

第 十 七 章

一 登山变相

太17:1—13

1. 过了六天,耶稣带着彼得、雅各和雅各的兄弟约翰暗暗地上了高山,
2. 就在他们面前变了形像,脸面明亮如日头,衣裳洁白如光。
3. 忽然,有摩西、以利亚向他们显现,同耶稣说话。
4. 彼得对耶稣说:"主啊,我们在这里真好!你若愿意,我就在这里搭三座棚:一座为你,一座为摩西,一座为以利亚。"
5. 说话之间,忽然有一朵光明的云彩遮盖他们,且有声音从云彩里出来说:"这是我的爱子,我所喜悦的,你们要听他!"
6. 门徒听见,就俯伏在地,极其害怕。
7. 耶稣进前来,摸他们,说:"起来,不要害怕!"
8. 他们举目不见一人,只见耶稣在那里。
9. 下山的时候,耶稣吩咐他们说:"人子还没有从死里复活,你们不要将所看见的告诉人。"
10. 门徒问耶稣说:"文士为什么说以利亚必须先来?"
11. 耶稣回答说:"以利亚固然先来,并要复兴万事;
12. 只是我告诉你们:以利亚已经来了,人却不认识他,竟任意待他。人子也将要这样受他们的害。"
13. 门徒这才明白耶稣所说的,是指着施洗的约翰。

* * *

  这段经文记载了我们的主在地上工作时一样最惊人的事件——人通常把这件事称作**登山变相**。此段上下文的顺序安排巧妙,富有启发意义。上一章末后部分让我们看到十字架。在此我们蒙恩得见关于那将要来的赏赐的一些事。因着一句清楚的关于基督受苦的话,人心哀伤,现在因着看见基督的荣耀,立刻变为欢喜。让我们注意这一点,我们经常没有追溯上帝话语中章与章之间的联系,因而失去对许多事情的洞见。

  这里描写的异象无疑有一些奥秘之事,这也是必然的。我们还在身内,我们的感官与有形的和物质的事打交道。我们对得荣耀的身体和死去圣徒的观念和看法,必然是模糊和不完全的。让我们努力注意登山变相要教导我们的**实际教训**,这就够了。

  首先,我们在这些经文当中看到**基督再来时,他和他的百姓在荣耀中显现的惊人模式**。

  无疑这是这奇妙异象的其中一个主题。这是为了鼓励门徒,让他们一瞥将来要临到的美事。"脸面明亮如日头","衣裳洁白如光",这是为了让门徒对耶稣再来,圣徒与他一同向世人显现时的威严有一些了解。帕子的一角被掀起来,让他们看到他们主真正的尊贵。他们得到教训,如果他不以君王的形象向世人显现,这只是因为他穿上君王衣饰的时候还没有到。从彼得对这主题写下的话的用词,我们不可能得出别的结论。他明显指着登山变相说,"我们亲眼见过他的威荣。"(彼后 1:16)

第十七章

我们把基督和他百姓来时的荣耀深深地印记在脑海里，这是好的。令人难过的是，我们很容易把这忘记。这世上对此事的可见迹象很少。我们还没有看见万物服在我们主的脚下（来2：8），罪、不信和迷信横行。实际上成千上万的人在说："我们不愿意这个人作我们的王。"他的百姓将来如何，还未显明。他们的十字架、他们的苦难、他们的软弱、他们的争战都已足够显明。但他们将来赏赐的迹象是寥寥无几。让我们小心，在这件事上不要向怀疑让步。让我们把登山变相的故事完整地读一次，打消这样的怀疑。有为耶稣以及所有相信他的人存留的如此大的荣耀，是人心从未想过的。不仅应许了，它的部分实际已经被三位胜任的见证人目睹了。他们其中一位说："我们也见过他的荣光，正是父独生子的荣光。"（约1：14）的确曾被人眼见的是可信的。

第二，我们在这些经文中看到**身体复活和人有来生的无可辩驳的证据**。我们被告知，摩西和以利亚在荣耀中显现，与基督在一起。人看见他们以肉身的形式出现。人听见他们在与我们的主交谈。自从摩西死了，被埋葬了之后，一千四百八十年已经过去。自从以利亚"乘旋风升天"后，时间过去已经超过九百年。然而在此，彼得、雅各和约翰看见他们还活着。

让我们紧紧地抓住异象的这部分，它值得我们密切关注。如果我们真的想过，就必然要完全体会，死人所处的光景是一个奇妙和神秘的话题。我们相继安葬一个又一个人，不再见到他们。我们把他们安置在他们狭窄的床上，不再见他们了，他们的身体变成尘土。但他们真会复活吗？我们真的要再见到他们吗？坟墓到了末日真的要交回死人吗？虽然有上帝话语最清楚的申明，这些问题还是会偶然浮现在一些人的脑海里。

现在我们在这变相中看到死人要复活的最清楚的证据。我们看到两个人以肉身的形式出现在这地上，他们之前已经与活人之地分离很久——在他们身上，我们得着所有人都要复活的凭据。所有曾在地上生活过的人，都要再次活过来，并要交账。没有一个人会被遗漏。不存在完全消灭这样的事情。所有在基督里睡了的人，都要显明是得了安全保守；列祖、先知、使徒、殉道士——直到我们自己这个时代中的上帝最卑微的仆人都是如此。虽然我们看不见，他们却都向上帝活着。"上帝原不是死人的上帝，乃是活人的上帝。"（路20：38）他们的灵魂活着，这和我们的灵魂活着一样确定，后来要在得荣耀的身体之内显现，就像摩西和以利亚在山上显现一样确定。这些确实是重大的真理。有复活这件事，像腓力斯那样的人要大大地恐惧。有复活这件事，像保罗那样的人要大大地欢喜。

第三，我们在这些经文中看到**基督无限超越全人类的明显见证**。

这是那从天上来、门徒听见的声音强烈带出的要点。彼得对这属天的异象感到迷惑不解，不知说什么才好，就提议搭三座棚，一座为基督，一座为摩西，一座为以利亚。看来他把颁布律法的那一位和那先知，与他身为上帝的主并列，仿佛三位是同等的。我们被告知，这提议马上以一种特别的方式遭到斥责。一朵云遮住了摩西和以利亚，他们就不见了。与此同时，天上一个声音从云中发出，重复那在我们主受洗时说过的庄严话语："这是我的爱子，我所喜悦的，你们要听**他**。"

这声音为的是要教导彼得，有一位比摩西和以利亚要大得多。摩西是上帝忠心的仆人，以利亚是勇敢为真理作见证的。但基督远超这两位的任何一个。他是律法和先知不断指向的那一位救主。他是那位真正的先知，上帝命令所有人都要听他（申18：15）。摩西和以利亚是他们时代的伟人，但彼得和他的同伴应当记住，按实质、尊贵和职分，他们远在基督之下。他是那真正的日头，他们是天天依靠他的光的行星。他是那根，他们是枝子。他是主人，他们是仆人。他们的善都是得来的，他的善是原本的，属于他自己。让他们尊荣摩西和众先知，以他们为圣人。但如果他们要得救，他们就必须唯独以基督为他们的主，唯独以他为夸口。"你们要听他。"

让我们在这句话中看到给基督的全体教会的惊人教训。人性有一种持续"听人"的倾向。主教、神甫、副主祭、教皇、红衣大主教、教会会议、长老会的传道人、独立派的牧师，都不断被人高举到一个上帝从未要他们占据的地位，实际上这是篡夺了基督的荣耀。让我们所有人都守望防备这种倾向，做好警惕。让出自这异象的庄严的话不断地在我们耳边回响："你们要听基督。"

最好的人充其量也不过是人。列祖、先知和使徒、殉道士、教父、改教家、清教徒——所有人都是需要一位救主的罪人。他们可能在他们的位置上是圣洁、有用、有尊贵的——但毕竟仍是罪人。我们绝不容许他们站在我们和基督之间。唯独基督是"子，父所喜悦的"。唯独他是得到印证，受指派分发生命的粮。唯独他手里有钥匙，是"在万有之上，永远可称颂的上帝"（罗9：5）。让我们留意听他的声音，并跟从他。让我们重视所有属灵的教导，并相应地活出来，让这些教导真正把我们带到耶稣面前。使人得救之信仰的总括和实质，就是"你们要听基督"。

二 被鬼附的少年人得医治

太17：14—21

14. 耶稣和门徒到了众人那里，有一个人来见耶稣，跪下，
15. 说："主啊，怜悯我的儿子！他害癫痫的病很苦，屡次跌在火里，屡次跌在水里。
16. 我带他到你门徒那里，他们却不能医治他。"
17. 耶稣说："嗳！这又不信、又悖谬的世代啊，我在你们这里要到几时呢？我忍耐你们要到几时呢？把他带到我这里来吧！"
18. 耶稣斥责那鬼，鬼就出来，从此孩子就痊愈了。
19. 门徒暗暗地到耶稣跟前说："我们为什么不能赶出那鬼呢？"
20. 耶稣说："是因你们的信心小。我实在告诉你们：你们若有信心像一粒芥菜种，就是对这座山说，'你从这边挪到那边'，它也必挪去，并且你们没有一件不能做的事了。
21. 至于这一类的鬼，若不祷告禁食，他就不出来（或作"不能赶他出来"）。"

* * *

我们在这段经文中看到我们主所行伟大神迹中的另一件。他医治了一位疯狂、被鬼附的年轻人。

我们在这些经文中首先看到的是一个生动的典型，表明**撒旦有时对年轻人施加可怕的影响**。我们看到，某个人的儿子，"害癫痫的病很苦"。我们还看到，邪灵压迫他，要摧毁他的身体和灵魂。他"屡次跌在火里，屡次跌在水里"。这是被鬼附的一个实例，虽然在我们主的时候常见，在我们今天的日子却很少见。但我们很容易就能想象，这些事情发生时，必然是令受苦之人的家人特别烦

恼。看到我们所爱之人的身体因病受折磨，这已经是够痛苦的了。看到身体和思想完全在魔鬼的影响之下，这痛苦更是何等的大呢！豪尔主教说，"地狱之外不可能有更大的苦情。"

但我们绝不可忘记，有很多实例，说明撒旦在灵里辖制年轻人，而且他们的情形和这里描写的一样痛苦。有成千上万的年轻人，看起来是完全向撒旦的试探投降，被它随意掳去（提后2∶26）。他们抛弃了对上帝一切的敬畏，对他诫命的一切尊重。他们服侍各样的私欲和欢乐。他们疯狂地放荡滋事。他们拒绝听父母、教师或牧师的意见。他们扔掉对健康、品格或世上尊严的一切顾虑。他们按自己所能，行一切在现世和永恒方面败坏自己身体和灵魂的事。他们甘愿做撒旦的奴仆。有谁没有见过这样的年轻人？他们在城里，在乡下，有钱或是贫穷。肯定的是，这样的年轻人是可悲的证明，证明虽然撒旦今天很少缠附人的身体，却仍然对一些人的灵魂施行可怕的辖制。

然而我们要记住，即使对这样的年轻人，我们也绝不可绝望。我们必须想起我们主耶稣基督的大能。我们在这段经文中看到的这男孩子情况虽然恶劣，却在被带到基督这里来的时候，"从此就痊愈了"！父母、老师和牧师，应当继续为年轻人祷告，即使他们情况最糟时也当如此。他们内心现在看似刚硬，却有可能软化。他们的恶现在看似到了极处，却有可能得医治。他们仍有可能像约翰·牛顿一样悔改归正，他们末后的光景要比之前的为好。谁能知道呢？我们读到我们主行的神迹时，让我们立定一个原则，绝不要在任何人归正的问题上绝望。

第二，我们在这些经文中看到有关**小信之削弱力量的惊人例**

子．门徒看到鬼服了主的权柄时，焦急地询问主："我们为什么不能赶出那鬼呢？"他们得到一个充满最深刻教训的回答——"是因你们的信心小。"他们要知道在紧要关头自己可悲失败的原因吗？是因为缺乏信心。

让我们好好思想这一点，并从中学习智慧。信心是基督徒争战成功的关键。不信是通向失败的必然道路。一旦我们的信心枯萎衰残，我们所有的美德都要与它一道枯萎了。勇气、忍耐、坚忍和盼望，很快就要枯干缩小。信心是它们都依靠的根。一度得胜过红海的同一批以色列人，在抵达应许之地的边界时，却像懦夫一样退缩，逃避危险。他们的上帝仍是带他们出埃及地的同一位上帝。他们的领袖仍是那位在他们眼前行了如此多神迹的摩西。但他们的信心不一样。他们屈从于对上帝慈爱大能的可耻怀疑。"他们不能进入安息，是因为不信的缘故了。"（来3：19）

最后，我们在这些经文中看到，**不努力付代价，就不能推倒撒旦的国**。看起来这就是这段经文最后一节带来的教训——"至于这一类的鬼，若不祷告禁食，它就不出来。"这句话看来隐含着对门徒的温柔责备。也许他们因过去的成功而变得太自高；也许他们主不在的时候，不像在主人眼下那样谨慎地使用方法。无论如何，他们从我们的主得到了一个清楚的提示，就是与撒旦争战，决不可轻慢进行。他们得到警告，要轻易胜过这世界的王，这是不可能的事。没有恒切祷告，努力治死自我，他们就要常常遭遇挫折失败。

这里给出的教训非常重要。布灵格（Bullinger）说："我希望福音书的这部分，和关于自由的那些部分一样令我们欢喜。"我们都很容易染上一种习惯，用一种粗心马虎的方式做信仰方面的举

第十七章

动。像因攻下耶利哥而趾高气扬的以色列人一样，我们很容易对自己说，"艾城那里的人少，不必劳累众民都去"（书7：3）。我们像以色列人一样，常常通过痛苦的经历，才明白不经苦战就不能赢得属灵的争战。耶和华的约柜绝不可受到不敬对待，上帝的工作绝不可做得漫不经心。

愿我们都记住我们主对门徒说的话，并实际加以应用。不论是在讲坛上还是在讲台上，在主日学还是在教区里，在家庭祷告还是在全家一起读圣经的时候——让我们勤奋为我们自己的灵守望。无论我们做什么，都让我们"尽力去做"（传9：10）。低估我们的敌人，这是一个致命的错误。支持我们的那位比反对我们的那位更大，但即使如此，我们却不可轻看反对我们的那一位。它是这世界的王，它是那壮士，全副武装守卫房屋，不经争战就不愿"出来"，与它的家财分手。我们并不是与属血气的争战，乃是与那些执政的、掌权的争战（弗6：12）。我们需要接过上帝的全副军装，不仅接过来，也要使用。我们可以非常肯定，最多胜过世界、肉体和魔鬼的人，就是那些在私下最多祷告的人——祷告能"攻克己身，叫身服我"（林前9：27）。

三　鱼与丁税

太17：22—27

22. 他们还住在加利利的时候，耶稣对门徒说："人子将要被交在人手里。

23. 他们要杀害他，第三日他要复活。"门徒就大大地忧愁。

24. 到了迦百农，有收丁税的人来见彼得说："你们的先生不纳丁税吗（丁税约有半块钱）？"
25. 彼得说："纳。"他进了屋子，耶稣先向他说："西门，你的意思如何？世上的君王向谁征收关税、丁税？是向自己的儿子呢，是向外人呢？"
26. 彼得说："是向外人。"耶稣说："既然如此，儿子就可以免税了。
27. 但恐怕触犯他们（"触犯"原文作"绊倒"），你且往海边去钓鱼，把先钓上来的鱼拿起来，开了它的口，必得一块钱，可以拿去给他们，作你我的税银。"

* * *

这段经文包含着我们主经历的一件事，除了马太，其他福音书作者都没有记载。为提供支付圣殿服侍要求的税银，主行了一件特别的神迹。叙述中有三个发人深思的要点，值得我们认真关注。

让我们首先观察，**我们主完全知道这世界上所说所做的每一件事情**。我们被告知，"有收丁税的人来见彼得说：'你们的先生不纳丁税吗？'彼得说：'纳。'"显然，一问一答时我们的主并不在场。然而彼得一进屋子，我们的主就问他："西门，你的意思如何？世上的君王向谁征收关税、丁税？是向自己的儿子呢，是向外人呢？"他表明自己就像在听或在一旁一样，知道这谈话。

想到主耶稣知道万事，让人有种说不出的严肃感觉。有眼看见我们全部的日常举动，有耳听见我们全部的日常言语。万物在那与我们有关系的主眼前，都是赤露敞开的。要隐藏是不可能的。虚伪是无用的。我们也许可以欺骗牧师，我们也许可以愚弄我们的家人和邻舍，但主耶稣彻底将我们看透。我们不能欺骗基督。

我们应当努力实际应用这个真理。我们应当努力生活在主的眼前，像亚伯拉罕一样，"在他面前作完全人"（创17：1）。让我们

第十七章

每天追求的,是不说任何我们不愿让基督听见的话,不做任何我们不愿让基督看见的事。让我们用一个简单的测试来衡量每一个事关对错的问题:"如果耶稣站在我身边,我会如何表现?"这样的一个标准并非夸张荒谬。这是一个并不干预生活中本分和关系的标准,除了罪,它不干预任何事情。努力认识到主的同在,一切言行都是向基督作的,这样的人是有福的。

接着让我们留意,**我们主对天地万物拥有极大的权柄**。他让一条鱼做他的出纳,他让一个不能说话的受造物带来丁税,满足收税人的要求。哲罗姆说得好,"我不知道在这里要称颂哪一样,是我们主的预知,还是他的伟大。"

我们在此看见诗人的话得到字义的应验:"你派他管理你手所造的,使万物,就是一切的羊牛、田野的兽、空中的鸟、海里的鱼,凡经行海道的,都服在他的脚下。"(诗8:6—8)

这是其中一样证据,证明我们主耶稣基督的威严和伟大。只有首先创造的那一位,才能随意命令他一切的受造物顺服。"万有都是靠他造的,万有也靠他而立。"(西1:16—18)出去到异教徒中间做基督工作的人,可以安全地把自己交托给他的主,有他保守自己。他是服侍一位拥有一切权柄,甚至对地上各样走兽也拥有权柄的主。想起如此大能的一位主,竟然屈尊俯就,为救我们而被钉十字架,这何等令人惊叹!想起他再来时,他要向全世界荣耀地显明他在一切受造物上的权柄,这是何等令人安慰——"豺狼必与羊羔同食,狮子必吃草与牛一样,尘土必作蛇的食物。"(赛65:25)

最后让我们在这些经文中观察,**我们主宁愿让步,也不愿绊倒人**。他本来完全有理由宣告自己免交这税银。他是上帝的儿子,完全可以免于为维护他父的殿而支付费用。他"比殿更大",他本可以举出充分理由,可以不交税支持这殿,但我们的主没有这样做。他不伸张免税的权利。他希望彼得交所要求的钱。与此同时他宣告他的理由:这样做,"恐怕绊倒他们。"豪尔主教说:"主宁愿行一件神迹,却连一个税吏也不愿绊倒。"

我们主在这情形中的榜样,值得所有认信、自称是基督徒的人注意。在"恐怕绊倒他们"这句话里有极深的智慧。这清楚地教导我们,有一些事,是基督的百姓宁可放弃自己的意见,顺服在他们可能不完全认同的要求之下,也不愿绊倒人,"免得基督的福音被阻隔"。无疑我们应该决不放弃上帝的权利,但有时我们可以安全地放弃我们自己的权利。我们总是挺身而出为我们的权利奋勇力争,这听起来可能很好,看起来很有英雄气概。但有这样的经文,我们大可怀疑这样的坚持是否总是有智慧,表现出基督的心。有一些场合,顺服比抵抗更显明基督徒的美德。

作为**公民**,让我们记住这段经文。我们可能不喜欢我们统治者所有的政治措施,我们可能不认同他们开征的一些税项。但在这一切之后,那重大的问题就是——抵抗现有的权柄,这对信仰的事有任何好处吗?他们的措施真的伤害到我们的灵魂吗?如果不是,就让我们沉默不言,"恐怕绊倒他们"。布灵格说:"一个基督徒绝不可为仅仅暂时重要的事干扰公众的和平。"

作为**教会**的成员,让我们记住这段经文。我们可能不喜欢圣餐中使用的形式和礼仪的方方面面,我们可能并不认为在属灵事上管理我们的人总有智慧。但毕竟,我们感到不满的问题真的至关重要吗?有任何福音的重大真理落在危险当中吗?如果没有,那么让我们安静,"恐怕绊倒他们"。

作为**社会**的成员,让我们记住这段经文。可能在上帝把我们安排在其中的圈子之内,有一些习俗做法对我们基督徒来说,是让人疲倦的,是无用和无益的。但它们事关原则吗?它们伤害到我们的灵魂吗?如果我们拒绝服从,这会给信仰的事情带来任何好处吗?如果不是,就让我们忍耐顺服,"恐怕绊倒他们"。

人若更多学习、思考和应用我们主说的这句话,这对教会和世界就都是好的!谁能讲得清楚,因着病态的顾虑,以及名不符实的所谓讲求良心,人对福音的事造成了何等伤害!让我们都记住为外邦人做伟大使徒的那一位的榜样——"我们凡事忍受,免得基督的福音被阻隔。"(林前9:12)

第 十 八 章

一 必须归正与谦卑，地狱的真实

太18：1—14

1. 当时，门徒进前来，问耶稣说："天国里谁是最大的？"
2. 耶稣便叫一个小孩子来，使他站在他们当中，
3. 说："我实在告诉你们：你们若不回转，变成小孩子的样式，断不得进天国。
4. 所以，凡自己谦卑像这小孩子的，他在天国里就是最大的。
5. 凡为我的名接待一个像这小孩子的，就是接待我。
6. 凡使这信我的一个小子跌倒的，倒不如把大磨石拴在这人的颈项上，沉在深海里。
7. 这世界有祸了！因为将人绊倒；绊倒人的事是免不了的，但那绊倒人的有祸了！
8. 倘若你一只手或是一只脚叫你跌倒，就砍下来丢掉；你缺一只手或是一只脚进入永生，强如有两手两脚被丢在永火里。
9. 倘若你一只眼叫你跌倒，就把它剜出来丢掉；你只有一只眼进入永生，强如有两只眼被丢在地狱的火里。
10. 你们要小心，不可轻看这小子里的一个。我告诉你们，他们的使者在天上常见我天父的面。（有古卷在此有
11. "人子来，为要拯救失丧的人"。）
12. 一个人若有一百只羊，一只走迷了路，你们的意思如何？他岂不撇下这九十九只，往山里去找那

只迷路的羊吗？ 的九十九只欢喜还大呢！

13. 若是找着了，我实在告诉你们：他为这一只羊欢喜，比为那没有迷路

14. 你们在天上的父也是这样，不愿意这小子里失丧一个。"

* * *

这段经文教导我们的第一件事，就是**回转实属必要，而且是表现为孩子一般谦卑的回转**。门徒到主这里来问一个问题："天国里谁是最大的？"他们说这番话，显明他们是一知半解，充满属肉体的期望。他们得到主的深思熟虑的回答，足以让他们从自己的白日梦中醒来。这回答包含了一个真理，恰恰处在基督教信仰的根基部分："你们若不回转，变成小孩子的样式，断不得进天国。"

愿这句话深深地扎根在我们心里。没有回转就没有拯救。我们需要整个人性的完全的改变。凭我们自己，我们没有对上帝的信心、敬畏和爱心。我们"必须重生"（约3：8）。凭我们自己，我们完全不适合住在上帝的同在之中。如果我们不回转，天堂对于我们就不是天堂，对各色人等都是如此。所有人都生在罪中，为可怒之子，所有人无一例外都需要重生，成为新造的人。一定要由上帝赐我们一颗新心，把一个新的灵放在我们里面。旧事必须过去，一切都必须变成新的。受洗加入基督的教会，并且享用基督徒的蒙恩之道，这是好的。但最要紧的是，"我们回转了吗？"

我们能知道我们是否真正回转了吗？我们知道用什么试验自己吗？真正回转的最可靠标记就是谦卑。如果我们真的领受了圣灵，我们就必以一种谦卑、孩子一般的灵性表现出来。我们就必像孩子一样，谦卑地看我们自己的力量和智慧，非常依靠我们在天上的

父。我们必像孩子一样，不求这世界的大事，有吃有穿、有一位天父的慈爱，就心满意足。确实这是一个探视内心的试验！它揭露了许多所谓的回转其实并不纯正。人很容易从一派回转到另外一派，从一种教门回转到另外一种教门，从一套观点回转到另外一套观点。这样的回转救不了人的灵魂。我们要的回转是从骄傲回转到谦卑，从高看自己回转到轻看自己，从自欺回转到自我降卑，从法利赛人的心态回转到税吏的心态。如果我们希望得救，这种回转就是我们必须经历的。这些是圣灵动工做成的回转。

我们在这些经文中学到的下一个道理，就是**把绊脚石放在信徒路上，这罪是大的**。主耶稣在这个问题上说的话特别严肃。"这世界有祸了！因为将人绊倒；那绊倒人的有祸了！"

每次我们行事，拦阻人不让他们到基督这里来，或者让他们从得救的道路上转离，或者使他们厌恶真信仰，我们就是将人的灵魂绊倒，把绊脚石放在人灵魂的道上。我们可能直接做这样的事，逼迫、讥笑、反对他们，或者劝他们不要定意服侍基督。我们可能间接做这样的事，活出一种与我们信仰认信不符的生活，因我们自己的举动，使基督教信仰变得令人厌恶和倒胃口。从我们主的话可以清楚地看出，无论何时我们做这类事，我们就是在犯一件大罪。

在这里的教训中，有一些令人非常惧怕的事，应该激发我们好好地察究我们的内心。我们希望在这世界上行善，这还不够。我们完全肯定我们没有在害人吗？我们可能没有公然逼迫基督的仆人，但是我们没有用我们自己的做法和榜样伤害任何人吗？想起我们对信仰的认信表里不一，这会造成何等大的伤害，就要令我们大大地惧怕。给不信之人把柄，给世俗之人借口，继续在信仰的事上犹疑不定，制止

第十八章

人追求得救，令圣徒灰心。这样的人，简单说来，就是活生生的魔鬼代言人。唯有到末日才能显出在基督教会里发生的对人灵魂大规模的败坏，就是那"绊倒"人的事。拿单责备大卫的其中一件事，就是"你行这事，叫耶和华的仇敌大得亵渎的机会"（撒下 12：14）。

这些经文教导我们的下一件事，就是**将来死后真的有审判**。我们主用两个强烈的说法表明这一点。他讲到人被"丢在永火里"，他讲到人"被丢在地狱的火里"。

这些话的意思是清楚的，不可能产生误解。在将来的世界里，有一个说不出来的悲惨地方，所有至死都不悔改和不相信的人，都必然最终被送到那里去。圣经启示有一"烈火"，迟早要吞灭上帝所有的仇敌（来 10：27）。向所有悔改和回转之人应许天堂的同一确凿话语，清楚地宣告，有一地狱为所有不义之人存留。

不要容人用对这可怕事情说的虚妄话欺骗我们。在这末后的日子，有人兴起，宣称否认将来审判是直到永远的，重复魔鬼那古老的辩论，"我们不一定死"（创 3：4）。不要让他们任何的推理动摇我们，不管它们听起来是多么有理，让我们坚守古道。慈爱怜悯的上帝，也是公义的上帝。他必然要施行报应。挪亚时代的洪水，所多玛被焚烧，都是为了让我们看到，有一日他将做什么。无人曾像基督自己那样，如此清楚地讲到地狱。刚硬的罪人要付出代价，发现确实有"羔羊的忿怒"（启 6：16）这样的事情。

我们在这些经文中学到的最后一件事，就是**上帝看重最小、最低微的信徒**。"你们在天上的父，不愿意这小子里失丧一个。"

这句话是为了鼓励所有真基督徒，不仅仅是对小孩子说的。这一点可从以下事实明确看到——把一百只羊和一只走迷路的羊的比喻联系在一起，这是要让我们看到，我们的主耶稣是一位牧者，温柔地看顾交托给他的每一个灵魂。他羊群中最小、最弱、病得最厉害的，就像最强壮的一样，都是他所亲爱的。他们必不灭亡。没有人能把他们从他手里夺去。他要细心地带领他们经过这世上的旷野。他一天也不会让他们过分赶路，免得催赶一天，他们都必死了（创33：13）。他要带领他们经过各样苦难，他要保护他们抵挡各样仇敌。他说的这句话要按字义应验："你所赐给我的人，我没有失落一个。"（约18：9）有这样一位救主，谁会惧怕开始去做一位彻底的基督徒呢？有这样一位牧人，有谁一旦开始，还会惧怕被抛弃呢？

二 解决基督徒之间纠纷的原则，教会纪律惩治的性质

太18：15—20

15. "倘若你的弟兄得罪你，你就去趁着只有他和你在一处的时候，指出他的错来。他若听你，你便得了你的弟兄。

16. 他若不听，你就另外带一两个人同去，要凭两三个人的口作见证，句句都可定准。

17. 若是不听他们，就告诉教会；若是不听教会，就看他像外邦人和税吏一样。

18. 我实在告诉你们：凡你们在地上所捆绑的，在天上也要捆绑；凡你们在地上所释放的，在天上也要释放。

19. 我又告诉你们：若是你们中间有两个人在地上同心合意地求什么事，我在天上的父必为他们成全。

20. 因为无论在哪里，有两三个人奉我的名聚会，那里就有我在他们中间。"

* * *

主耶稣的这番话中包含着一个常被人误用的表述。人们将此解释为主命令信徒"听从教会",但这种解释与上帝话语的其他地方相矛盾。它常被错误地应用到整体有形教会在教义问题上的权柄这一方面,所以成了多多施行教会专制的借口。但对圣经真理的滥用,绝不可使我们走向另一个极端,就是疏忽对真理的应用。我们绝不可因为一些人歪曲了一些经文,使之成为毒药,就完全转身不顾这些经文。

让我们首先注意,**我们主所立下、用以弥合弟兄之间分歧的原则是何等的美好。**

如果我们不幸受到同是基督教会成员之人的任何伤害,当采取的第一步,就是"只有他和你在一处的时候"去找他,向他指出他的错。他可能是无意伤害了我们,就像亚比米勒无意伤害了亚伯拉罕一样(创21:26)。他的举动也许可以解释,就像流便、迦得和玛拿西支派回到自己的地,建起一座坛,是有原因可以解释一样(书22:24)。无论如何,如果要赢回一位弟兄,这种友好、忠心、坦荡的待人之道,就是最有可能成功的方法。"柔和的舌头,能折断骨头。"(箴25:15)谁敢说他不会马上承认"我错了",并作充分补偿呢?

然而,如果这种处理程序不能产生任何好的果效,就要采取第二步。我们要"另外带一两个人同去",作我们的同伴,当着他们的面,在他们听见的情况下,告诉我们弟兄他的错处。谁敢说,当他发现他的错误举动被人发现,他的良心不会受到冲击,他不会感到羞耻并悔改呢?如果不是这样,我们无论如何都有见证人的见证,证明我们尽了一切努力,让我们的弟兄看问题看得正确,我们呼吁他改正时,他是故意拒绝。

最后,如果这第二道处理程序证明无用,我们就要把整件事交给我们所属的基督徒会众——我们要"告诉教会"。谁能肯定私下规劝不能使之受触动的心,不会因惧怕在公众面前曝光而受触动呢?如果不行,那么就只剩下一种办法来处理我们弟兄的情形——我们必须难过地视他为这样的人:他抛弃了所有基督徒的原则,引导他的动机不比"外邦人和税吏"的动机更高。

这一段经文,是一个美好的实例,表明我们主的教导有着智慧和温柔体恤的完美结合。它显出了有关人性何等的知识!没有什么比争吵的基督徒给信仰的事造成更多伤害。为了预防他们被拉到公众面前,我们应当采取一切措施,不惜任何劳苦。这表明主何等周到地考虑可怜人性的敏感度!如果我们更愿意实践"只有他和你在一处"这原则,能避免多少恼人的不和!教会和世界如果更认真学习和遵行我们主教导的这部分就好了。只要世界还在,就会有分歧和分裂。但如果人去尝试这段经文建议的方法,许多此类事情会马上被化解。

第二,我们**在这段经文中看到一个清楚的证据,证明在基督徒会众中应当施行教会纪律**。

我们的主命令,不能用其他方法解决的基督徒之间的分歧,要交给他们所属的基督徒会众来做决定。他说:"就告诉教会。"从这里可以清楚地看到,他要每一个认信的基督徒的聚会监督它成员的道德操守,这不是由整个聚会集体进行,就是由可以将其权柄委托

第十八章

给他们的领袖和长老实施。也很明显的是，主要每一个教会都有权柄，将不顺服和顽固的成员排除出去，不让他们参加教会的圣礼。他说，"若是不听教会，就看他像外邦人和税吏一样。"他一点也没有说到世俗权力施行的惩罚，剥夺民事权利的事情。属灵惩戒是他容许教会施加的唯一惩戒，正确施加时，人不可对此轻看。"凡你们在地上所捆绑的，在天上也要捆绑。"这看来就是我们主关于教会纪律和惩戒教导的实质内容。

不承认这整个问题面临各种艰难，这是没有用的。没有一点比得上这一点——在其中世界的影响对教会行动的冲击是最强烈的。没有一点是教会在其中犯了如此多错误的——有时在沉睡怠慢方面犯错，有时在盲目严厉方面出错。无疑，将人逐出教会的权柄已经被滥用，令人惧怕，正如昆斯内尔所说的那样："我们应当更担心自己的罪，超过担心世上所有逐出教会的事。"但仍无法否认的是，有这样一段经文摆在我们面前，教会纪律惩治是符合基督心意的，有智慧地加以实施，就是特意为了促进一家教会的健康和福祉。各色人等，无论多么邪恶不义，都被容许来到主的桌前，无人加以批准或禁止——这绝不正确。每一个基督徒必须尽的本分，就是使用他的影响力，防止这样的情形出现。完美的圣餐在这世上是绝不可能达到的，但纯洁应该成为我们瞄准的目标。要具有全面教会成员资格，标准越来越高，这总是一家教会兴旺的最佳证据。

最后让我们观察，**基督对奉他的名聚会的人有何等恩惠的鼓励**。他说："有两三个人奉我的名聚会，那里就有我在他们中间。"这句话是我们主神性的惊人证据，唯独上帝能够在超过一个地方同时出现。

这句话给所有爱慕为信仰目的而聚会的人带来安慰。每一个集体敬拜的聚会，每一个祷告和赞美的聚集，每一次宣教会议，每一次读经的时候，万王之王都在场，基督亲自参加！我们常常灰心，因为在这样的时候，在场人数与为世界的目的而聚集的人数相比很少。我们有时候可能发现，很难承受一个恶意世界的奚落嘲笑，这世界就像古时那敌人一样呼叫："这些软弱的犹大人做什么呢？"（尼4：2）但我们没有理由沮丧。我们可以大胆地依靠耶稣说的这句话。在所有这样的聚会当中，我们都有基督亲自的同在。

　　对于所有疏忽对上帝的集体敬拜，从来不参加任何有信仰目的的聚会之人而言，这句话有严肃的责备。他们转面不看万主之主的群体，他们错过与基督自己相遇的机会。说信仰的聚会软弱不稳，或者留在家里和上教会得到的好处是一样的，这样说是根本没有用的。我们主的话应当马上就堵住这种论证的口。肯定的是，当人轻蔑论到任何有基督在当中与人同在的聚集，这表明此人缺乏智慧。

　　愿我们都深思这些事情。如果我们在过往已经为了属灵目的与上帝百姓共同聚会，让我们坚持，不要以此为耻。如果我们到目前为止都是藐视这样的聚会，让我们思想我们的道路，学习智慧。

三　不饶恕人的仆人的比喻

太18：21—35

21. 那时彼得进前来，对耶稣说："主　　啊，我弟兄得罪我，我当饶恕他几次呢？到七次可以吗？"
22. 耶稣说："我对你说，不是到七次，乃是到七十个七次。
23. 天国好像一个王要和他仆人算账。
24. 才算的时候，有人带了一个欠一千万银子的来。
25. 因为他没有什么偿还之物，主人吩咐把他和他妻子儿女，并一切所有的都卖了偿还。
26. 那仆人就俯伏拜他，说：'主啊，宽容我！将来我都要还清。'
27. 那仆人的主人就动了慈心，把他释放了，并且免了他的债。
28. 那仆人出来，遇见他的一个同伴欠他十两银子，便揪着他，掐住他的喉咙，说：'你把所欠的还我！'
29. 他的同伴就俯伏央求他说：'宽容我吧！将来我必还清。'
30. 他不肯，竟去把他下在监里，等他还了所欠的债。
31. 众同伴看见他所做的事，就甚忧愁，去把这事都告诉了主人。
32. 于是，主人叫了他来，对他说：'你这恶奴才！你央求我，我就把你所欠的都免了。
33. 你不应当怜恤你的同伴，像我怜恤你吗？'
34. 主人就大怒，把他交给掌刑的，等他还清了所欠的债。
35. 你们各人若不从心里饶恕你的弟兄，我天父也要这样待你们了。"

* * *

在这些经文中，主耶稣论述了一个非常重要的题目——**赦免伤害你的人**。我们活在一个邪恶的世界上，不管我们如何谨慎行事，都不能躲开别人的恶意对待，如此期待实属枉然。知道我们受到恶待时该如此表现，这对我们的灵魂来说非常重要。

首先，主耶稣立下一个普遍原则，就是我们应当最大化地饶恕别人。彼得问道："主啊，我弟兄得罪我，我当饶恕他几次呢？到七次可以吗？"他得到的回答是："我对你说，不是到七次，乃是到七十个七次。

这里立下的原则，当然需要头脑清醒的限制说明来加以解释。我们的主不是说，对违反国家法律和破坏社会良好秩序的过犯，应当不出声地加以放过。他不是说我们要容许人犯偷窃、伤人的罪，而不让犯罪者受惩罚。他的意思只是说，我们应当以一种怜悯饶恕的普遍精神对待我们的弟兄。我们应当大大地容忍，大大地忍受，而不相争。我们应当大大地宽容，大大地顺服，而不应有任何争执。我们应抛弃任何恶毒、争闹、报应和报复的事情。这样的感受只适合于异教徒，它们完全与基督的门徒不相匹配。

如果我们主的这条原则更为人所知和遵守，这世界将会何等有福！人类有多少悲苦，是由争辩、纷争、法律诉讼，以及人对称为"他们权利"的顽固坚持而引起的！如果人更愿意饶恕，更渴望和睦，这些事情有多少能完全避免！我们绝不要忘记，没有燃料，火是无法继续燃烧的。同样，要有两个人才能争吵起来。让我们每一个人靠着上帝的恩典，决意不做这两个人中的任何一个。让我们决意以善报恶，以祝福回应咒诅，如此融化敌意，把我们的仇敌变为朋友（罗12∶20）。大主教克兰默（Archbishop Cranmer）品格的一个美好特征，就是如果你伤害了他，他就肯定要做你的朋友。

第二，我们的主给我们**发挥饶恕精神的两个强力动机**。他给我们讲了一个故事，一个人欠了他主人一大笔钱，"没有什么偿还之物"。虽然如此，在交账的时候他的主人怜悯他，"免了他的债"。他告诉我们，正是这个人，在他自己得饶恕之后，拒绝为着一笔小小债务饶恕一位与他同做仆人的人。他甚至把他投进监狱，也不愿丝毫降低他的要求。他告诉我们，惩罚怎样抓住这个恶毒残忍的人。他领受了怜恤，本应确实向别人显出怜恤来。最后他以这句发

第十八章

人深省的话结束这个故事:"你们各人若不从心里饶恕你的弟兄,我天父也要这样待你们了。"

从这故事可以清楚地看出饶恕别人的一个动机,是我们需要记住的,这就是我们自己都需要从上帝手中得到饶恕。一天又一天,我们在许多事上有亏欠,我们当行的不行,不当行的反而行了。一天又一天,我们需要怜恤和赦免。与我们得罪上帝相比,我们邻舍得罪我们的,仅仅是小事罢了。肯定的是,像我们这样糟糕犯错的人,不幸的是喜欢在记住我们兄弟的错失方面走向极端,或者很不情愿饶恕。

饶恕别人的另外一个动机,应该就是想起审判日,想起我们在那日受审的标准。在那日,不饶恕人的人得不到饶恕。这样的人不适合上天堂。他们将不能珍惜这样一个"居所"——"怜恤"是其唯一的徽号;在其中"怜恤"是歌唱的永恒主题。肯定的是,如果我们想要站在荣耀宝座上的耶稣右边,我们还在地上的时候,就必须学会饶恕。

让这些真理深深地扎根在我们心里。让人伤心的事实就是,几乎没有什么基督徒的本分,是比饶恕履行得更少的。看到在人当中有如此多苦毒、不怜恤、怨恨、严酷和不善,这真叫人难过。然而新约圣经中几乎没有什么本分,是像这本分一样被大大地强调的;几乎没有什么,比疏忽这本分更清楚地要把人挡在上帝的国度之外。

我们要举出证据,证明我们是与上帝相和,在基督的血里得洗净,由圣灵所生,因着上帝的恩典和收养,而成为上帝的儿女吗?那么让我们记住这段经文。让我们像我们天上的父一样饶恕人。有任何人伤害过我们吗？让我们今天就赦免他。正如莱顿（Leighton）所说："我们应当严于律己，而对别人则是无尽地饶恕。"

我们想向世人行善吗？我们要对别人有任何影响，让他们看到真信仰的美好之处吗？让我们记住这经文。不被教义捆绑的人，能明白饶恕的性情。

我们自己想要在恩典中长进，在我们的道路、言语和行为方面变得越来越圣洁吗？让我们记住这经文。再也没有什么像屈从于争闹、不饶恕的脾气一样，如此地令圣灵担忧，给灵魂带来黑暗的了（弗4：30—32）。

第 十 九 章

一 基督对离婚的判断，
基督对小孩子的温柔

太19：1—15

1. 耶稣说完了这些话，就离开加利利，来到犹太的境界约旦河外。
2. 有许多人跟着他，他就在那里把他们的病人治好了。
3. 有法利赛人来试探耶稣说："人无论什么缘故都可以休妻吗？"
4. 耶稣回答说："那起初造人的，是造男造女，
5. 并且说：'因此，人要离开父母，与妻子连合，二人成为一体。'这经你们没有念过吗？
6. 既然如此，夫妻不再是两个人，乃是一体的了。所以，上帝配合的，人不可分开。"
7. 法利赛人说："这样，摩西为什么吩咐给妻子休书，就可以休她呢？"
8. 耶稣说："摩西因为你们的心硬，所以许你们休妻，但起初并不是这样。
9. 我告诉你们：凡休妻另娶的，若不是为淫乱的缘故，就是犯奸淫了；有人娶那被休的妇人，也是犯奸淫了。"
10. 门徒对耶稣说："人和妻子既是这样，倒不如不娶。"
11. 耶稣说："这话不是人都能领受的，惟独赐给谁，谁才能领受。
12. 因为有生来是阉人，也有被人阉的，并有为天国的缘故自阉的。这话谁能领受，就可以领受。"
13. 那时，有人带着小孩子来见耶稣，要耶稣给他们按手祷告，门徒就责

14. 耶稣说："让小孩子到我这里来，不要禁止他们，因为在天国的，正是这样的人。"

15. 耶稣给他们按手，就离开那地方去了。

* * *

我们在这段经文中看到，基督在两个极重要的问题上宣告了他的心意：一个是夫妻关系，另外一个是在小孩子灵魂的事情上，我们应当怎样看待他们。

这两个问题的重要性，再怎么强调也不为过。国家的福祉，社会的幸福，与对这两个问题的正确观点密切相关。国家不过就是家庭的集合，家庭的良好秩序完全取决于保持对婚姻的纽带以及正确训练孩童的最高标准。我们应当感恩，在这两点上，教会伟大的元首都已经如此清楚地作出判断。

关于婚姻，我们的主教导我们，**夫妻之间的连合绝不可中断——除了各样原因当中最大的，即配偶的不忠之外**。

当我们主还在地上的时候，犹太人允许因最琐碎无聊的理由离婚。离婚虽然得到摩西容忍，却是为了防止更大的恶事，比如残暴或杀人，但这渐渐地变成一种极大的滥用，无疑引向极多的道德败坏（玛2：14—16）。我们主门徒的话表明，公众对这个问题的看法到了何等可悲的堕落光景。他们说："人和妻子既是这样，倒不如不娶。"他们的意思当然就是，"如果一个人不能在任何时候以随便的理由休妻，他倒不如根本就不要结婚"。从使徒口里说出这样的话，听起来真是奇怪！

我们的主带出一个完全不同的标准来指引门徒。他首先根据起

第十九章

初婚姻的设立建立他的判断。他引用了《创世记》开始时用过的话，那里描写了人的创造和亚当与夏娃的结合，证明没有什么关系比夫妻关系更应当受到重视。父母与孩子的关系可能看起来非常密切，但还有一种更密切的关系——"人要离开父母，与妻子连合，二人成为一体。"然后他用他自己庄严的话支持这句引用的话："上帝配合的，人不可分开。"最后他引入对违反第七条诫命的严厉控告，反对因着琐碎原因离婚之后的再婚——"凡休妻另娶的，若不是为淫乱的缘故，就是犯奸淫了；有人娶那被休的妇人，也是犯奸淫了。"

从这一段总体上可以清楚地看出，婚姻的关系应当在基督徒当中受到高度敬重和尊荣。这是一种在人无罪的时候，上帝在乐园里设立的关系，选择它作为基督与他教会之间奥秘联合的象征。这是一种除死以外，任何事情都不应该终止的关系。婚姻对进入此关系的双方具有最大的影响——他们无论幸福还是忧伤，无论是好是坏都要生活在一起。这样的一种关系，绝不可不经咨询就轻慢或放肆地进入其中；而要严肃、谨慎，考虑周到。再真实不过的就是，不经考虑就进入婚姻，这是一个最容易生发不幸的原因，而且恐怕也是导致犯罪的最常见的原因。

关于**小孩子**，我们发现我们的主在这些经文中，言传身教，既用命令，也用榜样来教训我们。"有人带着小孩子来见耶稣，要耶稣给他们按手祷告。"他们显然是很小的婴孩，太小还不能接受教训，但不是太小，以致不能领受祷告带来的福益。门徒认为他们不配得到他们主的关心，责备把这些孩子带来的那些人。但这从教会伟大的元首那里引出一个庄严的宣告——"让小孩子到我这里来，不要禁止他们，因为在天国的，正是这样的人。"

我们的主在这情形中的言语和举动都极有意思。我们知道一个小小婴孩,在思想和身体方面都是软弱无力的。在所有出生来到世上的受造物当中,没有谁是如此无助和需要依靠的。我们知道这里如此在意婴孩的人是谁——他从对成年男女的忙碌侍奉中找时间,"给小孩子按手祷告"。他是上帝永远的儿子,那位伟大的大祭司,万王之王,万有都倚靠他存在,是"上帝荣耀所发的光辉,是上帝本体的真像"。整件事把一幅何等富有启发意义的画面摆在我们眼前!难怪基督教会里的大部分人,在这段经文中总是看到一个虽间接,却有力支持婴孩洗礼的论证。

让我们从这些经文认识到,主耶稣温柔地关心小孩子的灵魂。很有可能,撒旦特别仇恨他们,但肯定的是,耶稣特别爱他们。他们虽然年幼,却不在他的思念和关注之外。他大能的心有地方,既留给宝座上的君王,也留给摇篮中的婴孩。他看重每一个小孩子,知道在那小小的身躯内蕴藏着一个不死的动因,要比埃及的金字塔更为持久,要在末日看见日头和月亮黯然失色。有这样一段经文,我们就可以肯定地盼望所有死在婴孩时期的人都将得救。"在天国的,正是这样的人。"

最后,让我们从这些经文得到**鼓励,在对儿童的信仰教育方面努力行大事**。让我们从他们最小的时候就开始以这样的方式对待他们——知道他们的灵魂要么失丧、要么得救,进而努力把他们带到基督这里来。让我们在他们一开始能明白任何事情的时候,就使他们认识圣经。让我们与他们一起祷告,教导他们为他们自己祷告。我们可以确定,耶稣喜悦这样的努力,要快快祝福。我们可以肯定这样的努力不是徒劳的。在婴孩时期撒下的种子，常常在许多日子之后被人发现，像照顾年纪最老的领圣餐成员一样看顾其婴孩成员——这样的教会是有福的！钉十字架的主的祝福必然要临到这教会！他按手在小孩子身上，他为他们祷告。

二　富有的少年人

太19：16—22

16. 有一个人来见耶稣说："夫子（有古卷作"良善的夫子"），我该做什么善事才能得永生？"
17. 耶稣对他说："你为什么以善事问我呢？只有一位是善的（有古卷作"你为什么称我是良善的？除了上帝以外，没有一个良善的"）。你若要进入永生，就当遵守诫命。"
18. 他说："什么诫命？"耶稣说："就是不可杀人，不可奸淫，不可偷盗，不可作假见证，
19. 当孝敬父母，又当爱人如己。"
20. 那少年人说："这一切我都遵守了，还缺少什么呢？"
21. 耶稣说："你若愿意作完全人，可去变卖你所有的，分给穷人，就必有财宝在天上，你还要来跟从我。"
22. 那少年人听见这话，就忧忧愁愁地走了，因为他的产业很多。

* * *

这段经文详细地记载了我们主耶稣基督和一位少年人的交谈，这人到他这里来，询问得永生的方法。它和福音书记载的每次我们主与一个人的谈话一样，值得我们特别关注。得救是个人的事，每一个希望得救的人，必须私下亲自就自己的灵魂而面对基督。

我们从这少年人的情形看到的一件事，就是**一个人可能有得救的愿望，却没有得救。**这里有一个人，在不信盛行的日子自愿到基督这里来。他来不是为了治病，也不是为一个孩子祈求。他来，是为了他自己灵魂的事。他以坦诚的提问开始这交谈："良善的夫子，我该做什么善事才能得永生？"我们肯定会想："这情形很鼓舞人——这不是一个心怀偏见的官长或法利赛人，而是一个有指望的慕道友。"然而后来正是这个少年人"忧忧愁愁地走了"——我们再也没有看到一句话，表明他的归正！

我们绝不可忘记，单单有对信仰的美好情感，这并不是上帝的恩典。我们可能在理智上知道真理，我们可能常常感受到良心刺痛，我们里面的宗教情感可能被唤醒，对我们的灵魂多有担忧，流下许多眼泪。但所有这一切并不是归正。它不是圣灵真的使人得救的作为。

不幸的是，这并非在这一点上必须要说明的一切。只有美好的情感，这并非是恩典，而且更有甚者，如果我们对此感到满足，只有感觉而没有行动，这甚至是一种危险。巴特勒主教在道德问题上堪称大师，他说了一句发人深省的话：被动的感动常常重复，就渐渐地使它们失去一切力量；经常重复的行动在人的头脑里形成习惯；经常沉浸于感觉中，却不采取相应的行动，那么这种感觉最终根本不会发挥影响。

请让我们把这教训应用到我们自己的光景当中。也许我们知道，体会到信仰方面的畏惧、希望和渴望，这是一种怎样的滋味。让我们小心，不要安于这种状况。让我们若不得到圣灵在我们心中的见证，证明我们实际已经重生，是新造的人，就绝不以感觉为满

第十九章

足。让我们若不知道我们已经真正悔改，抓住那摆在我们面前福音里的盼望就绝不安息。有感受是好的，但归正比这更好。

我们在这少年人的情形里看到另外一件事，就是**一个未归正的人对属灵的问题常常极为无知**。我们的主让这位寻求的人去看道德律法，那关乎是非的永恒标准。耶稣看到他如此大胆地谈论"行为"，就用一条命令试验他。这命令专门为了带出他内心真实的光景："你若要得永生，就当遵守诫命。"耶稣甚至向他重复第二块法版的内容。这少年人立刻满有信心地回答："这一切我都遵守了，还缺少什么呢？"他对上帝典章的属灵性质如此无知，以致从未怀疑他是否已经完全遵守。他看来是完全不知道诫命既应用在行为上，也应用在思想和言语上，如果上帝要审判他，他是"千中之一也不能回答"（伯 9∶3）。对上帝律法的本质而言，他的心思必是何等黑暗！对于上帝要求的圣洁，他的观念必是何等低级！

一个令人难过的事实就是，像这少年人一样的无知，在基督的教会里是太普遍不过了。有成千上万受了洗的人，对基督教信仰主要教义的认识，并不比最卑贱的异教徒多。成千上万的人每周挤满了教堂和礼拜堂，但这些人对于人完全的罪性，则是落在彻底的黑暗里。他们顽固地抓住那老观念，以为他们自己这种或那种的行为可以拯救他们——当牧师在他们临终前探访他们的时候，他们显得就像从未听过真理一样盲目。"属血气的人不领会上帝圣灵的事，反倒以为愚拙"（林前 2∶14），这句话是何等的真实。

最后我们在这少年人的情形里看到，**心中钟爱的一个偶像，可**

以永远败坏一个灵魂。我们的主知道人里面的事,最后让前来询问他的这人看到那纠缠他的罪。来自同一个人的察验人的声音,对那位撒玛利亚妇人说"你去叫你丈夫也到这里来"(约 4:16),而对这少年人说:"去变卖你所有的,分给穷人。"他品格的弱点立刻就显了出来。原来,虽然他有追求永生的一切愿望,他却爱一件事,胜过爱他的灵魂,那就是他的金钱。他不能经受这考验。他被天平衡量,显为缺乏。这故事以这句令人沮丧的话结束:"他就忧忧愁愁地走了,因为他的产业很多。"

我们在这故事中看到"贪财是万恶之根"(提前 6:10)这事实的又一个证据。我们一定要在我们的记忆中,把这位少年人与犹大、亚拿尼亚和撒非喇摆在一起,学习对贪婪保持警惕。哎呀!贪婪是一块石头,不断有成千上万的人碰在上面,如船坏了一般。几乎没有一位福音的执事,不会接触到他教会中的这样的人——他们从人的角度来说"离上帝的国不远了",但他们看来从未取得过进步。他们希望,他们感受,他们打算。但他们原地踏步!为什么?因为他们贪爱钱财。

让我们在结束这一段的学习之前试验自己。让我们看它与我们自己的灵魂有何关系。在我们宣告自己渴望成为真基督徒时,我们是诚实认真的吗?我们弃绝了我们一切的偶像吗?有没有秘密的罪,是我们紧紧抓住不放,拒绝放弃的?有没有人或事,是我们私底下所爱,过于爱基督和我们的灵魂的?这些是应该回答的问题。许多听到福音之人的境况不令人满意,真正的原因在于灵里的偶像崇拜。约翰的话很有道理,"你们要远避偶像"(约一 5:21)。

三 财富的危险，鼓励人舍弃一切跟从基督

太19：23—30

23. 耶稣对门徒说："我实在告诉你们：财主进天国是难的。
24. 我又告诉你们：骆驼穿过针的眼，比财主进上帝的国还容易呢！"
25. 门徒听见这话，就希奇得很，说："这样谁能得救呢？"
26. 耶稣看着他们说："在人这是不能的，在上帝凡事都能！"
27. 彼得就对他说："看哪，我们已经撇下所有的跟从你，将来我们要得什么呢？"
28. 耶稣说："我实在告诉你们：你们这跟从我的人，到复兴的时候，人子坐在他荣耀的宝座上，你们也要坐在十二个宝座上，审判以色列十二个支派。
29. 凡为我的名撇下房屋或是弟兄、姐妹、父亲、母亲（有古卷添"妻子"）、儿女、田地的，必要得着百倍，并且承受永生。
30. 然而，有许多在前的，将要在后；在后的，将要在前。"

* * *

我们在这段经文中学到的第一件事，就是**财富给拥有它们的人带来极大的危险**。主耶稣宣告："财主进天国是难的。"他甚至更进一步，使用一句谚语增强他的断言——"骆驼穿过针的眼，比财主进上帝的国还容易呢！"

我们主说的话，很少有比这听起来更令人震惊的，很少有比这更与人的看法和偏见背道而驰的，很少是如此不被人相信的。然而这句话是真实的，配得全盘接纳。财富，所有人都想得到——人为之劳苦，因此未老先衰。财富，乃是一种至危险的拥有物。它们经常给人的灵魂带来极大的伤害。它们带人进入诸多试探。它们占据

了人的思想和感情。它们把重担牢牢加在人心上，让通往天堂的路甚至比原来更难走。

让我们小心不要贪财。人有可能好好地使用金钱来行善。但有一个正确使用金钱的人，同时就有成千上万错误使用的人，他们给自己和别人造成伤害。世人若是愿意，就让他以金钱为偶像，看拥有最多金钱的人为最幸福的人吧。但让宣告有"财宝在天上"的基督徒，在这件事上不为所动，与这世界的精神对抗。让他不要拜金。在上帝眼中最好的人，不是最有钱的人，而是得着最多美德的人。

让我们天天为有钱人的灵魂祷告。不可妒忌他们，应当大大地同情他们。他们在基督徒的赛跑中背负这重担。他们是所有人当中最不大可能"这样跑，好得着奖赏"的人（林前 9：24）。他们在这世上的兴旺，常常就是他们在那将来世界的毁灭。英国国教会的连祷文中有这样一句话，"良善的主，在我们得着财富的任何时候拯救我们"，这是很有道理的。

我们在这一段学到的第二件事，就是**上帝的恩典在人灵魂中的大能**。门徒听见我们主对有钱人说的话，就感到惊奇。这话如此颠覆他们关于财富好处的一切观念，以致他们震惊地喊出声来："这样谁能得救呢？"他们从我们主得到一个满有恩惠的回答："在人这是不能的，在上帝凡事都能！"

圣灵能够让甚至是最有钱的人追求天上的宝藏。他甚至能让君王把他们的冠冕在耶稣的脚前掷下，为上帝国的缘故，看万事都不过是有损的。圣经给了我们关于这点一条接一条的证据。亚伯拉罕非常富有，然而他却是信心之父。摩西可能原来是埃及的王子，但他却为了看不见的那一位的缘故，舍弃了他一切光明的未来。约伯

第十九章

是东方最富有的人，然而却是上帝拣选的一位仆人。大卫、约沙法、约西亚、希西家都是富有的君王，但他们爱上帝的眷顾，胜过爱他们在地上的伟大。他们都让我们看到，"在主没有难成的事"，信心甚至能在最不可能的土壤里成长。

让我们持守这教训，绝不要松手。人的地位或环境，并不能把他关在上帝的国之外。让我们绝不要为任何人是否能得救感到绝望。无疑，有钱人要求特别的恩典，暴露在特别的试探之下。但亚伯拉罕、摩西、约伯和大卫的上帝并没有改变。虽然他们富有，仍能拯救他们的那一位，也能拯救其他人。他要行事，谁能阻止呢（赛43：13）？

我们在这些经文中学到的最后一件事，就是**福音给为基督缘故撇下一切的人提供了何等大的鼓励**。我们从经文看到，彼得问我们的主，他和其他使徒，为他的缘故撇下他们那一丁点儿的"所有"，要得到什么回报。他得到一个至为恩惠的回答。完全的报酬要加给所有为基督缘故作出牺牲的人——他们"必要得着百倍，并且承受永生。"

这应许里面有非常鼓舞人的内容。除了在异教徒中归正的人，今天甚少人被要求为他们信仰的缘故，撇下房屋、亲人和田地。但真正的基督徒，若是真正对主忠心，就很少没有不以这样或那样的方式，多多地经历这样的事。十字架让人跌倒的地方没有消失。讥笑、嘲弄、挖苦和家人的逼迫，常常是一个在英格兰信主之人的分。人因着真心实意坚守基督福音的要求，常要舍弃世人的称赞，他的地位和处境也常面临危险。所有落在这种试炼下的人，都能在这些经文的应许中得到安慰。耶稣预见到他们的需要，要用这些话作他们的安慰。

我们完全可以肯定，无人因跟从基督而成为真正受损的人。信徒开始活出一个坚定基督徒的生活时，可能看上去在一时遭受损失。他可能因临到他的各样苦难非常沮丧。但是让他确信，长期而言，他绝不会发现自己是失败者。基督能兴起帮助我们的朋友，对于我们失去的朋友，他要补偿得更多。基督能为我们打开人心和人的家，远比那些反对我们、向我们关闭家门的人更温暖和更殷勤地接待。最重要的是，基督能赐我们良心的平安，内在的喜乐，光明的盼望，蒙福的感受，这要远胜过我们为他的缘故撇下的每一件地上的乐事。他已经用他身为君王发出的话，保证情况必然如此。无人曾发现这话落空。让我们信靠这话，不要害怕。

第十九章

第 二 十 章

一 葡萄园工人的比喻

太20：1—16

1. "因为天国好像家主清早去雇人,进他的葡萄园做工,
2. 和工人讲定一天一钱银子,就打发他们进葡萄园去。
3. 约在巳初出去,看见市上还有闲站的人,
4. 就对他们说:'你们也进葡萄园去,所当给的,我必给你们。'他们也进去了。
5. 约在午正和申初又出去,也是这样行。
6. 约在酉初出去,看见还有人站在那里,就问他们说:'你们为什么整天在这里闲站呢?'
7. 他们说:'因为没有人雇我们。'他说:'你们也进葡萄园去。'
8. 到了晚上,园主对管事的说:'叫工人都来,给他们工钱,从后来的起,到先来的为止。'
9. 约在酉初雇的人来了,各人得了一钱银子。
10. 及至那先雇的来了,他们以为必要多得,谁知也是各得一钱。
11. 他们得了,就埋怨家主说:
12. '我们整天劳苦受热,那后来的只做了一小时,你竟叫他们和我们一样吗?'
13. 家主回答其中的一人说:'朋友,我不亏负你,你与我讲定的,不是一钱银子吗?
14. 拿你的走吧!我给那后来的和给你一样,这是我愿意的。
15. 我的东西难道不可随我的意思用吗?因为我作好人,你就红了眼吗?'

16. 这样，那在后的将要在前；在前的将要在后了（有古卷在此有"因为被召的人多，选上的人少"）。"

* * *

　　这段经文中包含的比喻，无疑存在着难解之处。对此正确解释的钥匙，必须要在上一章结束时的段落里寻找。在那里我们看到使徒彼得问我们主一个很重要的问题："看哪，我们已经撇下所有的跟从你，将来我们要得什么呢？"在那里我们看到耶稣作出一个重要回答。他特别应许彼得和与他同为门徒的人——"他们要坐在十二个宝座上，审判以色列十二个支派。"他向所有为他的缘故受苦的人作出一个普遍性的应许——他们"必要得着百倍，并且承受永生"。

　　现在我们必须记住，彼得是一个犹太人。和大多数犹太人一样，他很有可能是在对上帝为拯救外邦人所设计划一无所知的情形下长大。事实上我们从《使徒行传》得知，要除去这无知，这需要从天而来的一个异象才行（徒10：28）。另外我们一定要记住，彼得和与他同为门徒的人，在信心和知识方面软弱。他们很有可能容易把自己为基督的缘故作的牺牲看得很重要，倾向于自义和自欺。对于这两点，我们的主都很清楚。所以他讲这个比喻，是特别为要造就彼得和他的同伴。他读懂他们的心，他看见这些心需要什么属灵的药物，于是毫不迟疑就作出供应。一句话说，他抑制他们兴起的骄傲，教导他们谦卑。

　　我们在解释这比喻时，无需深究"一钱银子"、"市上"、"管事的"或者"小时"的含义。这样的探究常常是用无知的言语，

第二十章

使上帝的旨意暗昧不明。一位伟大的神学家说得好："有关比喻的神学不是争辩性的。"克里索斯托（Chrysostom）的提示值得注意。他说："当我们知道了一个比喻写作的目的，以好奇之心逐字探究一个比喻里的所有事情，这就不对了。我们要收获这一点，而不是让自己忙于任何这以外的事。"有两个教训，很突出地显明在这比喻的表面上，包含了它含义的总体范围。让我们以这两个教训为满足。

我们首先认识到，**在呼召万民相信他自己这件事上，上帝行使白白的、主权性的和无条件的恩典**。他按自己的时间，以他自己的方式呼召地上各家进入有形教会。

我们从上帝在世上作为的历史中，看到这事实奇妙地彰显出来。我们看到以色列的子孙，在"一天"开始的时候被呼召和拣选做上帝的百姓。我们看到后来一些外邦人，因着使徒传福音蒙召。我们看到在当今的世代，其他人因着宣教士的劳动得以被呼召。我们看到其他人，如数以百万计的中国人和印度人，仍"闲站着，因为没有人雇他们"。为什么会有这一切的情况？我们不知道。我们只知道上帝喜爱把骄傲向教会隐藏起来，除去所有夸口的机会。他决不允许他教会中较老的枝条蔑视较年幼的。他的福音表明，赦罪和借着基督与上帝和好，就像完全向保罗显明出来一样，也向我们现在这个时候的异教徒显明。新西兰归正的居民，要像三千五百年前去世的最圣洁的列祖一样，被完全接纳进入天堂。犹太人和外邦人之间那古老的墙被拆除了，没有什么拦阻相信的外邦人与相信的以色列人同做后嗣，存着同一指望。在这世界"酉初"归正的外邦人，必像犹太人一样"得以同为后嗣，同蒙应许"。他们要在天国里与亚伯拉罕、以撒和雅各一同坐席，而这国的许多子民却要被永远赶到外面。"那在后的将要在前。"

接着我们认识到，**就像呼召万民一样，在个人得救的事上，上帝作为主权的君王行事，无需把他的事向人陈明**。他要怜悯谁，就怜悯谁，这也是按照他自己的时间（罗9：15）。

我们在基督教会里每一处都看到这一真理，这也是人经历的一个事实。我们看到一个人在他生命开始的时候便蒙召悔改相信，就如提摩太，然后在主的葡萄园里做工四十或五十年。我们看到另外一个人在"酉初"蒙召，就像十字架上的那强盗，像从火中抽出来的一根柴——前一天还是刚硬不悔改的罪人，第二天就在乐园里了。然而福音的整个要旨带领我们相信，这两个人在上帝面前都同样得赦免。这两人都同样在基督的血里被洗净，披戴上基督的义。这两人都同样得称为义，都被悦纳，都要在末日出现在基督的右边。

无疑，这教训在无知和没有经验的基督徒听来甚是奇怪。它挫败人性的骄傲，它不给自义留下夸口的余地。它是一个将人推倒，使人降卑的教义，让许多人发出怨言。但要将它拒绝，这是不可能的，除非我们拒绝整本圣经。对基督的真信心，哪怕只有一天之久，也使一个人在上帝面前完全称义，就像那已经跟从基督五十年的人的信心使他称义一样。在审判日，提摩太靠着站立的那义，和那悔改强盗的义是一样的。两人都是唯独靠着恩典得救。两人的一切都归功于基督。我们可能不喜欢这个道理，但这是这比喻的教训，不仅是这比喻，还是整本新约圣经的教义。能谦卑领受这教义的人是有福的！豪尔主教说得好，"人有理由赞美上帝的丰富，却无一人有理由抱怨他的丰富。"

第二十章

在离开这比喻之前，让我们用一些必要的警告武装我们的思想。这部分的圣经常被人曲解误用。人常常从中吸出的，不是奶而是毒药。

让我们小心，不要根据这比喻里的任何事情，就以为救恩可以在最小的程度上靠行为获得。这样认为，就是把圣经整个教训推翻。一个相信的人在下一个世界无论得着什么，都是因为恩典，不是上帝欠人的债。无论在任何意义上，上帝都不欠我们的。我们做完了一切，只不过是无用的仆人（路17:10）。

让我们小心，不要根据这个比喻，以为犹太人和外邦人之间的分别已经全然被福音取消了。这样认为，就是与旧约圣经和新约圣经的许多清楚预言矛盾。在称义的事情上，相信的犹太人和希利尼人并无分别。然而以色列仍是一群特别的民，"不列在万民中"。上帝有许多关于犹太人的旨意，是还没有应验的。

让我们小心，不要根据这比喻，以为所有得救的灵魂将要有同样程度的荣耀。这样认为，就是与圣经许多清楚的经文对立。所有信徒的称号无疑都是一样的，就是基督的义。但不是所有人在天堂都有同样位置。"将来各人要照自己的工夫得自己的赏赐。"（林前3:8）

最后，让我们小心，不要根据这比喻，以为任何人推迟悔改，直到他日子的尽头，这样做是安全的。这种想法是至危险的欺骗。人拒绝听从基督的声音越久，得救的可能性就越小。"现在正是悦纳的时候，现在正是拯救的日子。"（林后6:2）在临终榻上得救的人寥寥无几。十架上一个强盗得救，因此无人应当绝望；但只有一个强盗得救，因此无人可以自以为是。错信"酉初"这两个字，已经让成千上万的灵魂败坏。

二 基督宣布自己即将被杀，真门徒身上混杂着无知与信心

太20：17—23

17. 耶稣上耶路撒冷去的时候，在路上把十二个门徒带到一边，对他们说：
18. "看哪，我们上耶路撒冷去，人子要被交给祭司长和文士，他们要定他死罪，
19. 又交给外邦人，将他戏弄、鞭打、钉在十字架上，第三日他要复活。"
20. 那时，西庇太儿子的母亲同她两个儿子上前来拜耶稣，求他一件事。
21. 耶稣说："你要什么呢？"她说：
"愿你叫我这两个儿子在你国里，一个坐在你右边，一个坐在你左边。"
22. 耶稣回答说："你们不知道所求的是什么。我将要喝的杯，你们能喝吗？"他们说："我们能。"
23. 耶稣说："我所喝的杯，你们必要喝；只是坐在我的左右，不是我可以赐的，乃是我父为谁预备的，就赐给谁。"

* * *

我们在这些经文中应当留意的第一件事，就是**主耶稣基督对他将要临到自己的死所作的清楚的宣告**。我们第三次发现他把这震惊的事实告知门徒，就是他——他们行神迹的主，不久就必须受苦并死亡。

主耶稣从一开始就知道在他面前一切的事。加略人犹大的背叛，祭司长和文士的猛烈逼迫，不公正的审判，被交在本丢彼拉多手里，受讥笑，遭鞭打，荆棘的冠冕，十字架，挂在两个犯人中

间，被钉，用枪扎，所有这一切都像一幅画面铺陈在他脑海里。

预先知道受苦，会让这苦变得更大，这是那些知道自己要做某种可怕外科手术的人深有体会的。然而这些事情没有一样能动摇我们的主。他说："我并没有违背，也没有退后。人打我的背，我任他打；人拔我腮颊的胡须，我由他拔；人辱我吐我，我并不掩面。"（赛50：5、6）他一生都看到远处的加略山，然而却平静前往，不左转或右转。肯定的是，没有一种苦像他的苦，也没有一种爱像他的爱。

主耶稣是**自愿**受苦。他死在十字架上，并非因为他没有能力阻止。他受苦，是专门、刻意出于自己的自由意志（约10：18）。他知道，他若不流血，人的罪就不得赦免。他知道他是上帝的羔羊，必须要死，为要除去世人的罪孽。他知道他的死是上帝设立的祭物，必须献上，为要除去罪孽以成就和好之工。他知道所有这一切，仍甘愿上十字架。他的心专注在成就他到世上要做的这大事上。他很清楚一切都取决于他自己的死，没有这死，他的神迹和传道就不能为世人成就什么。难怪他三次极力要门徒注意他"必须"死。知道基督受苦真正意义和重要性的人是有福的！

我们在这些经文中应当留意的下一件事，就是**即使在真心信主的基督徒身上，也有无知与信心混杂**。我们看到雅各和约翰的母亲同她两个儿子一起到我们主这里来，代表他们提出一个奇怪的请求。她求他们"在他国里，一个坐在他右边，一个坐在他左边"。她似乎忘记了耶稣刚刚讲的关于自己受苦的全部事情。她内心急切，以致除了耶稣的荣耀就什么也想不到。耶稣关于钉十字架的清楚警告，看来已经被她的儿子抛诸脑后。他们的思想，看来除了他的宝座、他得权柄的日子，就什么也没有想到。他们的请求里有极大的信心，但有更多的软弱。他们能看到拿撒勒人耶稣是一位将要临到的君王，这有值得夸奖的地方。但他们不记得，在他做王之前，他必定被钉十字架，这就有极多当受责备的地方。确实在所有上帝的儿女身上，都有肉体私欲与灵的争战。路德说得好："肉体总想在被钉十字架前就得荣耀。"

有很多基督徒，他们很像这位妇人和她的两个儿子。对上帝的事情他们看到一部分，知道一部分。他们有足够的信心跟从基督。他们有足够的知识恨恶罪，从这世界出来。然而对基督教信仰的许多真理，他们是可悲地一无所知。他们说话无知，他们行事无知，并且犯许多可悲的错误。他们对圣经的认识很少，他们对自己内心的看见非常有限。但从这段经文我们必须学会温柔地对待这样的人，因为主已经接纳了他们。我们绝不可判定，因他们无知，他们就是没有恩典和不义。我们务必要记住，虽然他们内心表面有许多垃圾，却有真信心潜伏在底下。我们一定要记住，西庇太的这两个儿子，他们的知识曾一度如此不完全，后来却成为基督教会的柱石。同样，一个信徒可能在他灵程之初非常糊涂，最终却证明是一个在圣经方面大有能力的人，配得算是效法雅各和约翰的榜样。

我们在这段经文中应当留意的最后一件事，就是**我们主对西庇太儿子的母亲和她两个儿子的无知请求所发出的严肃责备**。他对他们说："你们不知道所求的是什么。"他们请求在他们主的赏赐里有分，但没有想过他们必须首先与他们的主一同受苦（彼前 4：13）。

他们忘记了那些要与基督一同站在荣耀里的人，必须喝他的苦杯，受他的洗。他们没有看到，背十字架的人。唯独背十字架的人，必要得着冠冕。我们的主说得好："你们不知道所求的是什么。"

但我们绝不会犯西庇太儿子犯的同样错误吗？我们绝不会落入他们的错误，发出不假思索、轻率的要求吗？我们岂不是经常在祷告中不"计算代价"就说一些话，求上帝赐我们某物，却不思想我们的恳求会牵涉什么吗？这些是发人深省的问题，让人担心的是，我们很多人不能对此给出满意的答案。

我们求在我们死之后，灵魂可以得救上天堂。这确实是一个很好的请求。但我们预备背起十字架来跟从基督吗？我们愿意为他的缘故舍弃世界吗？我们愿意脱下旧人、穿上新人，为达此目的争战、劳苦和奔跑吗？我们愿意为基督的缘故抵挡嘲笑的世界，忍受苦难吗？我们会怎么回答？如果我们还没有预备好，我们的主可能也会对我们说："你们不知道所求的是什么。"

我们求主让我们成为圣洁。这确实是一个美好的请求。但我们预备好，借着上帝以他的智慧呼召我们经历的任何过程来得以成圣吗？我们愿意因苦难得洁净，因丧亲之痛切断对世界的依赖，因损失、疾病和忧愁被吸引更与主亲近吗？哎呀！这些是难答的问题。但如果我们不愿意，我们的主很有可能会对我们说："你们不知道所求的是什么。"

让我们在结束对这些经文的察看之前，下定决心，认真思考我们在祷告中靠近上帝的时候，我们所求的是什么。让我们小心不要发出不假思索、轻率和鲁莽的恳求。所罗门说得好："你在上帝面前不可冒失开口，也不可心急发言。"（传5：2）

三 基督徒中有关伟大的标准

太20：24—28

24. 那十个门徒听见，就恼怒他们弟兄二人。
25. 耶稣叫了他们来，说："你们知道外邦人有君王为主治理他们，有大臣操权管束他们。
26. 只是在你们中间不可这样。你们中间谁愿为大，就必作你们的用人；
27. 谁愿为首，就必作你们的仆人。
28. 正如人子来，不是要受人的服侍，乃是要服侍人，并且要舍命，作多人的赎价。"

* * *

这里的经文很少，但包含了对所有认信基督徒来说都极其重要的教训。让我们来看这些教训是什么。

我们首先认识到，**即使在基督真正的门徒当中，也可能会有骄傲、嫉妒和喜爱居首位的事**。圣经怎么说？"那十个门徒听见（雅各和约翰所求的），就恼怒他们弟兄二人。"

骄傲是其中最古老、最有害的罪。因这罪天使堕落——因为他们"不守本位"（犹6）。因着骄傲，亚当和夏娃被引诱去吃禁果。他们不甘于自己的分，想要"如上帝"一样。因着骄傲，上帝的圣徒归正之后遭遇到最大的伤害。胡克（Hooker）说得好："骄傲是如此紧紧抓住人心不放的罪，如果我们把一切过犯从自己身上一件接一件地剥离，无疑地，我们要发现，骄傲是最后、最难除去的一件罪。"豪尔主教此话说得优雅，却是真实："骄傲是最里面那件衣服，我们最后脱去，最先穿上。"

第二，我们认识到，**舍己善待他人的生命，是在基督国度里为大的真正秘诀**。圣经怎么说？"你们中间谁愿为大，就必作你们的用人；谁愿为首，就必作你们的仆人。"

世界的标准和主耶稣的标准确实极不一样，它们不仅仅是不一样，它们完全彼此对立。在世人当中，拥有最多土地、最多金钱、最多仆人、最高地位、最多地上权势的人，就被认为是最伟大的人。在上帝的儿女当中，做最多事情促进他同胞灵里和现世福祉的人，被看作是最大的。不在于自私获取美物，而在于向别人分发美物；不在于受服侍，而在于服侍人；不在于坐着不动接受服侍，而在于周游服侍他人。上帝的使者在宣教士工作上看到的美，远超在澳洲掘金者工作上看到的美。他们更关注像霍华德（Howard）和耶德逊（Judson）这样的宣教士的劳动，胜过关心将军的胜利，政治家或君王内阁成员的演讲。让我们记住这些事。让我们小心，不要追求虚假的伟大。让我们瞄准那唯一真实的。我们可以肯定，我们主这句话里有深邃的智慧："施比受更为有福。"（徒 20：35）

第三，我们认识到，**主耶稣基督要做所有真基督徒的榜样**。圣经怎么说？我们应当彼此服侍，"正如人子来，不是要受人的服侍，乃是要服侍人。"

主已经施怜悯，供应他百姓成圣所需的一切。他已赐追求圣洁的人最清楚的命令、最美好的动机和最鼓舞人的应许。但这并非全部。他还供应他们最完全的模范榜样，就是他自己儿子的一生。他命令我们以这生活塑造我们自己的生活，他命令我们按那生活的脚踪行（彼前2：21）。这是我们在这邪恶的世上必须以此塑造我们的性情、言语和行为的模范。"我的主会这样说话吗？我的主会这样表现吗？"——这些是我们必须每天自问的问题。

这真理何等令人降卑！它应当在我们里面引发何等的内心察验！"放下各样的重担，脱去容易缠累我们的罪"（来7：1），这是何等振聋发聩的呼吁！承认效法基督的人，应当具有何等的行事为人！让人甘于只是说说而已，空洞认信，与此同时生活却不圣洁、不洁净的信仰，是何等的糟糕无益！哎呀！那些对于作为榜样的基督一无所知的人，最终要发现他不认他们为得救的百姓。"人若说他住在主里面，就该自己照主所行的去行。"（约一2：6）

最后让我们从这些经文认识到，**基督的死是为罪献上的赎罪祭**。圣经怎么说？"人子来，要舍命，作多人的赎价。"

这是圣经中最重大的真理。让我们务必确保将它牢牢掌握，绝不让它溜走。我们的主耶稣基督不是仅仅做殉道士而死，或做自我牺牲和舍己的光辉榜样而死。人若看他的死不过如此，就是离真理无限远。他们看不见基督教信仰的基石本身，错失了福音全部的安慰。基督作为为人的罪所献的祭而死。他为人的罪孽死，使神人得以和好。他死，通过献上自己洁净我们的罪。他死，救赎我们脱离当受的咒诅，满足了上帝公义的要求，若非如此，上帝的公义就要定我们的罪。让我们绝不要忘记这一点！

我们按本性都是亏欠的人。我们欠了造我们的圣洁的主一万两银子，无法偿还。我们不能为我们自己的过犯赎罪，因我们软弱无力，只能每日加添我们的债。但是感谢上帝！我们不能做

第二十章

的，基督来到这世界为我们做了。我们不能偿还的，他替我们偿还了。为偿还我们所欠的债，他在十字架上为我们死。"他将自己献给上帝。"（来9：14）他"曾一次为罪受苦，就是义的代替不义的，为要引我们到上帝面前"（彼前3：18）。再说一次，让我们决不要忘记这一点！

　　让我们不扪心自问就不离开这段经文。我们的谦卑在哪里？我们对真正伟大的看法是怎样的？我们的榜样是什么？我们的盼望是什么？生命、永生，取决于我们对这些问题的回答。真谦卑，在他的日子努力行善，跟随耶稣的脚踪行，把他的一切盼望牢牢地建立在基督为他付出的血的赎价上，这样的人有福了。这样的人是真正的基督徒！

四　基督治好两个瞎眼的人

太20：29—34

29. 他们出耶利哥的时候，有极多的人跟随他。
30. 有两个瞎子坐在路旁，听说是耶稣经过，就喊着说："主啊，大卫的子孙，可怜我们吧！"
31. 众人责备他们，不许他们作声。他们却越发喊着说："主啊，大卫的子孙，可怜我们吧！"
32. 耶稣就站住，叫他们来，说："要我为你们做什么？"
33. 他们说："主啊，要我们的眼睛能看见！"
34. 耶稣就动了慈心，把他们的眼睛一摸，他们立刻看见，就跟从了耶稣。

＊ ＊ ＊

在这段经文中,我们看到关于主耶稣生平中一件事的动人画面。他在耶利哥附近治好两个坐在路旁的瞎子。这件事包含几个非常有意思的教训,所有认信的基督徒要是记住就好了。

首先,让我们注意,**在人最没有料到的地方,有时可以发现极大的信心**。这两个人虽然是瞎子,却相信耶稣能帮助他们。他们从未见过我们主行的任何一件神迹,他们对他的认识只是听来的,他们从未与他面对面。然而他们一听到他路过,就大喊:"主啊,大卫的子孙,可怜我们吧!"

这样的信心应当使我们感到羞愧。我们拥有许多关于证据和圣徒生平的书,有大量神学藏书,但拥有单纯的、孩子般的信心,相信基督的怜悯和大能的人却很少。即使在相信的人当中,信心的程度常常很奇怪地与享受的特权不成比例。很多没有学问,读新约圣经都有困难的人,具有毫不犹豫信靠基督中保之工的灵,而博览群书的神学家却因问题和怀疑而备受困扰。从人的角度而言,那些本应在先的,常常是在最后,而最后的则在最前面。

其次,让我们注意,**利用每一个机会为我们的灵魂求益处,这是何等的智慧**。这些瞎子坐在"路旁"。他们要是不这样做,可能永远不会得到医治。耶稣再也没有重返耶利哥,他们可能再也见不到他。

让我们从这简单的事实看到,勤奋使用蒙恩之道,这是多么重要。让我们绝不要疏忽上帝的殿,绝不要让自己停止与上帝的百姓

第二十章

一起聚会，绝不要疏于读圣经，绝不要放弃私下祷告的习惯。无疑，没有圣灵的恩典，这些事并不能救我们。成千上万的人使用这些蒙恩之道，却仍旧死在过犯罪恶当中。但人得归正得救，却是因为使用了这些事。它们是耶稣在当中行的道路。有可能得医治的人，是那些"坐在路旁"的人。我们知道自己的灵魂有病吗？我们感受到有任何愿望，要见那位大医生吗？如果有，我们就绝不可闲懒坐着，说"如果我命定要得着拯救，我就肯定会得救"。我们一定要起来，去到耶稣走过的那条路旁。谁能知道他很快就要最后一次经过呢？让我们天天坐在路旁。

　　第三，让我们注意，**寻求基督时努力和坚忍的价值**。这些瞎子受到伴随我们主的众人的"责备"。人不许他们"作声"。但他们不能因这样被堵住口就不出声。他们感受到求助的需要，他们对受到的责备毫不在乎。"他们却越发喊着说：'主啊，大卫的子孙，可怜我们吧！'"

　　我们在他们的举动里看到了一个重要的榜样。我们开始寻求灵魂得救时，不可因受到反对和拦阻，或因困难而灰心。我们必须"常常祷告，不可灰心"（路18：1）。我们必须记住那强求的寡妇和那半夜来求饼的朋友的比喻。我们必须像他们一样在施恩宝座前坚持恳求，并说："你不给我祝福，我就不容你去。"（创32：26）朋友、亲戚和邻舍可能会说不好听的话，责备我们的热切；我们可能会在本应求得帮助的地方遇上冷眼，得不到同情，而这样的事没有一样能动摇我们。如果我们感受到我们的疾病，就要寻找那大医生耶稣；如果我们知道自己的罪，希望得到赦免，就让我们坚持。"天国是努力进入的，努力的人就得着了。"（太11：12）

最后，让我们留意，**主耶稣对那些寻找他的人是何等的满有恩惠**。"耶稣就站住，叫他们来。"他慈爱地问他们要得到什么。他听他们恳求，按他们要求的去行。他"动了慈心，把他们的眼睛一摸，他们立刻看见"。

我们在此看到对那古老真理的一个写照。对这真理——就是基督的心对人满有怜悯——我们再熟悉不过了。主耶稣不仅是一位大能的救主，还是满有怜悯、慈爱和恩惠，到了我们思想无法想象的地步。正如使徒保罗所说的：基督的"爱是过于人所能测度的"（弗3：19）。让我们像他一样祷告，使我们可以更多地"知道"这爱。我们开始走基督徒的道路，是可怜颤惊的悔罪之人，在恩典里做婴孩的时候，我们需要这爱。后来我们走窄路，常常犯错，常常跌倒，常常灰心时，我们需要这爱。在我们经历黑暗的日子，下到死荫的幽谷时，我们需要这爱。那么让我们紧紧抓住基督的爱不放，天天摆在我们面前。我们将永不会完全明白这爱对我们是何等的浩大——直到在将来的新世界醒来之时。

第 二十一 章

一 基督公开进入耶路撒冷

太21：1—11

1. 耶稣和门徒将近耶路撒冷,到了伯法其,在橄榄山那里,
2. 耶稣就打发两个门徒,对他们说:"你们往对面村子里去,必看见一匹驴拴在那里,还有驴驹同在一处。你们解开,牵到我这里来。
3. 若有人对你们说什么,你们就说:'主要用它。'那人必立时让你们牵来。"
4. 这事成就,是要应验先知的话,说:
5. "要对锡安的居民(原文作"女子")说:'看哪,你的王来到你这里,是温柔的,又骑着驴,就是骑着驴驹子。'"
6. 门徒就照耶稣所吩咐的去行,
7. 牵了驴和驴驹来,把自己的衣服搭在上面,耶稣就骑上。
8. 众人多半把衣服铺在路上,还有人砍下树枝来铺在路上。
9. 前行后随的众人喊着说:"和散那(原有"求救"的意思,在此乃称颂的话)归于大卫的子孙!奉主名来的,是应当称颂的!高高在上和散那!"
10. 耶稣既进了耶路撒冷,合城都惊动了,说:"这是谁?"
11. 众人说:"这是加利利拿撒勒的先知耶稣。"

　　　　　＊　＊　＊

　　这段经文包含有我们主耶稣基督生平中一个非常重要的经历，描写了他公开进入耶路撒冷这件事，这是他被钉十字架前最后一次到那里去。

　　这件事有特别令人震惊之处。这叙述读起来，就像在讲一位得胜的王回到自己的城。"众人"伴随他，就像一种得胜的巡游。人可以听到他身边响起大声的喊叫和赞美的话。"合城都惊动了。"整件事与我们主过去生活的性质明显不一样。奇怪的是，这不同于他过去的样子：他"不争竞，不喧嚷，街上也没有人听见他的声音"；在其他时候他从众人当中退下，并且他对他医治好的人说，"什么话都不可告诉人"（可1：44）。然而整件事是可以解释的。要找这公开进城的原因并不难。让我们来看这些原因是什么。

　　明显的事实就是，我们主很清楚，他在地上侍奉的时间正接近结束。时候将到，他必须完成他来要做的那件大事，就是在十字架上为我们的罪而死。他知道他最后的旅程已经完成，他在地上的侍奉，现在除了在加略山上把自己作为祭物献上，没有剩下任何未完成的事。知道了这一切，他就不像过去一样寻求隐秘。知道这一切，他想带着特别的庄严和公开的彰显，进入到他要被交付给死亡的地方，这就是好事。上帝的羔羊私下静默地在加略山上被杀，这是不合适的。在为世人的罪献上这伟大祭物之前，人的眼睛都应当关注在这祭牲身上。为我们主一生的作为加冕，应当尽可能声名显赫地行出来，这是合宜的。所以他这样公开入城，把众人游离的目光吸引到他自己身上，耶路撒冷合城都惊动了。上帝羔羊赎罪的血将要流出，这件事不可"在背地里做"（徒 26：26）。

记住这些事情是好的。许多读到这一段的读者，并没有充分思考我们主他生平中这个时期作为的真正含义。我们要思考这段经文看来指向的具体教训。

首先让我们留意**关于主耶稣基督全知的一个例子**。他派两个门徒进入一个村子。他对他们说，要在那里找到他将要骑的驴。他为他们预备了一个回答，回应驴的主人的问题。他告诉门徒，这样作答，驴就能被带来。所有这一切都完全按照他预言的发生了。

没有一样事情是向主隐藏起来的。对他没有秘密可言。单独或成群，夜晚或白天，私下或公开，他都知道我们所行的道路。看见拿但业在无花果树下的他并无改变。我们无论去哪里，哪怕不在这个世界，都绝不会离开基督的视线。

这一点应该有助于我们约束和检点自己。我们都知道这世上君王的在场对他们臣民产生的影响。本性本身教导我们，当我们在一位君王的目光之下，我们就当约束我们的舌头、举止和表现。感知到我们主耶稣基督是完全知道我们的道路，这应该给我们的心里带来同样的影响。让我们不做任何不希望基督看见的事，不说任何不希望基督听见的话。让我们不断地想到基督与我们同在，并按此而生活、做事和做人。让我们的表现，就像我们与雅各和约翰一道，在加利利海边，与基督同行时会做的那样。这种生活样式是为天堂而训练的。在天上，"我们就要和主永远同在。"（帖前 4：17）

其次，让我们留意**有关我们主第一次降临之预言应验方式的一个实例**。我们在此看到，他公开进城，是应验了撒迦利亚的话：

"看哪！你的王来到你这里，是温柔的，又骑着驴。"

看来这预言是按字义准确应验了。先知受圣灵感动说的话，得到的应验并非象征性的应验。事情正如他说的那样成就。自从这预言发出，五百五十年已经过去，然后，当指定的时候来到，很久以前应许的弥赛亚确实按照所预言的，骑着一头驴进入锡安。无疑耶路撒冷绝大多数的居民对这细节视而不见，幔子遮蔽了他们的心。但是关于这预言的应验，上帝没有把我们撇在疑惑中，我们清楚地得知："这事成就，是要应验先知的话。"

上帝肯定是要我们根据他话语在过去的应验，得出一些关于它在将来应验方式的结论。我们有理由期望，关于基督第二次来的预言，要像关于他第一次来的预言一样，按照字义应验。他第一次来，是按字义在肉身中来。他将要第二次按字义，在肉身中来到这地上。在过去，他曾按字义而降卑来到尘世，并且受苦。他要再来，按字义在荣耀中作王。关于他第一次来之事的每一个预言都按字义成就了。他再来时也要一样。所有关于犹太人得挽回、对罪人的审判、世人的不信、收聚选民的预言，都要按照字义成就。让我们不要忘记这一点。在研究尚未应验的预言的时候，一种固定的解经原则是第一重要的。

最后，让我们留意**一个关于人的赞同毫无价值的惊人例子**。我们主进入耶路撒冷时拥挤在他身边的人，在他被交在恶人手里时，没有一个站在他身边。此时许多人高呼"和散那"，四天之后却高喊"除掉他，把他钉十字架"！

但这是对人性正确的写照。这证明，看重人的称赞过于上帝的称赞，是彻底的愚昧。没有什么像受大众欢迎一样易变不定。今天

第二十一章

它还在，明天它就没有了。它是沙土的根基，在上面建造的人必然失败。让我们对它不要介怀。让我们追求"昨日、今日、一直到永远是一样的"那一位的称赞（来13：8）。基督绝不改变。他爱那些他所爱的人到底。他的慈爱永远长存。

二 基督把在圣殿里做买卖的人赶出去；不结果子的无花果树

太21：12—22

12. 耶稣进了上帝的殿，赶出殿里一切做买卖的人，推倒兑换银钱之人的桌子和卖鸽子之人的凳子；
13. 对他们说："经上记着说：'我的殿必称为祷告的殿'，你们倒使它成为贼窝了！"
14. 在殿里有瞎子、瘸子到耶稣跟前，他就治好了他们。
15. 祭司长和文士看见耶稣所行的奇事，又见小孩子在殿里喊着说："和散那归于大卫的子孙！"就甚恼怒，
16. 对他说："这些人所说的，你听见了吗？"耶稣说："是的。经上说：'你从婴孩和吃奶的口中完全了赞美的话。'你们没有念过吗？"
17. 于是离开他们，出城到伯大尼去，在那里住宿。
18. 早晨回城的时候，他饿了，
19. 看见路旁有一棵无花果树，就走到跟前，在树上找不着什么，不过有叶子，就对树说："从今以后，你永不结果子！"那无花果树就立刻枯干了。
20. 门徒看见了，便希奇说："无花果树怎么立刻枯干了呢？"
21. 耶稣回答说："我实在告诉你们：你们若有信心，不疑惑，不但能行无花果树上所行的事，就是对这座山说，'你挪开此地，投在海里！'也必成就。
22. 你们祷告，无论求什么，只要信，就必得着。"

* * *

我们在这段经文中看到对主耶稣生平两件值得留意事件的叙述。这两件事都有某些很明显是比喻性和预表性的内容。每一件事都是对属灵之事的象征。在每一件事表面之下，都有严肃教训的功课。

值得我们关注的第一件事，就是**我们主到圣殿里去**。他发现他父的殿处在一种光景，再真实不过地反映出整个犹太民族信仰的普遍状况——每一件事情都无序，偏离了正道。他发现圣殿的院子被世上的买卖可耻地亵渎。做买卖的竟然在圣殿的围墙之内交易。那里站着做买卖的，预备供应从远方来的犹太人所需的任何祭物。那里坐着兑换银钱的，准备用本地的流通钱币兑换外国的钱。公牛、绵羊、山羊和鸽子，被放在那里摆卖，好像这地方是一个集市。可以听到钱币的丁当声，仿佛这神圣的院子成了银行或交易所。

这就是我们主眼中所看到的情景。他看见这一切，发出神圣的愤怒。他"赶出殿里一切做买卖的人"，他"推倒兑换银钱之人的桌子"。没有人抵挡，因为他们知道他是对的。没有人反对，因为所有人都感到他只是在纠正人的卑鄙行径——他们为一己私利而邪恶地滥用圣殿。这些惊慌的商人从殿里逃出去时，他很有可能对他们说——"经上记着说：'我的殿必称为祷告的殿，你们倒使它成为贼窝了！'"

让我们从主耶稣这次举动中，看到对他再来时要做之事的惊人预表。他要像洁净圣殿一样洁净他的有形教会。他要洁净教会，使之除去一切玷污和不义的事，从它里面赶走每一个属世界的认信之人。他将不容许敬拜金钱的人和爱得利的人在那荣耀殿中有一席之地，这殿是他要最终展现在世人面前的。愿我们每天活着都盼望他再来！愿我们自己省察自己，好使我们在那察验筛选的日子，不至于被定罪和驱赶出去！我们应当经常学习玛拉基的这番话——"他来的日子，谁能当得起呢？他显现的时候，谁能立得住呢？因为他如炼金之人的火，如漂布之人的碱。"（玛3：2）

在这段经文中，值得我们注意的第二件事，就是**我们主咒诅那不结果子的无花果树**。我们被告知，他饿了，走到路旁一棵无花果树跟前，"在树上找不着什么，不过有叶子，就对树说：'从今以后，你永不结果子。'那无花果树就立刻枯干了。"在我们主一切侍奉中，几乎没有一件事能与这件事相提并论。这几乎是唯一一次，我们发现他为教导一个属灵的真理而让出自其手的一样受造物受苦。那棵枯萎的无花果树给我们带来了一个察验人心的教训，它传出一篇讲道，我们所有人若听就有福了。

这棵无花果树长满叶子，却没有果子，这是一个惊人的象征，反映出主耶稣在地上时犹太民族的信仰状况。犹太宗教拥有可向外炫耀的一切，它有圣殿、祭司制度、每天的礼拜、年度的节期、旧约圣经、利未人的各样礼仪、早晚的献祭。但在这些很好的叶子底下，犹太人的宗教完全没有果子。它没有美德，没有信心，没有爱，没有谦卑，没有灵性，没有真正的圣洁，没有接受弥赛亚的意愿（约1：11）。因此犹太宗教就像这棵无花果树，不久就要枯萎死去。它所有外在的装饰都要被夺去，它的成员要被分散到全地。耶路撒冷将要被毁，圣殿要遭焚烧，每天的献祭要被取消。这棵树要枯萎，直到完全枯萎贴地为止。不久这件事就发生了。从未有一个预表是如此按字义应验的。在每一个游荡的犹太人身上，我们都看到那棵被咒诅的无花果树的一枝。

但我们不可到此为止，我们可以从现在看的这件事上找到更多教训。这些事情既是为犹太人，也是为我们的缘故写的。

基督有形教会不结果子的每一枝，岂不都落在可怕的危险之中，以致变成一棵枯萎的无花果树吗？毫无疑问是这样的。会众当中有高言大志的教规认信，却没有圣洁——对宗教会议、主教、礼仪和仪式过分的相信，悔改和信心却疏忽了——这些已经在过去毁坏了许多有形教会，可能还要毁坏更多。一度出名的以弗所、撒狄、迦太基和希波的教会现在在哪里？它们都消失了，它们都有叶子，却没有果子。我们主的咒诅临到它们，它们成了枯萎的无花果树。命令发出，"将这树砍伐毁坏"（但4：23）。让我们记住这一点。让我们小心教会的骄傲。让我们不要心高气傲，反倒要惧怕（罗11：20）。

最后，每一个有基督教信仰却不结果子的人，岂不都落在要变成一棵枯萎无花果树的可怕危险之中吗？无疑是这样的。只要一个人还满足于宗教的叶子——按名是活的，其实是死的；有敬虔的外貌，却没有敬虔的实意——他的灵魂就落在了极大的危险之中。只要他满足于上教堂，领受圣餐，被人称为基督徒，内心却没有改变，还没有离弃罪，他就是在每天触动上帝的怒气，上帝要把他剪除，他已无可救药。果子，果子——圣灵的果子，是我们得救与基督联合，走在通向天堂路上的唯一可靠证据。愿我们将此深深地存在心里，永不忘记！

第二十一章

三 基督回答法利赛人关于权柄的质问；两个儿子

太21：23—32

23. 耶稣进了殿，正教训人的时候，祭司长和民间的长老来问他说："你仗着什么权柄做这些事？给你这权柄的是谁呢？"
24. 耶稣回答说："我也要问你们一句话，你们若告诉我，我就告诉你们我仗着什么权柄做这些事。
25. 约翰的洗礼是从哪里来的？是从天上来的？是从人间来的呢？"他们彼此商议说："我们若说'从天上来'，他必对我们说，'这样，你们为什么不信他呢？'
26. 若说'从人间来'，我们又怕百姓，因为他们都以约翰为先知。"
27. 于是回答耶稣说："我们不知道。"耶稣说："我也不告诉你们我仗着什么权柄做这些事。"
28. 又说："一个人有两个儿子。他来对大儿子说：'我儿，你今天到葡萄园里去做工。'
29. 他回答说，'我不去'，以后自己懊悔，就去了。
30. 又来对小儿子也是这样说。他回答说'父啊，我去'，他却不去。
31. 你们想这两个儿子，是哪一个遵行父命呢？"他们说："大儿子。"耶稣说："我实在告诉你们：税吏和娼妓倒比你们先进神的国。
32. 因为约翰遵着义路到你们这里来，你们却不信他；税吏和娼妓倒信他。你们看见了，后来还是不懊悔去信他。"

* * *

　　这段经文包含了我们主耶稣基督和祭司长并民间长老之间的一场对话。这些与公义苦苦为敌的人，看见主公开进入耶路撒冷以及因洁净圣殿引起的轰动，马上就像蜜蜂一样把我们的主围住，努力要找机会控告他。

《马太福音》释经默想

让我们首先观察到，**真理的敌人是多么爱质疑所有比他们行更多善事之人的权柄**。祭司长对我们主的教导不能说一句反对的话，他们不能控告他本人或他门徒的生活或举止。他们抓住不放的一点，就是他的使命——"你仗着什么权柄做这些事？给你这权柄的是谁呢？"

上帝的仆人努力拦阻教会败坏的进程时，人常常对他们发出同样的控告。这是今世之子使用的古老武器，借此常常下大力气拦阻复兴和改革的过程。这是人常常在改教家、清教徒和上世纪循道宗人士面前挥舞的兵器。这是常常用来射向当今城市宣教士和平信徒工人的毒箭。对于上帝对某人工作明显的祝福，太多的人不屑一顾，因为这人并不是由他们自己的宗派差遣出去的。某位在上帝禾场谦卑做工的人，可以指出通过他起的工具作用，有极多人归正。他们仍会高声发问："你仗着什么权柄做这些事？"他的成功对他们来说算不得什么，他们要求看到他的权柄。他的医治算不得什么，他们要看他的委任状。让我们听到这样的事情时，既不要吃惊也不要摇动。这是人对基督本人发出的古老指控。"日光之下，并无新事。"（传1：9）

第二，让我们留心看**我们主回应质疑时完全的智慧**。他的仇敌已经发问，他是凭着什么权柄做他所做的事。他们无疑要把他的回答当作控告他的把柄。他知道他们提问的目的，于是说道，"我也要问你们一句话，你们若告诉我，我就告诉你们我仗着什么权柄做这些事。约翰的洗礼是从哪里来的？是从天上来的还是从人间来的呢？"

我们必须清楚地认识到，我们主的这个回答没有回避的意思。

第二十一章

这样想，是一个极大的错误。他提出的反问，实际上是对他敌人发问的回答。他知道他们不敢不承认施洗约翰是上帝派来的人。他知道确立了这一点，他就只需提醒他们约翰对他所作的见证。约翰岂不宣告了他是"上帝的羔羊，除去世人罪孽的"吗？约翰岂不是宣告了他是那位大能者，"要用圣灵施洗"吗？简而言之，我们主的问题击中了他敌人良心的要害。如果他们承认施洗约翰有从上帝而来的使命，他们也必须承认耶稣本人的使命也是属神的。如果他们承认约翰是从天上来的，他们就必须承认耶稣本人是基督。

让我们祷告祈求，在这艰难的世界上，我们可以得着我们主在这里展现出来的那种智慧。无疑我们一定要按照彼得的命令行事，"只要心里尊主基督为圣。有人问你们心中盼望的缘由，就要常作准备，以温柔、敬畏的心回答各人。"（彼前3∶15）对于就我们神圣信仰原则提出的问题，我们不应回避，而要随时预备好捍卫和解释我们的做法。但有了这一切，我们也绝不可忘记，"得智慧指教，便有益处"，我们应当努力用智慧的言语为美好的事作辩护。所罗门的话值得我们思考——"不要照愚昧人的愚妄话回答他，恐怕你与他一样。"（箴26∶4）

最后，让我们从这段经文中观察到，**我们主对那些悔改的人发出了何等的鼓励**。我们在两个儿子的比喻中，看到这点表现得非常明显。两人都被告知要去到他们父亲的葡萄园中做工。一个儿子，就像放荡的税吏，有一段时间公然拒绝顺服，但后来悔改，最终去了。另外一个，就像形式主义的法利赛人，假装愿意去，但实际上却不去。主说："你们想这两个儿子，是哪一个遵行父命呢？"就连他的敌人也不得不回答："大儿子。"

让这成为我们基督教信仰的一个坚定原则，就是上帝和我们主耶稣基督总是愿意接纳悔罪的罪人。一个人过去如何，这一点也不重要。他悔改，到基督这里来吗？那么旧事已过，一切都变成新的了。一个人的信仰认信多么高调和自信，这一点也不重要。他真正放弃了他的罪吗？如果没有，他的认信在上帝眼中就是可憎的，他自己就仍落在咒诅之下。如果我们到目前为止都是大罪人，让我们以此鼓励自己。只要我们悔改相信基督，就有盼望。让我们鼓励其他人悔改，让我们把门继续完全向罪魁敞开。那句话绝不会落空："我们若认自己的罪，上帝是信实的，是公义的，必要赦免我们的罪，洗净我们一切的不义。"（约一1∶9）

四　邪恶园户的比喻

太21∶33—46

33. "你们再听一个比喻：有个家主，栽了一个葡萄园，周围圈上篱笆，里面挖了一个压酒池，盖了一座楼，租给园户，就往外国去了。
34. 收果子的时候近了，就打发仆人到园户那里去收果子。
35. 园户拿住仆人，打了一个，杀了一个，用石头打死一个。
36. 主人又打发别的仆人去，比先前更多，园户还是照样待他们。
37. 后来打发他的儿子到他们那里去，意思说：'他们必尊敬我的儿子。'
38. 不料，园户看见他儿子，就彼此说：'这是承受产业的。来吧！我们杀他，占他的产业！'
39. 他们就拿住他，推出葡萄园外杀了。
40. 园主来的时候，要怎样处治这些园户呢？"
41. 他们说："要下毒手除灭那些恶人，将葡萄园另租给那按着时候交果子的园户。"
42. 耶稣说："经上写着：'匠人所弃的

石头,已作了房角的头块石头。这是主所作的,在我们眼中看为希奇。'这经你们没有念过吗?

43. 所以我告诉你们,上帝的国必从你们夺去,赐给那能结果子的百姓。

44. 谁掉在这石头上,必要跌碎;这石头掉在谁的身上,就要把谁砸得稀烂。"

45. 祭司长和法利赛人听见他的比喻,就看出他是指着他们说的。

46. 他们想要捉拿他,只是怕众人,因为众人以他为先知。

* * *

这段经文中的比喻是特别指着犹太人说的。他们是这里描写的园户。他们的罪在这里像画面一样摆在我们面前。对此这是无可置疑的。经上记着:"他是指着他们说的。"

但我们不可得意,以为这比喻没有包含任何对外邦人说的话。其中既有给犹太人,也有给我们立下的教训。让我们来看这些教训是什么。

我们首先看到,**上帝乐意把一些明显的特权赋予一些民族**。

他拣选以色列人做特别的民,归给他自己。他把他们与地上的万民分别开来,赋予他们数不尽的福气。其余所有的人仍在黑暗当中的时候,他就赐他们关于他自己的启示。他赐他们律法、圣约和上帝的圣言,而全世界其余的人都被撇下不管。简而言之,上帝待以色列人,就像对待一片土地,他给这地周围圈上篱笆,种植这地,而旁边全部的土地都被废弃,没有耕种。耶和华的葡萄园,就是以色列家(赛5:7)。

我们岂没有特权吗?毫无疑问我们有许多特权。我们有圣经,人人都有读圣经的自由。我们有福音,人人都得到允许来听福音。

我们有丰富的属灵恩惠，是为数五亿与我们一样的人丝毫不知道的。我们应当何等感恩！英格兰最穷的人可以每天早上说，"有五亿不死的灵魂比我光景更糟。我是谁，竟然与人不同？我的心哪，你要称颂耶和华！"

接着我们看到，**一些民族有时会何等地滥用他们的特权**。

耶和华把犹太人和其他人分别开来的时候，他有权期望他们服侍他，遵守他的律法。一个人下了大力气管理他的葡萄园，他就有权期望收获果子。但以色列没有对上帝所有的恩惠作出当给的回报。他们与外邦人混杂在一起，效法他们的行事之道。他们让自己在罪和不信中刚硬，他们转离追求偶像，他们不遵守上帝的典章，他们藐视上帝的圣殿，他们拒绝听从他的先知，他们苦待他派来呼吁他们悔改的人。最后他们让自己的邪恶上升到一种地步，杀了上帝儿子自己，就是主基督。

我们如何使用我们的特权？这确实是一个严肃的问题，一个应当思考的问题。我们很有理由担心，作为一个民族，我们没有按照我们得到的光照生活，行事为人没有与我们所蒙许多的恩惠相称。我们岂不是得羞愧承认，我们当中数以百万计的人，在这世上生活，看上去似乎是完全没有上帝吗？我们岂不是得承认，在很多城镇，在很多村庄，基督看上去几乎没有任何门徒，圣经看上去几乎无人相信吗？我们闭眼不看这些事实，这是没有用的。主从他在大不列颠的葡萄园收到的果子，与本应收到的相比，少得可耻。我们大可怀疑，我们是否像犹太人一样，惹动了他的怒气。

接着我们看到，**上帝有时何等可怕地与那些滥用它们特权的国家和教会算账**。

第二十一章

时候临到，上帝对犹太人的忍耐到了尽头。我们主死后四十年，他们罪孽的杯终于满了，因着他们许多的罪，他们受到严厉惩罚。他们的圣城耶路撒冷被摧毁。他们的圣殿遭焚毁。他们自己被分散到全地。"上帝的国从他们夺去，赐给那能结果子的百姓。"

同样的事会发生在我们身上吗？上帝的审判，会因英格兰这国家在如此多的恩惠之下不结果子而临到它吗？谁能知道呢？我们大可以与那位先知一道呼喊："主耶和华啊！你是知道的。"我们只知道，过去一千八百年的审判已经临到许多教会和民族。上帝的国已经从非洲的教会夺去。伊斯兰教的势力已经胜过东方大部分教会。不管怎样，所有英国信徒都应当为我们的国家多多代求。甚至没有什么像疏忽特权那样大大地惹动上帝的怒气。上帝给我们的多，对我们要求的也多。

最后我们看到，**即使恶人的良心也是有力量的**。

祭司长和长老最后发现，我们主的比喻是专门对他们自己讲的。结尾那句话一针见血，人无法躲避。他们"看出他是指着他们说的"。

每一家教会都有许多听福音的人，他们和这些糟糕的人之光景一模一样。他们知道每个星期日听到的都是真实的。他们知道自己错了，每一篇讲道都定他们为有罪。但他们没有心愿或勇气承认这一点。他们太骄傲，太爱世界，以致不能承认他们过去的错误，背起十字架来跟从基督。让我们都警惕这种可怕的心态。末日要显明，听众良心里发生的事情，远比传道人知道的多。千千万万的人要显明出来，他们就像祭司长一样，他们自己的良心定他们为有罪，死的时候却没有归正。

第 二十二 章

一 大筵席的比喻

太22：1—14

1. 耶稣又用比喻对他们说：
2. "天国好比一个王为他儿子摆设娶亲的筵席，
3. 就打发仆人去，请那些被召的人来赴席；他们却不肯来。
4. 王又打发别的仆人，说：'你们告诉那被召的人，我的筵席已经预备好了，牛和肥畜已经宰了，各样都齐备，请你们来赴席。'
5. 那些人不理就走了：一个到自己田里去，一个作买卖去，
6. 其余的拿住仆人，凌辱他们，把他们杀了。
7. 王就大怒，发兵除灭那些凶手，烧毁他们的城。
8. 于是对仆人说：'喜筵已经齐备，只是所召的人不配。
9. 所以你们要往岔路口上去，凡遇见的，都召来赴席。'
10. 那些仆人就出去到大路上，凡遇见的，不论善恶都召聚了来，筵席上就坐满了客。
11. 王进来观看宾客，见那里有一个没有穿礼服的，
12. 就对他说：'朋友，你到这里来，怎么不穿礼服呢？'那人无言可答。
13. 于是王对使唤的人说：'捆起他的手脚来，把他丢在外边的黑暗里，在那里必要哀哭切齿了。'
14. 因为被召的人多，选上的人少。"

* * *

这段经文讲述的比喻，是一个有非常广泛意义的比喻。它的第一个应用无疑是指向犹太人。但我们不可把这局限于他们身上。它包含了察验人心的教训，是给有福音传讲给他们的人的。这是一个灵里的画面，如果我们有耳去听的话，今天就仍在对我们说话。一位学识渊博的神学家的评论是满有智慧和正确的，他说："比喻就像多面的宝石，如此多面切割，可从多个切面发出光来。"

让我们首先留意，**福音的救恩被比作一场娶亲的筵席**。主耶稣告诉我们："一个王为他儿子摆设娶亲的筵席。"

福音为人灵魂所需的一切作了完全供应。解决灵里饥渴所要求的一切，在福音中都有供应。罪得赦免、与上帝和好、在这世上有活泼的盼望、在来世得荣耀——这一切都丰丰富富地陈列在我们面前，这是"用肥甘设摆筵席"。这一切的供应都归功于上帝的儿子、我们主耶稣基督的慈爱。他提出要接受我们与他自己的联合，挽回我们进入上帝的家，做他蒙爱的儿女，用他自己的义作为袍子给我们披上，使我们在他国度里有一席位，在末日把我们毫无瑕疵地呈现在他父的宝座前。简单地说，福音是给饥饿的人食物，给哀伤的人喜乐，给无家可归的人一个家，给失丧的人一个爱他们的朋友。它是好消息。上帝通过他的爱子，提出要与有罪的人和好。让我们不要忘记这一点——"不是我们爱上帝，乃是上帝爱我们，差他的儿子为我们的罪作了挽回祭，这就是爱了。"（约一4：10）

让我们接着留意，**福音邀请的对象是广大、完全和无限制的**。

主耶稣在这比喻中告诉我们，王的仆人对那些收到邀请的人说："筵席已经预备好了，请你们来赴席！"

就拯救罪人灵魂而言，上帝这一方没有任何缺乏。从来就没有一个人能说，如果他不得救，这最终是上帝的错。父预备好爱和接纳，子预备好赦免并把罪责洗净除去，圣灵预备好使人得以成圣和更新，天使预备好了为回转的罪人大大地欢喜，恩典预备好了帮助他，圣经预备好了教训他，天堂预备好了要作他永远的家。只有一件事是需要的，就是罪人必须自己预备好，要自己愿意。我们也绝不要忘记这一点。让我们不要在这一点上作无谓的纷争，纠缠于细枝末节。上帝要显明与所有失丧之人的血无关。福音讲到罪人的时候，总是说他们是要负责任和要交账的人。福音在全人类面前放置了一道敞开的门，没有人从它所传的当中被排除出去。所传的这一切虽然只对相信的人产生效力，却是对全世界都充分足够的。虽然进窄门的人很少，但所有人都得到邀请进来。

第三，让我们留意，**福音的救恩遭到许多听到福音之人的拒绝**。主耶稣告诉我们，王的仆人邀请他们来赴婚宴，但那些人"不理就走了"。

成千上万的人听到福音，却从中得不到任何益处。他们周复一周，年复一年听福音，却不相信以使灵魂得救。他们感受不到自己特别需要福音，看不到当中有特别的美好之处。他们也许并不憎恨或者反对、讥笑福音，但他们并不把它接受到心里去。他们更喜欢别的事情。对他们而言，他们的金钱、他们的土地、他们的生意、他们的喜好，都是比他们灵魂更让他们感兴趣的话题。落在这样的光景中真是可怕，但这却相当常见。让我们省察自己的内心，小心

第二十二章

地确保这不是我们自己的光景。公开的罪会杀人千千，但对福音无动于衷、忽视福音，这却杀人万万。许多人要发现，他们落在地狱当中，是因为他们轻慢福音，多于因为他们公然违背十诫。基督在十字架上为他们死，但他们却忽视他。

让我们最后来留意，**所有虚假认信的人，都要在末日被查验、揭露出来，永远定罪**。主耶稣告诉我们，娶亲的筵席坐满了客的时候，王进来看他们，"见那里有一个没有穿礼服的"。他问这人他没穿礼服怎么可以进来，这人无言以对。然后王命令仆人"捆起他的手脚来，把他丢在外边"。

只要世界尚存，基督的教会里就总有虚假认信的人。正如一位神学家所说的那样，在这比喻中，"一个被丢在外边的人，代表其余被丢在外边的人"。人要看透人心，这是不可能的。欺骗和假冒为善的人，绝不会被完全排除在自称是基督徒之人的行列之外。只要人承认顺服福音，过外在正确的生活，我们就不敢肯定地说他没有披戴基督的义。但末日没有欺骗的事。上帝无误的眼睛要分辨哪些是属他自己的人，哪些不是。除了真信心，没有什么能经受他审判的火。所有伪装的基督教信仰都要在天平上接受衡量，显出亏欠。除了真信徒，无人能在羔羊的婚宴上坐席。一个假冒为善的人对信仰高谈阔论，在人当中享有盛誉，被看作是卓越的基督徒，但这对他于事无补。他的夸胜不过是暂时的。他要被剥去所有借回来的漂亮衣服，在上帝的审判台前赤裸发抖，无言以对，自己定自己为有罪，无望无助。他要被丢在外面的黑暗里蒙羞，种什么收什么。我们的主说得完全有理："在那里必要哀哭切齿了。"

让我们从这比喻的严肃画面中学习智慧，更加殷勤，使我们所蒙的恩召和拣选坚定不移。我们自己身处这句话——"各样都齐备，请你们来赴席"——所告及的人当中。让我们确保自己不拒绝说这话的那一位。让我们不像别人那样睡觉，而是守望警醒。时间快快过去，王不久就要进来观看宾客。我们是穿上了礼服还是没有？我们披戴了基督吗？这是从这比喻引申出的重大问题。愿我们不给出一个满意的答案就决不安息！愿"被召的人多，选上的人少"这句察验人心的话，天天在我们耳边响起！

二　法利赛人对纳税的提问

太22：15—22

15. 当时，法利赛人出去，商议怎样就着耶稣的话陷害他，
16. 就打发他们的门徒同希律党的人去见耶稣，说："夫子，我们知道你是诚实人，并且诚诚实实传上帝的道，什么人你都不徇情面，因为你不看人的外貌。
17. 请告诉我们，你的意见如何？纳税给该撒可以不可以？"
18. 耶稣看出他们的恶意，就说："假冒为善的人哪，为什么试探我？
19. 拿一个上税的钱给我看。"他们就拿一个银钱来给他。
20. 耶稣说："这像和这号是谁的？"
21. 他们说："是凯撒的。"耶稣说："这样，凯撒的物当归给凯撒；上帝的物当归给上帝。"
22. 他们听见就希奇，离开他走了。

* * *

　　从这一段经文我们看到，在我们主地上侍奉的最后日子，人对他发出的一系列狡猾进攻的第一波。他的死敌，那些法利赛人，看

到因着他所行的神迹和他的传道,他正获得影响力。他们决定使用一些方法堵住他的口,或者将他处死。所以他们努力要"就着耶稣的话陷害他"。他们打发"他们的门徒同希律党的人"去用一个难题试探他。他们希望引诱他说一些话,可以用作控告他的把柄。我们在这段经文中看到,他们的诡计全然失败。他们的动作一无所获,在混乱中退去。

在这段经文中,我们需要关注的第一件事,就是**我们主的敌人用来与他搭话的奉承言语**。他们说:"夫子,我们知道你是诚实人,并且诚诚实实传上帝的道,什么人你都不徇情面。"这些法利赛人和希律党的人讲得多么好听!这些是何等圆滑并掺上蜜糖的言语!无疑他们以为,用花言巧语可以让我们的主放松警惕。确实可以这样形容他们:"他的口如奶油光滑,他的心却怀着争战;他的话比油柔和,其实是拔出来的刀。"(诗55:21)

所有认信的基督徒都当对**奉承**极为警惕。如果我们认为撒旦的军火库里只有逼迫和苦待,我们就大错特错了。那位狡猾的敌人有其他手段来害我们,它知道如何利用这些手段。使用火箭和刀枪不能吓人的时候,它知道怎样使用世上诱惑人的亲切态度毒害人心。让我们不要对它的诡计一无所知。它"在人坦然无备的时候,毁灭多人"(但8:25)。

我们确实太过容易忘记这个事实。我们忽视了上帝在圣经中赐给我们学习的许多例子。是什么导致参孙被毁?不是非利士人的大军,而是一位非利士妇人假装的爱情。是什么导致所罗门背道?不是外面敌人的力量,而是他众多妻子的谄媚。希西家王犯下那最大的错误,原因是什么?不是西拿基立的刀剑,或者拉伯撒利的威胁，而是巴比伦使者的奉承。让我们记住这些事，保持警惕。和平通常比战争毁灭更多的国家。甜的东西比苦味的东西引发更多的疾病。阳光比北风更快让行路人脱下保护他的衣服。让我们小心说奉承话的人。撒旦最危险的时候，莫过于它显明为光明天使的时候。世界对基督徒来说最危险的时候，莫过于它微笑的时候。犹太卖主是用一个亲嘴，信徒若能不为世界的憎嫌所动，这是好的；但若能够不为世界的奉承所动，则是更好的。

在这些经文中，我们需要关注的第二件事，就是**我们主对他敌人的回答有何等奇妙的智慧**。法利赛人和希律党的人问纳税给凯撒可以不可以。无疑地他们认为，他们提出了一个问题，不管我们的主如何回答，他们都必占上风。若是他回答纳税可以，他们就会向百姓告他，说他是侮辱以色列的特权，认为亚伯拉罕的子孙不再自由，而是外国势力的臣民。若是他回答纳税不可以，他们就会向罗马人告他，说他煽动背叛，是反抗凯撒的人，拒绝给他纳税。但我们主的举动让他们遭遇完全的挫败。他要求人们看那上税的钱。他问他们，这钱币上有谁的头像。他们回答，这像是凯撒的。他们承认凯撒使用印有他的像和号的金钱，这对他们就有一定的权柄，因为铸造流通货币的人，就是这钱流通之地的统治者。法利赛人和希律党人立刻就得到一个回答，而且这个回答让他们无可辩驳——"这样，凯撒的物当归给凯撒，上帝的物当归给上帝。"

这句名言立定的原则非常重要。在一切现世，不是完全属灵的事情上，有一种顺服，是每一个基督徒当向他生活在其下的民事政府活出的顺服。他可能不认同这民事政府的每一样要求，但必须顺服这国家的法律，只要这些法律尚未撤销，就当顺服。他必须做到，

"凯撒的物当归给凯撒"。在所有完全属灵的事情上,有另外一种顺服,是基督徒当向圣经中的上帝活出的顺服。一切现世的损失、民事方面的无能、对当局的不悦,都绝不可试探他去行圣经明令禁止的事。他所处的位置可能很试炼人,他可能要为良心的缘故大大地受苦,但他绝不能逃避圣经明白的要求。如果凯撒发明一种新的福音,人就不可顺服他。我们必须做到,"上帝的物当归给上帝"。

这个问题无疑是一个极为困难和微妙的问题。肯定的是,教会千万不能操控国家政治。同样确定的是,国家也绝不可吞没和控制教会。也许良心敏感的人,没有比在这点上受到更大的试炼。在解决"凯撒的事止于何处,上帝的事始于何处"这个难题上,好人的分歧没有比这更大的。一方面,正如英格兰的清教徒在斯图亚特王朝统治的不幸年代付出代价发现的那样,民事当局常常可怕地侵犯良心的权利。另一方面,属灵的权力常常提出它的要求,到了夸张的地步,以致把凯撒的权杖从他手里夺走,正如罗马教会践踏我们自己的英格兰国王约翰一样。为了在所有这类问题上有一种正确的判断,每一个真正的基督徒都应不断地祈求得着从上而来的智慧。目光专一,天天求上帝赐下恩典,并且运用常识的人,上帝绝不会任凭他大肆犯错。

三 撒都该人对复活的提问

太22:23—33

23.撒都该人常说没有复活的事。那天,他们来问耶稣说:

24."夫子,摩西说:'人若死了,没有孩子,他兄弟当娶他的妻,为哥哥

生子立后。'

25. 从前，在我们这里有弟兄七人。第一个娶了妻，死了，没有孩子，撇下妻子给兄弟。

26. 第二、第三，直到第七个，都是如此。

27. 末后，妇人也死了。

28. 这样，当复活的时候，她是七个人中哪一个的妻子呢？因为他们都娶过她。"

29. 耶稣回答说："你们错了，因为不明白圣经，也不晓得上帝的大能。

30. 当复活的时候，人也不娶，也不嫁，乃像天上的使者一样。

31. 论到死人复活，上帝在经上向你们所说的，你们没有念过吗？

32. 他说：'我是亚伯拉罕的上帝，以撒的上帝，雅各的上帝。'上帝不是死人的上帝，乃是活人的上帝。"

33. 众人听见这话，就希奇他的教训。

* * *

这段经文描写了我们主耶稣基督和撒都该人之间的一场对话。这些人说"没有复活的事"，企图像那些法利赛人和希律党的人一样，用难题把我们主难倒。和那些人一样，他们也希望"就着耶稣的话陷害他"，毁坏他在百姓当中的声誉。和那些人一样，他们也遭受惨败。

让我们首先留意，**那种说圣经真理是陈年过时之事的怀疑和反对是何等的荒谬**。撒都该人希望表明复活和来生的教义实属荒唐，所以他们到我们主这里来，说了一个很有可能专门为此编造的故事。他们告诉他说，有某一位妇人，先后与七兄弟结婚，他们都死了，没有留下孩子。然后他们问，所有人复活的时候，这妇人在下一个世界里是"哪一个的妻子"。这个问题的目的是显而易见的。他们实际上是要藐视贬低复活的整个教义。他们为的是含沙射影地指出，如果死后男女要再次住在一起，当中就必然存在着混乱、纷争和不合宜的无序。

若我们遇见类似反对圣经教义，特别是反对关乎另外一个世界教义的事，我们断不可以为希奇。这个世界从来不缺少"乖癖的"人，这些人要"妄论"那看不见的事，用想象出来的难题作为他们不信的借口。所假设的情况，是不信之人的思想特别喜爱的、让自己坚守其中的防御堡垒之一。这种人常常树立起它自己想象出来的影子，以此作为武器争战，仿佛它是真理。这种人常常拒绝看支持基督教信仰海量清楚的证据，却牢牢抓住某一个单独的难题，幻想这难题是人无法回答的。

我们的信心永不应当片刻就被这种人的言谈和论证动摇。一个原因就是，我们要记住，在一种来自上帝的信仰当中，必然存在着深奥难明的事，并且一个小孩子也能提出连最伟大的哲学家都无法回答的问题。另一个原因就是，我们要记住，圣经中有无数的真理，是清楚的，不可能让人产生误解的。让我们首先留心关注它们，相信它们，顺从它们。我们这样做就无须怀疑，许多现在让我们无法明白的事，将来要显为清楚。我们这样做，就可以肯定"我们如今不知道，后来必明白"。

接着让我们留意，**我们主为了证明来生的实在，提出了一段何等值得注意的经文。**他在撒都该人面前摆上上帝在荆棘中对摩西说的话——"我是亚伯拉罕的上帝，以撒的上帝，雅各的上帝。"（出 3：6）他加上这评论："上帝不是死人的上帝，乃是活人的上帝。"摩西听见这句话时，亚伯拉罕、以撒和雅各已经去世，并埋葬了多年。自从三人当中最后一位雅各被送进坟墓，两个世纪已经过去。然而上帝说到他们，仍说他们是他的民，他自己仍是他们的上帝。他不是说,"我曾是他们的上帝",而是"我现在是他们的上帝"。

也许我们并不经常受到试探,怀疑复活和来生是否真实。但不幸的是,按理论持守真理容易,实际上认识真理却并非如此。我们很少人不会发现,默想我们主在这里展示的大能真理,让它在我们思想中占据一个显赫地位,这是好事。让我们深信,死人在一种意义上仍然活着。在我们看来,他们已经辞世,他们的地方不再认识他们。但在上帝眼中,他们活着,有一天要从坟墓里出来,接受永远的宣判。不存在湮灭这样的事,这种观念是一个可悲的欺骗。日月星辰,稳固的大山,深深的海洋,有一天都会化为无有。但是最穷之人最软弱的婴孩,也必在另外一个世界永远活着。愿我们永远不要忘记这一点!若能出于内心认同尼西亚信经的话,"我等望死后复活,又望来世之永生",这人是有福的!

让我们最后来留意,**我们主对男女复活后光景的陈述**。他让撒都该人看到,他们完全误解了复活状态的真正特征,就这样让他们幻想出来的反对不再作声。他们想当然地认为,那必然是一种世俗属肉体的存在,就像地上人类存在的光景。我们的主告诉我们,在接下来那世界活着的人,有一个真实的物质身体,但它却是一种构成相当不同的身体,有与我们现在不同的需要。让我们记住,他只是在讲得救的人,没有提到失丧之人。他说:"当复活的时候,人也不娶也不嫁,乃像天上的使者一样。"

我们对天堂里的来生所知甚少。也许我们对此最清楚的观念,是来自思想它不是什么,而不是它是什么。它是一种光景,在当中我们不再饥饿,不再口渴。人将不知何为不适、痛苦和疾病。衰老

第二十二章

和死亡将没有地位。婚姻、生育和繁衍后代将不再需要。一旦被接进天堂的人，将要永远住在其中。从反面到正面，有一件事是我们被清楚地告知的——我们"乃像天上的使者一样"。像他们一样，我们要完全、毫不犹疑和不知疲倦地服侍神。像他们一样，我们要永远活在上帝的面前。像他们一样，我们要永远喜悦地按他的旨意行。像他们一样，我们要把一切的荣耀归给羔羊。这些是深奥的事，但它们都是真的。

我们为这种生活做好预备了吗？如果我们被接纳在其中有分，我们会以此为乐吗？与上帝在一起，服侍上帝，这如今就令我们欢喜吗？天使的工作是我们喜爱的工作吗？这些是庄严的问题。如果我们希望在另外一个世界复活的时候上天堂，那么在还活着的时候，我们的心就必须在地如在天（西3：1—4）。

四 律法师对最大诫命的提问，基督对他敌人的回答

太22：34—46

34. 法利赛人听见耶稣堵住了撒都该人的口，他们就聚集。
35. 内中有一个人是律法师，要试探耶稣，就问他说：
36. "夫子，律法上的诫命，哪一条是最大的呢？"
37. 耶稣对他说："你要尽心、尽性、尽意，爱主你的上帝。
38. 这是诫命中的第一，且是最大的。
39. 其次也相仿，就是要爱人如己。
40. 这两条诫命是律法和先知一切道理的总纲。"
41. 法利赛人聚集的时候，耶稣问他们说：

42. "论到基督,你们的意见如何?他是谁的子孙呢?"他们回答说:"是大卫的子孙。"
43. 耶稣说:"这样,大卫被圣灵感动,怎么还称他为主,说:
44. '主对我主说:你坐在我的右边,等我把你仇敌放在你的脚下。'
45. 大卫既称他为主,他怎么又是大卫的子孙呢?"
46. 他们没有一个人能回答一言。从那日以后也没有人敢再问他什么。

* * *

在这一部分的开始,我们看到主回答某位律法师的提问。这律法师问他,"律法上的诫命,哪一条是最大的呢?"他问此问题,并非带着善意。但我们有理由感恩,毕竟有人提出了这个问题。它从我们主那里得到一个充满宝贵教训的回答。就这样我们看到,善的如何可以从恶的当中出来。

让我们**留意这节经文包含了何等美好的概括,说明我们对上帝、对我们邻舍的本分**。耶稣说:"你要尽心、尽性、尽意,爱主你的上帝。"他又说,"要爱人如己。"然后他加上一句:"这两条诫命是律法和先知一切道理的总纲。"

这两条原则何等的简单,却又何等的全面!这话何等的简短,却包含何等丰富的内容!它们多么令人降卑,定人为有罪!它们何等地证明,我们每日需要怜悯和赎罪的宝血!人如果更多地明白和实践这些原则,世界就有福了!

爱是真正顺服**上帝**的伟大秘诀。当我们对上帝的感情,就像儿女对待一位慈父时,我们必欢喜行他的旨意。我们必不会发现他的诫命是难守的,必不会像惧怕鞭打的奴隶一样为他做工。我们必欢喜努力遵守他的律法，我们违背他的时候，心必忧伤。没有谁像出于爱而做工的人那样做得好。惧怕刑罚，或渴望得赏赐，是力量稍逊一筹的动因。从心里遵行的人，能最好地遵行上帝的旨意。我们要正确教养儿女吗？那么让我们教导他们爱上帝。

爱是对我们的**同胞**有正确行为的伟大秘诀。爱邻舍的人会厌恶对他作出任何故意的伤害，无论对他的个人、财产或品格均是如此。但他不会就此止步。他要渴望在每一方面都向邻舍行善，他要努力减轻邻舍的愁苦，加增他的喜乐。一个人爱我们的时候，我们就会对他有信任。我们知道他不会故意伤害我们，每次有需要的时候，他都要做我们的朋友。我们要教导儿女正确待人吗？让我们教导他们要爱人如己，要别人怎样待他们，他们就怎样待别人。

但我们怎样才能得着这种对**上帝**的爱？这不是天生的感情。我们生在罪中，作为罪人，我们惧怕上帝。那么我们怎能爱他呢？除非我们通过基督与他和好，否则我们就绝不能真正爱他。当我们感受到我们的罪得赦免了，我们自己与造我们神圣的上帝和好了，那时，只有那时，我们才会爱他，得着儿子的心。相信基督，这是爱上帝的真正源头。感受到得赦免越多，人就爱得越多。"我们爱，因为上帝先爱我们。"（约一4：19）

我们怎样才能得着这种对**邻舍**的爱？这也不是天生的感情。我们生来自私、恨人和彼此相恨（多3：3）。除非我们的心被圣灵改变，否则我们就绝不会爱我们的同胞。我们一定要重生。我们一定要脱去旧人，穿上新人，以基督耶稣的心为心。那时，只有那时，我们冰冷的心才会知道何为从上帝而来的对别人的爱。"圣灵所结的果子就是仁爱。"（加5：22）

让我们把这些牢记在心里。在这末后的日子，人对爱和怜悯多有夸夸其谈。人承认羡慕这些，渴慕看到这些加增，然而却恨恶那唯独能生出它们的动因。让我们坚守古道。我们不可能做到没有根却有果子和花朵。没有对基督的信心，没有重生，我们不可能爱上帝、爱人。在这个世界上传递真爱的方法，就是教导基督的赎罪，还有圣灵的作为。

这段结束的部分，包含着**我们主向法利赛人提出的一个问题**。他用完全的智慧回答他敌人的问题，最后问他们："论到基督，你们的意见如何？他是谁的子孙呢？"他们马上回答："是大卫的子孙。"然后他要他们解释，大卫为什么在《诗篇》中称他为主（诗110：1）。"大卫既称他为主，他怎么又是大卫的子孙呢？"他的敌人立刻哑口无言。"他们没有一个人能回答一言。"文士和法利赛人无疑熟悉他引用的《诗篇》，但他们不能解释它的应用。只有承认弥赛亚的先存和神性，这才能得到解释。这是法利赛人不愿承认的。他们对弥赛亚的唯一观念就是，他是与他们当中的一个相像的人。他们假装比其他人都更认识圣经，却对圣经无知，以及他们对基督真正本性的轻视、属肉体的看法，就这样一次同时被揭露出来。马太受圣灵感动，说出这句妙语："从那日以后，也没有人敢再问他什么。"

在我们结束这部分之前，必须对我们主这个严肃问题作一个实际应用，"论到基督，你们的意见如何？"我们怎么看他的位格和他的职分？我们怎么看他的生，以及他在十字架上为我们死？我们怎么看他的复活、升天和在上帝右边的代求？我们已经尝到主恩的滋味吗？我们已经凭信心抓住他了吗？我们已经凭经历发现他对我们灵魂实为宝贵吗？我们真的能说他是我的救赎主、我的救主、我的牧者和我的朋友吗？

　　这些是严肃的问题。愿我们不对此作出满意的回答就决不安息。如果我们不凭着活的信心与基督联合，我们读关于他的事，这就于我们无益。让我们再一次用这问题试验我们的信仰，"论到基督，我们的意见如何？"

第 二十三 章

一 基督对文士与法利赛人教训的警告

太23：1—12

1. 那时，耶稣对众人和门徒讲论，
2. 说："文士和法利赛人坐在摩西的位上，
3. 凡他们所吩咐你们的，你们都要谨守遵行；但不要效法他们的行为，因为他们能说不能行。
4. 他们把难担的重担捆起来，搁在人的肩上，但自己一个指头也不肯动。
5. 他们一切所做的事都是要叫人看见，所以将佩戴的经文做宽了，衣裳的繸子做长了；
6. 喜爱筵席上的首座，会堂里的高位；
7. 又喜爱人在街市上问他安，称呼他拉比（就是"夫子"）。
8. 但你们不要受拉比的称呼，因为只有一位是你们的夫子，你们都是弟兄。
9. 也不要称呼地上的人为父，因为只有一位是你们的父，就是在天上的父。
10. 也不要受师尊的称呼，因为只有一位是你们的师尊，就是基督。
11. 你们中间谁为大，谁就要作你们的用人。
12. 凡自高的，必降为卑；自卑的，必升为高。"

* * *

我们现在开始看的这一章,从一方面来说,它是四福音书中最特别的一章。它包含了主耶稣在圣殿围墙范围内说的最后一段话。这最后的话是对文士和法利赛人致命的揭露,对他们教训和行为严厉的责备。我们的主很清楚,他在地上的日子正接近尾声,就不再压制着他对犹太人主要教师的意见不说。他知道很快地他就要把跟从他的人留在身后,让他们像羊入狼群一般。他清清楚楚地警告他们,要他们防备包围着他们的假师傅。

这一整章都是勇敢、忠心地谴责谬误的鲜明例子。它是一个惊人的证明,让人看到最有爱心的人可以使用严厉责备的话语。最要紧的是,这是表明不忠心的教师当担负罪责的可怕证据。只要世界尚存,这一章就应当成为对所有在信仰方面做工之人的警示。在基督眼中,没有罪像他们的罪那样罪大恶极。

从本章前十二节经文首先看到,我们有责任**对假师傅的职分和实际榜样进行区分**。"文士和法利赛人坐在摩西的位上。"不论是对是错,他们都占据了在犹太人当中公开做主要教师的位置。不管他们是如何不配位居权柄的地位,他们的职分使他们有权得到人的尊敬。然而,虽然他们的职分当受尊重,人却不可效法他们恶劣的生活。只要他们的教导符合圣经,众人还是应当听从他们,但当这教导违背上帝的话语时,人就不可遵守。用一位伟大神学家的话说:"他们教导摩西所教导的内容时,人当听从他们。"但不可超越这之外。这就是我们主的意思,这从我们现在看的这一章的要旨可以清楚地看得出来。虚假的教训和错误的行为在这一章同样受到责备。

这里摆在我们面前的本分十分重要。人的思想存在一种不断闯入极端的倾向。如果我们不是用偶像崇拜般的敬仰来看牧师的职分，就容易带着不当的藐视加以看待。对于这两种极端，我们都需要警惕防备。不管我们多么地不认同一位牧师的做法，或不认同他的教导，我们却绝不可忘记，不可不敬重他的职分。不管我们对领受这使命的职分有何意见，却一定要表现出对那使命的尊重。保罗有一次所做的榜样值得注意，"弟兄们，我不晓得他是大祭司。经上记着说：'不可毁谤你百姓的官长。'"（徒23：5）

其次我们在这些经文中看到，**认信信仰的人表里不一、爱摆排场、喜爱高位，这些特别令基督不悦**。说到**表里不一**，要指出的是，我们主论到法利赛人时首先讲到，"他们能说不能行。"他们自己不做的事，却要求别人去行。至于**爱摆排场**，我们的主宣告说，他们做一切的事，都是"要叫人看见"。他们把佩戴的经文或者上面写着经文的长条皮子做得极大。他们把摩西命令以色列人为了记念上帝而穿着的"繸子"（民15：38），即衣服的边条，做得宽大夸张。他们做这一切都是为了吸引人的关注，让人去想他们是何等的圣洁。至于**喜爱高位**，我们的主告诉我们，法利赛人喜爱在众人聚集的地方居"首座"，喜欢人恭维他们的头衔。这一切事情都是我们主提出来加以责备的。他要我们警醒祷告，提防这一切。这些是败坏人灵魂的罪。"你们互相受荣耀，怎能信呢？"（约5：44）基督的教会若更深入思想这段经文，更从内心顺服它的精义，就有福了。法利赛人并不是唯一把严厉的要求强加于人、外表装作圣洁、喜爱人称赞的人。教会历史的记载让人看到，紧紧跟从他们脚踪而行的基督徒真是太多了。愿我们记住这点，变得有智慧！一个受洗的人在精神上做一个彻底的法利赛人，这是完全有可能的事。

第三，我们从这段经文看到，**基督徒绝不可把本应唯独归于上帝，唯独归于基督的尊称和荣耀归给任何人**。我们"不要称呼地上的人为父"。

这里立下的原则，必须根据正确的圣经限制条件加以解释。圣经没有禁止我们因上帝的工人所做的工而用爱心格外地尊重他们（帖前5：13）。就连保罗，其中一位最谦卑的圣徒，也称提多作"照着他们共信之道作他真儿子的"，对哥林多人说"我用福音生了你们"（林前4：15）。但我们仍要非常小心，不要不知不觉给了上帝的工人那并不属于他们的地位和尊荣。我们绝不可容许他们占据我们自己和基督之间的位置。最好的人也不是无谬的。他们不是能为我们赎罪的祭司。他们不是能在上帝面前担当管理我们灵魂事务的中保。他们是与我们自己有一样性情的人，需要同样的宝血洁净他们，需要同一位更新人的圣灵。他们被上帝分别出来承担崇高神圣的呼召，但仍然只是人。让我们绝不要忘记这些事。这样的警告总是有用的。人按天性总是宁愿依靠一位看得见的上帝的工人，而不愿依靠一位看不见的基督。

最后，我们看到，**没有别的美德像谦卑一样明显地把基督徒分别出来**。那要在基督眼中为大的人，必须让自己的目标完全有别于法利赛人追求的目标。他的目标必须是，不是辖制，而是服侍教会。巴克斯特说得好："教会的伟大在于它能大大地服侍人。"法利赛人的愿望是得到荣耀，被人称作"师尊"。基督徒的愿望必须是行善，献上自己以及自己所有的一切服侍他人。确实这是一个高标准，但一个比这低的标准，绝不能使我们满足。我们那配得称颂之主的榜样，以及使徒书信的直接命令，都要求我们"以谦卑束腰"（彼前5：5）。让我们天天追求这蒙福的美德。虽然它大受世界藐视，却没有一样美德比它更为美好。没有一样美德像它那样证明人有得救的信心，向上帝真正的归正。没有美德像它那样如此经常受到我们主的表彰。在他讲过的一切话中，几乎没有一句像我们现在看到这段话的最后一句那样，被主多次重复——"自卑的，必升为高"。

二 对文士与法利赛人提出的八项指控

太23：13—33

13. "你们这假冒为善的文士和法利赛人有祸了！因为你们正当人前，把天国的门关了，自己不进去，正要进去的人，你们也不容他们进去。（有古卷在此有

14. "你们这假冒为善的文士和法利赛人有祸了！因为你们侵吞寡妇的家产，假意作很长的祷告，所以要受更重的刑罚。"）

15. 你们这假冒为善的文士和法利赛人有祸了！因为你们走遍洋海陆地，勾引一个人入教，既入了教，却使他作地狱之子，比你们还加倍。

16. 你们这瞎眼领路的有祸了！你们说：'凡指着殿起誓的，这算不得什么；只是凡指着殿中金子起誓的，他就该谨守。'

17. 你们这无知瞎眼的人哪！什么是大的？是金子呢？还是叫金子成圣的殿呢？

18. 你们又说：'凡指着坛起誓的，这算不得什么；只是凡指着坛上礼物起誓的，他就该谨守。'

19. 你们这瞎眼的人哪！什么是大的？是礼物呢，还是叫礼物成圣的坛呢？

20. 所以，人指着坛起誓，就是指着坛和坛上一切所有的起誓；
21. 人指着殿起誓，就是指着殿和那住在殿里的起誓；
22. 人指着天起誓，就是指着上帝的宝座和那坐在上面的起誓。
23. 你们这假冒为善的文士和法利赛人有祸了！因为你们将薄荷、茴香、芹菜献上十分之一，那律法上更重的事，就是公义、怜悯、信实，反倒不行了。这更重的是你们当行的，那也是不可不行的。
24. 你们这瞎眼领路的，蠓虫你们就滤出来，骆驼你们倒吞下去。
25. 你们这假冒为善的文士和法利赛人有祸了！因为你们洗净杯盘的外面，里面却盛满了勒索和放荡。
26. 你们这瞎眼的法利赛人，先洗净杯盘的里面，好叫外面也干净了。
27. 你们这假冒为善的文士和法利赛人有祸了！因为你们好像粉饰的坟墓，外面好看，里面却装满了死人的骨头和一切的污秽。
28. 你们也是如此，在人前、外面显出公义来，里面却装满了假善和不法的事。
29. 你们这假冒为善的文士和法利赛人有祸了！因为你们建造先知的坟，修饰义人的墓，说：
30. '若是我们在我们祖宗的时候，必不和他们同流先知的血。'
31. 这就是你们自己证明是杀害先知者的子孙了。
32. 你们去充满你们祖宗的恶贯吧！
33. 你们这些蛇类、毒蛇之种啊！怎能逃脱地狱的刑罚呢？"

* * *

　　在这段经文中，我们看到主耶稣对犹太教师的控告，并且使用了八个重复的小标题。他站在圣殿当中，一群人围着他听他说话，他用毫不客气的说法，公开谴责文士和法利赛人的主要错误。"你们有祸了"这严肃的说法他用了八次。他七次称他们是"假冒为善的人"，两次说他们是"瞎眼引路的"，两次说他们是"瞎眼的人"，一次说他们是"蛇类、毒蛇之种"。让我们留心这用语。它教导了一个严肃的功课，它让人看到，文士和法利赛人的精神，不管以何种形式出现，在上帝眼中都是何等的可憎。

让我们简短地看到我们主提出的八项控告，然后努力从整段经文中吸取一个普遍的教训。

清单上的**第一个"有祸"**，是控告文士和法利赛人有系统地反对福音的推进。他们"把天国的门关了"。他们自己不进去，也不容许别人进去。他们不听施洗约翰的警告声。耶稣在他们当中作为弥赛亚显现时，他们拒绝承认他。他们企图把来求问的犹太人挡回去。他们自己不愿相信福音，他们也尽全力拦阻别人相信。这是一桩大罪。

清单上的**第二个"有祸"**，是控告文士和法利赛人贪婪自大的灵。他们"侵吞寡妇的家产，假意作很长的祷告"。他们假装有极大的敬虔，利用软弱和不设防之妇人的轻信欺骗她们，直到他们被人看作是她们属灵的引路人为止。他们毫不顾忌地滥用这样不义获得的影响力，为自己谋求现世的利益。简而言之，就是利用他们的信仰赚钱。这也是一桩大罪。

清单上的**第三个"有祸"**，是控告文士和法利赛人让人紧跟他们。他们"走遍洋海陆地，勾引一个人入教"。他们劳力不懈，让人加入他们一党，接纳他们的主张。他们这样做，丝毫不是为了给人的灵魂带来益处，或者把他们带到上帝面前。他们这样做，只是为了壮大他们一派，增加追随者的数目，以及增加他们自己的重要性。他们信仰的热心源自宗派主义，而不是出于爱上帝。这又是一桩大罪。

清单上的**第四个"有祸"**，是控告文士和法利赛人关于起誓的教训。他们在一种起誓和另外一种之间作出细微的分别。他们教导狡猾的原则，说一些起誓对人具有约束力，其他则没有。他们教导"指着金子"、献给圣殿的金子起的誓，要比"指着殿"本身起的誓更重要。这样做的时候，他们就使第三条诫命遭人藐视——通过让人过分估计奉献祭物的价值，推进他们自己的利益。这又是一桩大罪。①

清单上的**第五个"有祸"**，是控告文士和法利赛人在信仰方面高抬琐事超过严肃之事，把最后的事放在最前，最前的事放在最后的做法。他们很重视将"薄荷"和其他香草献上十分之一的事，仿佛他们在遵守上帝的律法方面是再严格不过的。然而与此同时，他们疏忽如公义、怜悯、信实这样重大而清楚的本分。这又是一桩大罪。

清单上的**第六和第七个"有祸"**相同之处太多，以致不能分开。它们是控告文士们信仰的一种普遍特征。他们看重外在的体面，胜过内在的圣洁和内心的纯全。他们以洗净他们杯盘的"外面"为宗教本分，却疏忽他们自己"内在"的人。他们好像刷白的坟墓，外面干净美丽，但里面充满败坏。"他们也是如此，在人前外面显出公义来，里面却装满了假善和不法的事"。这也是一桩大罪。

清单上的**最后一个"有祸"**，是控告文士和法利赛人装出来的对去世圣徒的尊敬。他们建造"先知的坟"，修饰"义人的墓"。然而他们自己的生活，证明他们与"杀害先知"的人是同一心意。他们自己的举动天天证明，他们喜欢死去的圣徒，超过喜欢活着的圣

---

① 外邦人清楚地知道，这种对起誓做手脚的做法，是犹太人品行的一种特点。一个令人震惊的事实，就是那位罗马诗人马提雅尔（Martial）也特别指出这一点。
看啊，你指着朱庇特的神庙对我否认和起誓；
犹太人啊，你指着耶和华的圣殿起誓，我也不会相信你。——Martial, 9.94.

徒。正是他们这些假装尊荣死去先知的，恰恰看不到永活基督的荣美。这也是一桩大罪。①

这就是我们的主描绘犹太人教师的阴沉画面。让我们在思想这一画面之后，感到忧伤痛心和羞辱。它是对病态人性的可怕剖析，它是在基督教会历史上不幸反复再现的画面。在文士和法利赛人的特征中，没有一点不是可轻易看出的，自称是基督徒的人常常跟随他们的脚踪行。②

让我们从这一整段看到，我们主在地上时，犹太民族的光景是何等的可悲。有这样的人做教师，那些接受他们教导的人，必然是落在何等可悲的黑暗中！确实以色列的罪孽已经满盈。确实现在就是公义的日头兴起，福音得到传扬的时候。

让我们从这整段经文中看到，**假冒为善在上帝眼中是何等的可憎**。主没有控告这些文士和法利赛人做强盗或杀人，而是控告他们骨子里是假冒为善的。不管我们在信仰中如何，都让我们定意决不披戴伪装。让我们都竭力做诚实和真实的人。

让我们从这整段经文中看到，**不忠心的牧师**，其位置是何等的危险。我们自己眼瞎，这已经够糟了。做瞎眼引路的，这要糟糕千倍。在所有人当中，没有谁像一位未归正的牧师那样罪大恶极，没

---

① 伯伦伯格圣经（Berlenberger Bible）对此问题的一段阐述足以震撼我，让我在此加以引用。
"在摩西的时候，问谁是义人，人会说是亚伯拉罕、以撒、雅各，但摩西不是，他应当用石头打死。在撒母耳的时候，问谁是义人，人会说是摩西和约书亚，但撒母耳不是。在基督的时候，问谁是义人，人会说是所有从前的先知，撒母耳也是，但基督和他的使徒不是。"
"死人不咬人"，"让他当神好了，只要他不活着就行"，这两句拉丁谚语都说明了同样的事实。
② 我不想错失这机会，所以要在此表明，我坚信我们的主在这一章所说的话有预言的意义，要应用在他所预见的将来在认信他的教会中生发的各种败坏上。毫无疑问，文士和法利赛人的教训和做法与罗马天主教许多重大的败坏有着至为不幸的相似之处。

第二十三章

有谁像他那样要受如此严厉的审判。论到这样的人,有一句发人深省的话:"他就像一位没有技巧的领航员——他不是一个人去死。"

　　最后让我们小心,不要从这段经文中得出结论,认为在信仰中最安全的道路,就是根本不作认信。这是闯入一个危险的极端。并非因为一些人假冒为善,人就可以得出结论,认为不存在着像真认信这样的事情。并非因为存在假币,人就可以得出结论,说所有的钱都是假钱。不要让假冒为善拦阻了我们认信基督,或者使已经认信他的我们动摇。让我们继续向前,仰望耶稣,以他为安息,天天祷告求上帝保守我们离开错谬,与大卫一道说:"愿我的心在你的律例上完全。"(诗119:80)

三　基督在众人面前对犹太人说的最后一番话

太23:34—39

34. "所以我差遣先知和智慧人并文士到你们这里来,有的你们要杀害,要钉十字架;有的你们要在会堂里鞭打,从这城追逼到那城,
35. 叫世上所流义人的血,都归到你们身上。从义人亚伯的血起,直到你们在殿和坛中间所杀的巴拉加的儿子撒迦利亚的血为止。
36. 我实在告诉你们:这一切的罪都要归到这世代了。"

37. "耶路撒冷啊,耶路撒冷啊!你常杀害先知,又用石头打死那奉差遣到你这里来的人。我多次愿意聚集你的儿女,好像母鸡把小鸡聚集在翅膀底下,只是你们不愿意。
38. 看哪,你们的家成为荒场留给你们。
39. 我告诉你们:从今以后,你们不得再见我,直等到你们说:'奉主名来的,是应当称颂的!'"

*　*　*

这段经文构成了我们主耶稣针对文士和法利赛人所作讲论的结语。这些话是他作为公开教导的夫子,在百姓面前说的最后一番话。我们主特有的温柔怜悯,在他工作结束时,以惊人的方式发光显明。虽然他任凭他的仇敌落在不信当中,他却表明他爱他们,怜悯他们到底。

我们首先从这段经文学到,**上帝常常在不义之人身上花大力气**。他差遣"先知和智慧人并文士"到犹太人那里。他反复警告他们,向他们传讲一篇接一篇的信息。他不会未经向他们发出责备,就让他们继续犯罪。他们绝不能说,他们犯罪时,他没有告诉他们。

这就是上帝对待不归正之人的方式。他不会未经呼吁他们悔改,就把他们在罪中剪除。他使用疾病和苦难敲他们的心,他用讲道,或者朋友的意见触动他们的良心。他在他们眼前把坟墓打开,从他们那里夺去偶像,呼唤他们考虑他们所走的路。他们常常不知这一切的意思,对他所有恩惠的信息,他们常常眼瞎耳聋。但他们最终要看见他的手,虽然这也许太迟。他们要发现,"上帝说一次、两次,世人却不理会。"(伯33:14)他们要发现,他们也像犹太人一样,有先知、智慧人并文士被差遣到他们这里来。在上帝护理之下发生的每一件事,都发出一个声音说:"你们转回、转回吧!何必死亡呢?"(结33:11)

其次我们从这些经文学到,**上帝已经看见他的使者和工人得到**

第二十三章

的待遇，有一天要审判此事。犹太人作为一个民族，常常用最羞辱的方式对待上帝的仆人。他们常常待上帝的仆人如仇敌，因为后者对他们说实话。一些人被他们逼迫，一些人被他们鞭打，一些人甚至遭他们杀害。他们也许想，他们无需为他们的行为交账。但我们的主告诉他们，他们错了。有一只眼睛看见了他们的一切作为，有一只手记下了他们流一切无辜之人的血，记在册子上，作为永久的提醒。他们要发现，"在殿和坛中间被杀"的撒迦利亚所发出的遗言，在八百五十年后仍发出回声。他死的时候说："愿耶和华鉴察伸冤。"（代下 24：22）[①]

然而不多年之后，在耶路撒冷要发生审判这流人血之罪的事，是世人从未见过的。圣城要被毁，杀害如此多先知的这民，自身要被饥荒、瘟疫和刀剑毁灭。即使逃脱的人也要被四面吹来的风吹散，就像那杀人的该隐一样，"流离飘荡在地上"。我们都知道这些话是怎样按照字面应验了。我们的主说得对，"我实在告诉你们：这一切的罪都要归到这世代了。"

我们所有人都留意这教训，这是好的。我们太容易以为"过去的都过去了"，对我们来说是过去的、做完的和很久以前的事，绝不会再被翻出来。但我们忘记了对上帝来说，"一日如千年"，一千年前的事件，在他眼中就像此刻的事件一样是刚刚发生。上帝要

[①] 值得注意的是，这里讲的撒迦利亚，《历代志》说他是耶何耶大的儿子，我们的主说他是巴拉加的儿子。这差异让一些人认为，这里所讲的撒迦利亚不可能是在约阿施时候被杀害的那一位，而是完全不同的另一个人。但看来没有充分理由支持这种观点。到目前为止，最令人感到满意的解释似乎就是，撒迦利亚的父亲有两个名字：耶何耶大和巴拉加。一个人有两个名字，这在犹太人当中并非罕见。马太也叫利未，犹大也叫达太。

"再寻回已过的事",最要紧的,上帝要再寻回对待他圣徒的事,要人为此交账。在罗马皇帝手下被杀害的初期基督徒的血;瓦勒度派和阿尔比派的血以及在圣巴多罗买日大屠杀中被杀之人的血;在宗教改革时被烧死的殉道士的血,被宗教裁判所处死的人的血——所有的这一切,这一切都要受审判。有一句老话说:"上帝公义的磨石慢慢磨,但磨得非常细。"世人还要看到,"在地上果有施行判断的上帝"(诗 58:11)。

今天那些逼迫上帝百姓的人要小心他们在做的事。他们要知道,所有因其他人信仰的缘故伤害、取笑、讥讽或毁谤他们的人,是在犯一桩大罪。他们要知道,基督理会每一个因他的邻舍比自己更好,或者因为邻舍祷告、读圣经、思想自己灵魂的事就逼迫他的人。永活的那一位说:"摸你们的,就是摸我眼中的瞳人。"(亚 2:8)审判那日要证明,万王之王要审判所有侮辱他仆人的人。

最后,我们从这些经文学到,**永远失丧的人,是因着自己的过失而失丧**。

我们主耶稣基督的话非常特别。他说:"我多次愿意聚集你的儿女……只是**你们**不愿意。"

这句话中有特别值得留意的地方。它光照了一个奥秘的主题,一个常常被人的解释所遮蔽的主题。它表明基督对许多不得救的人怀有慈悲和怜悯的感情;人败坏的极大秘密,在于他缺乏意志。人按本性实属无能——不能对自己有正确的看法;没有能力让自己回转相信和呼求上帝,却显然大有能力败坏自己的灵魂。他无能向善,却大有能力行恶。我们说人出于自己一事无成,这说得对,但我们必须牢记,无能的根源在于他的**意志**。悔改相信的意志,是没有一个人能赋予自己的,但拒绝基督、偏行己路的意志,是每一个人按本性拥有的。如果人最终不得救,这就要证明这是他的败坏。基督说:"你们不肯到我这里来得生命。"(约5:40)

让我们安心反思这个问题:在基督没有什么是不可能的。在他大能的日子,最刚硬的心也能变得心甘乐意。毫无疑问,恩典是不可抗拒的。然而,让我们绝不要忘记,圣经说人是要负责任的人,论到某些人,圣经说"你们常时抗拒圣灵"(徒7:51)。让我们认识到,失丧之人的败坏,不是因为基督不愿拯救他们,也不是因为他们要得救却是不能,而是因为他们不愿到基督这里来。让我们持守的立场,总是我们现在看的经文的立场——基督愿意聚集人,但他们不愿被聚集;基督愿意拯救人,但他们不愿得救。让这成为我们信仰不动摇的原则:**人若得救,他的得救是完全出于上帝;人若失丧,他的败坏是全然出于他自己。**我们里面的邪恶全部是出于我们自己。如果我们有任何善,那都是全然出于上帝;在来世得救的人,要把一切荣耀归给上帝;在来世失丧的人,要发现他们是自取败坏(何13:9)。

第 二十四 章

一 橄榄山上的预言，对耶路撒冷被毁、基督再来与世界末了的预言

太24：1—14

1. 耶稣出了圣殿，正走的时候，门徒进前来，把殿宇指给他看。
2. 耶稣对他们说："你们不是看见这殿宇吗？我实在告诉你们：将来在这里，没有一块石头留在石头上不被拆毁了。"
3. 耶稣在橄榄山上坐着，门徒暗暗地来说："请告诉我们，什么时候有这些事？你降临和世界的末了，有什么预兆呢？"
4. 耶稣回答说："你们要谨慎，免得有人迷惑你们。
5. 因为将来有好些人冒我的名来，说：'我是基督'，并且要迷惑许多人。
6. 你们也要听见打仗和打仗的风声，总不要惊慌，因为这些事是必须有的，只是末期还没有到。
7. 民要攻打民，国要攻打国，多处必有饥荒、地震。
8. 这都是灾难（原文作"生产之难"）的起头。
9. 那时，人要把你们陷在患难里，也要杀害你们；你们又要为我的名被万民恨恶。
10. 那时，必有许多人跌倒，也要彼此陷害，彼此恨恶。
11. 且有好些假先知起来，迷惑多人。
12. 只因不法的事增多，许多人的爱心才渐渐冷淡了。
13. 惟有忍耐到底的必然得救。
14. 这天国的福音要传遍天下，对万民作见证，然后末期才来到。"

＊　＊　＊

　　这段经文开启了充满预言的一章——这预言很大一部分尚未应验。对所有真基督徒来说,这预言应当激起他们极大的兴趣。这是圣灵说我们"留意才是好的"(彼后1:19)的问题。

　　我们对待圣经所有部分,应当像对待这里的经文一样,带着深深的谦卑前来,热切地祷告,求圣灵教导。没有哪一点像解释预言一样,使得好人在理解时如此全然地意见不一。没有哪一点像解释预言一样,激发起了一些人的偏见、其他一些人的独断,以及一些人的夸张——这些大大把真理从教会夺了去。而上帝原本是使用这预言作为祝福的。某位神学家说得好:"当有人偏向自己所喜爱的观点时,他有什么是看不见,或不能看见的呢?"

　　要明白整章的大意,我们必须认真留意引发我们主作出这番讲论的这个问题。门徒最后一次离开圣殿时,带着犹太人自然而有的感情,要他们的主留意组成圣殿的华丽建筑。让他们惊奇的是,主告诉他们,整座圣殿将要被毁。他的话看来深深地印记在门徒的脑海里。他坐在橄榄山上时,他们到他这里来,焦虑地问他:"请告诉我们,什么时候有这些事?你降临和世界的末了,有什么预兆呢?"在这句话里面,我们看到现在摆在我们眼前的预言主题的线索。它包括三点:首先是耶路撒冷被毁;其次是基督自己再来;第三是世界的末了。在本章的某些部分,无疑这三点是如此交织在一起的,以致很难把它们分开和理顺。但所有这些要点明显都在本章出现,没有了它们,就不可能正确地解释本章。

这预言的前十四节充满范围广阔的总体教训和应用。看起来它们可以同样应用于犹太教时代和基督教时代的结束之际，其中一个事件令人惊奇地预表另一个事件。它们当然要求我们"这末世的人"（林前 10∶11）特别留心。让我们来看这些教训是什么。

它给我们的第一个总体教训就是**警惕欺骗**。这讲论的第一句话就是，"你们要谨慎，免得有人迷惑你们。"

难以想象还有比这警告是人更需要的。撒旦很清楚预言的价值，不断努力地要让这主题遭人藐视。约瑟夫的作品充分证明，在耶路撒冷被毁前，有多少假基督和假先知兴起。对于将来的事，当今的人在何等多的方面常常眼瞎，这是显而易见的。人太成功地使用伊尔文派（Irvingism）和摩门教，作为拒绝基督再来这整体教义的论据。让我们警醒，做好防备。

在尚未应验预言的主要事实方面，不要让人欺骗我们说它们是没有可能的；或者在这些事实发生的方式方面，告诉我们说这不可能违背过去的经验。在尚未应验预言成就的时间方面，不要让人欺骗我们，一方面定下日期，或者在另一方面命令我们要等到全世界都归信的时候。在所有这些方面，让圣经清楚的含义，而不是人传统的解释作为我们唯一的指引。让我们不要耻于说，我们是在盼望未应验的预言按字义成就。让我们坦然承认，有很多事情是我们不明白的，但仍牢牢地坚持我们的立场，坚定地相信，耐心地等候，并不怀疑有一天，一切都要显明。最要紧的是让我们记住，弥赛亚第一次来受苦，这曾是当时人认为最不可能的事，让我们不要怀疑，正如他按字义亲自来受苦，同样他要按字义再来，亲自做王。

摆在我们面前的第二个重大教训，就是**警告我们不要对末期来**

到之前要发生的事抱有过分的乐观和过大的期望。这是和前面一个警告同样极其重要的警告。教会之前要不是如此大地疏忽了这教训，它的光景原本会好得多。

我们不当期望在末期来到之前会有普世的平安、幸福和兴盛。如果我们如此期望，我们就必大受迷惑了。我们的主命令我们要预料有战争、饥荒、瘟疫和逼迫。在和平之君再来之前预料有和平，这是枉然。那时，只有到了那时，刀才必打成犁头，列国不再学习战事。那时，只有到了那时，地才要出了土产。（赛2：4；诗67：6）

在末期来到之前，我们不当期望在基督的教会里会有普世性的纯全教义和实践。我们如果这样期望就大错特错了。我们的主命令我们要料到有"假先知"兴起，"不法的事增多"，"许多人的爱心渐渐冷淡了"。在教会伟大的元首再来，撒旦被捆绑之前，真理绝不会被所有自称相信的基督徒接受，圣洁绝不会成为人当中的标准。那时，只有那时，才会有一荣耀的教会，毫无玷污、瑕疵（弗5：27）。

在末期来到之前，我们不当期望世人都归正。我们如果这样盼望就大错特错了。"这天国的福音要传遍天下，对万民作见证"，但我们绝不可以为要看见世人普遍接受这见证。无论福音在哪里忠心传讲，它都要"选取百姓"作基督的见证，但在基督再来之前，万民完全被收聚的事绝不会发生。那时，只有那时，认识耶和华荣耀的知识，要充满遍地，好像水充满洋海一般（徒15：14；哈2：14）。

让我们把这些事情牢记在心。它们是为当今时候陈明的重大真理。让我们对基督教会里任何现存机制的期望合乎中道,我们就必免除极多的失望。让我们在世上快快传福音,因为时间短暂,并不长久。黑夜临到,人就不能做工。前面是动乱的时候。异端和逼迫不久就要削弱教会,分散它的注意力。关于原则的激烈争战,不久就要震动列国。现在为行善打开的门,可能不久就要永远关上。我们可能要看到基督教的日头,就像犹太教的日头一样在乌云和风暴中落下。最要紧的,让我们盼望我们主的再来。哦,求上帝赐给我们天天祷告的心,"主耶稣,愿你再来!"

二 继续预言,对耶路撒冷第一次和第二次围城苦况的预言

太24:15—28

15. "你们看见先知但以理所说的'那行毁坏可憎的'站在圣地(读这经的人须要会意)。
16. 那时,在犹太的,应当逃到山上;
17. 在房上的,不要下来拿家里的东西;
18. 在田里的,也不要回去取衣裳。
19. 当那些日子,怀孕的和奶孩子的有祸了。
20. 你们应当祈求,叫你们逃走的时候,不遇见冬天或是安息日。
21. 因为那时必有大灾难,从世界的起头直到如今,没有这样的灾难,后来也必没有。
22. 若不减少那日子,凡有血气的,总没有一个得救的;只是为选民,那日子必减少了。
23. 那时,若有人对你们说'基督在这里',或说'基督在那里',你们不要信。
24. 因为假基督、假先知将要起来,显大神迹、大奇事。倘若能行,连选民也就迷惑了。
25. 看哪,我预先告诉你们了。
26. 若有人对你们说,'看哪,基督在

旷野里',你们不要出去;或说,'看哪,基督在内屋中',你们不要信。

27. 闪电从东边发出,直照到西边。人子降临,也要这样。
28. 尸首在哪里,鹰也必聚在那里。"

* * *

我们主预言这部分的一个主题,就是罗马人占据耶路撒冷。这件大事发生在我们现在读到的这番话说出约四十年后。对此的完整记载可以在历史学家约瑟夫的作品里找到。这些著作是对我们主这番话最好的注解。它们是惊人的证据,证明他预言的每一小点都是准确的。①在犹太人的城被围期间,他们承受的恐怖和悲惨,绝非文字所能表述。确实"从世界的起头直到如今,没有这样的灾难"。

一些人对主赋予耶路撒冷被攻陷的重要性感到惊奇,他们宁可认为整个一章都尚未应验。这样的人忘记了耶路撒冷和圣殿是古时犹太人时代的中心。它们被毁的时候,旧的摩西体制走到了尽头。每日的献祭、年度的节期、祭坛、至圣所、祭司制度,在基督来到之前都是所启示的信仰至关重要的部分,但现在已不复如此。他死在十字架上时,它们的任务便已然完成。它们死了,存留着只是为了等待埋葬。但这事悄然发生是不妥的。一个在西奈山被赋予如此庄严的时代,它的终结也当料到是特别庄严的。如此多古时圣徒在其中看见"将来美事的影儿"的圣殿,它被毁也当料到是预言的一个主题,并且确实如此。主耶稣具体预言"圣地"变得荒凉。大祭司描写这时代的终

---

① 这是约瑟夫的话。当我们想到他并非基督徒时,这番话就更令人震惊:"没有其他城市曾经遭遇如此患难,所有从开始曾发生在任何城市的灾难,看来都不足以与落在犹太人身上的这些灾难相提并论。"

结，而这时代曾是把人带到他自己这里来的那师傅。

但我们绝不可以为，我们主预言的这部分因着耶路撒冷第一次被攻陷而完全应验。很有可能我们主的话还有一种更深远的意义，很有可能它们也预见了耶路撒冷第二次被围，这是尚未发生的，那时以色列已经回到他们自己的土地——这也预见了其中居民第二次受灾，只有我们的主耶稣基督再来，才能终止这灾祸。对这一段经文的这种观点，可能令某些人震惊。①但怀疑这种观点是否正确的人，确实应当研究《撒迦利亚书》的最后一章，以及《但以理书》的最后一章。这两章包含有严肃的内容，它们极大地光照了我们现在所看的经文，以及它们与后续经文的联系。

现在我们只需思想这段经文给我们个人造就方面带来的教训。这些教训是清楚无误的，当中至少没有任何难懂的地方。

一方面，我们看到**逃避危险，有时是基督徒的本分**。我们的主亲自命令他的百姓，在某种情形下要"逃走"。

基督的仆人无疑不应当是懦夫。他当在人面前承认他的主。他当如有需要，就愿意为真理死。但基督的仆人不应擅自闯入危险之中，除非这涉及他的本分。当死在岗位上并不能成就美事时，使用合理的途径保守自己的安全，他不应以此为耻。这功课有极深的智慧。真正的殉道士并不总是那些求死、匆匆要求被斩首或烧死的人。有时安静、等候、祷告、等候机会，而不是与我们的敌人对

---

① 值得一提的是，教父艾雷尼厄斯（Irenœus）和希拉丽（Hilary），以及16世纪的弗鲁斯都曾指出，我们主预言的这部分，要留待世界末了的时候应验。到那时一位身为人的敌基督者将要出现。希拉丽认为，"那行毁坏可憎的站在圣地"这节经文，将要在一位大有能力、身为人的敌基督者兴起时应验，这位敌基督者要接受异教徒敬拜。与这节经文相关的《帖撒罗尼迦后书》2：4值得我们认真研究。

抗，匆忙进入争战，这会表现出更多美德。愿我们有智慧，懂得在遭遇逼迫的时候如何行！我们既有可能做懦夫，也有可能过于鲁莽；我们既有可能过分冷淡，也有可能过分炙热，让自己变得不为上帝所使用。

另一方面我们看到，**我们的主在作出这预言时特别提到安息日**。他说："你们应当祈求，叫你们逃走的时候，不遇见安息日。"

这是值得特别留意的事实。我们生活的这个年代，经常有好人否认基督徒有守安息日的义务。他们对我们说，安息日和礼仪律一样，不再对我们有约束力。很难看出这种观点怎能与我们主在这严肃场合说的话协调。他在预言圣殿和摩西礼仪方面的律法最终被毁时，似乎是专门提到安息日，仿佛是尊荣那日。他似乎是在暗示，虽然他的百姓要脱离献祭和礼仪典章的轭，却仍有守安息日为他们存留（来4：9）。主张守主日为圣的朋友，当认真记住这节经文。这是有极大分量的一段经文。

我们看到另外一件事，**上帝的选民总是上帝看顾的特别对象**。我们的主在这段经文中两次提到他们。"只是为选民，那日子必减少了"；要迷惑"选民"，这是不可能的。

上帝拣选并使其通过基督而得救的人，是上帝在这世上特别爱的人。他们是人类当中他的珍宝。他看顾他们，胜过看顾宝座上不归正的君王。他垂听他们的祷告。他为他们的益处以及他们成圣的缘故，安排万国中发生的一切事件，战争的结局。他用他的圣灵保守他们，他不许人或魔鬼把他们从他的手里夺去。不管有何等灾难临到世上，上帝的选民都是安全的。愿我们不肯定我们是属于这蒙福人数中的人就决不安息！活着的男女，没有一人能证明自己不是选民中的一员。福音的应许是向所有人敞开的。愿我们殷勤，使我们所蒙的恩召和拣选坚定不移！上帝的选民是昼夜呼吁他的人。保罗看到帖撒罗尼迦人的信心、盼望和爱心时，他就知道他们是"蒙拣选的"（帖前1：4；路18：7）。

最后我们从这些经文看到，**基督无论何时再来，这都将是非常突然的事件**。它要像"闪电从东边发出，直照到西边"。

这是一个我们应当一直记住的应用性真理。我们的主耶稣要亲自再到这世界上来，这是我们从圣经上得知的。他要在大灾难时来，这我们也知道。但准确的时候，年、月、日、时刻，这些都是隐藏的事情。我们只知道这将是一个非常突然的事件。我们清楚的本分，就是以常常预备着他再来的状态生活。让我们行事为人凭信心，不凭眼见。让我们相信基督，服侍基督，跟从基督，爱基督。如此生活的时候，不管基督什么时候再来，我们都必预备好迎见他。

三 基督再临的描述

太24：29—35

29. "那些日子的灾难一过去，日头就变黑了，月亮也不放光，众星要从天上坠落，天势都要震动。
30. 那时，人子的兆头要显在天上，地上的万族都要哀哭。他们要看见人子有能力，有大荣耀，驾着天上的云降临。
31. 他要差遣使者，用号筒的大声，将他的选民从四方（"方"原文作"风"），从天这边到天那边，都招聚了来。"
32. "你们可以从无花果树学个比方：

当树枝发嫩长叶的时候，你们就知道夏天近了。

33. 这样，你们看见这一切的事，也该知道人子近了，正在门口了。

34. 我实在告诉你们：这世代还没有过去，这些事都要成就。

35. 天地要废去，我的话却不能废去。"

* * *

在我们主预言的这部分，他描写了他自己再来审判世界。不管如何，看起来这就是这段经文自然的含义。任何不及这一点的观点，看来都是极大地扭曲了圣经的话语。如果这里使用的严肃话语，指的不过就是罗马军队到耶路撒冷这里来，我们就可以把圣经里任何事情都解释得不存在了。这里所描写的事件，都远比地上军队行进的时刻重大得多。它完全就是这个时代的落幕，耶稣基督亲自再来。

这段经文首先教导我们，**主耶稣再到这世上来的时候，他必带着特别的荣耀和威严再来**。他必"有能力，有大荣耀，驾着天上的云降临"。在他面前连日月众星都必变黑，"天势都要震动"。

基督**第二次**来必与**第一次**来完全不同。他第一次来，多受痛苦，常经忧患。他生在伯利恒的马槽里，低微降卑。他取了仆人的形象，受人藐视拒绝。他被出卖交在恶人手里，被不义的审判定罪，受讥笑、鞭打，被戴上荆棘的冠冕，最后在两个强盗中间被钉十字架。他必要作为全地的王，带着一切王的威严再来。这世上的君王和伟人必亲自站在他的宝座前领受永远的判决。在他面前各人的口必被塞堵，万人无不屈膝，无不口称耶稣基督为主。愿我们都记住这一点。不管罪人现在做什么，在末日都没有对基督的嘲笑讥讽，对他的不信。耶稣的仆人大可以耐心等候。他们的主必有一日要被全世界的人承认是万王之王。

第二，这段经文教导我们，**基督再到这世上来的时候，他要首先看顾相信他的人**。他要"差遣使者"，"将他的选民都招聚了来"。

在审判的那日，真基督徒必绝对安全。他们头上一根头发都不落地。基督奥秘身体上没有一根骨头要被折断。在洪水的时候有方舟为挪亚预备。所多玛被毁灭的时候，有一座城琐珥为罗得存留。上帝的愤怒最终向这邪恶世界喷发而出时，必有一藏身之所为所有相信耶稣的人存留。每一位罪人悔改时都在天上欢喜的那些大能天使，要高兴地招聚基督的百姓在空中与他们的主相遇。那日无疑是一个可畏的日子，但信徒可以盼望这日，一无所惧。

在审判那日，真正的基督徒必最终被招聚在一起。历世历代的圣徒，说各种语言的人，必从每一个地方被招聚出来集合。从义人亚伯到最后归信上帝的人——从最大年纪的列祖到刚刚呼吸就死去的小小婴孩，所有人都必在那里。让我们思想，这将是何等有福的聚集，那时上帝所有的家人最终都要在一起。如果在地上与一两位圣徒偶遇都是欢喜，遇见"许多的人，没有人能数过来"，那将更是何等的欢喜！当然我们须心甘情愿地背负十字架，忍受几年的分离。我们走向一日，那时必相遇，不再分开。

第三，这段经文教导我们，**基督再来到这地上之前，犹太人总将继续是一群与人分别的民**。我们的主告诉我们，"这世代还没有

第二十四章

过去，这些事都要成就。"①

犹太人作为一群与众不同的民继续存在，这不容否认是一个极大的神迹。这是证明圣经真实，不信之人永远不能推翻的众多证据中的一个。犹太人没有土地，没有君王，没有政府，一千八百年来分散遍布全地，从未像法国人、英国人和德国人那样，被他们生活在其中的那国国民同化，而是"独居的民"。除了出于上帝的手，没有其他能解释这个事实。犹太民族站立在世人面前，是压倒不信的回应，证明圣经真实的活证据。但我们不应只是把犹太人看作是证明圣经真实的证据。我们应当在他们身上看到一种继续的保证，就是主耶稣有一天要再来。和圣餐这圣礼一样，他们见证主的再来和第一次来一样真实。让我们记住这一点。让我们看到，每一个流荡的犹太人都是圣经为真，基督有一天要再来的证据。

最后，这段经文教导我们，**我们主的预言必然要应验**。他说，"天地要废去，我的话却不能废去。"

我们的主非常清楚地知道，人按本性很自然就不信。他知道在末后的日子有讥笑的人要兴起说，他再来的应许在哪里呢（彼后3∶4）？他知道他来的时候，信德在地上是稀少的。他预见到许多人要藐视、拒绝他刚刚发出的严肃预言，看这是不可能的、不

---

① 对于"这世代"这个备受争议的说法，我看到的其他解释都不能令人感到满意，经受不住非常认真的反对。"世代"这词可以包含我认为的含义，在我看来，与《马太福音》12∶15，17∶17，23∶36；《路加福音》16∶8，17∶25；《腓立比书》2∶15用法的含义一致。我提出的观点并不新颖，梅德（Mede）、佩罗伊乌（Peroeus）、弗拉修（Flacius）、伊利里卡斯（Illyricus）、卡罗维斯（Calovius）、詹森（Jansenius）、多法伊尔（Due Veil）、亚当·克拉克（Adam Clarke）以及施蒂尔（Stier）均持这种观点。克里索斯托（Chrysostom）、奥利金（Origen）和西奥菲拉克特（Theophylact）认为"这世代"指的是"真信徒"。

会有的，是荒唐的。他发出特别严肃的警告，提醒我们所有人要抵制这种怀疑的思想。他告诉我们，不管人怎么说，怎么想，他的话到了时候必要应验，必不"废去"而不得成就。愿我们都把他的警告谨记在心。我们生活在一个不信的世代。从前相信所传我们主第一次来的人寥寥无几，相信所传他再来的人也是寥寥无几（赛53∶1）。让我们警惕这种传染病，要相信，以使我们的灵魂可以得救。我们看的不是乖巧捏造的虚言，而是深邃重大的真理。求上帝赐我们相信它们的心。

四 基督再临之前的描述，嘱咐警醒

太24∶36—51

36. "但那日子、那时辰，没有人知道，连天上的使者也不知道，子也不知道，惟独父知道。
37. 挪亚的日子怎样，人子降临也要怎样。
38. 当洪水以前的日子，人照常吃喝嫁娶，直到挪亚进方舟的那日，
39. 不知不觉洪水来了，把他们全都冲去。人子降临也要这样。
40. 那时，两个人在田里，取去一个，撇下一个；
41. 两个女人推磨，取去一个，撇下一个。

42. 所以，你们要警醒，因为不知道你们的主是哪一天来到。
43. 家主若知道几更天有贼来，就必警醒，不容人挖透房屋，这是你们所知道的。
44. 所以，你们也要预备，因为你们想不到的时候，人子就来了。"
45. "谁是忠心有见识的仆人，为主人所派，管理家里的人，按时分粮给他们呢？
46. 主人来到，看见他这样行，那仆人就有福了。
47. 我实在告诉你们：主人要派他管理

一切所有的。

48. 倘若那恶仆心里说：'我的主人必来得迟'，

49. 就动手打他的同伴，又和酒醉的人一同吃喝。

50. 在想不到的日子，不知道的时辰，那仆人的主人要来，

51. 重重地处治他（或作"把他腰斩了"），定他和假冒为善的人同罪，在那里必要哀哭切齿了。"

* * *

　　这段中有几节经文经常被人错误地应用。人经常把"人子降临"说成是与死相同的事。描述他来日子不定的经文，常被人用在墓志铭中，以为适合坟墓。但如此应用这一段经文，实在没有坚实的根据。死是一回事，人子来完全是另外一回事。这些经文的主题不是死，而是耶稣基督再来。让我们记住这一点。曲解圣经，使之脱离它真实的含义，这是一件很严重的事情。

　　这段经文要求我们关注的第一件事，就是**它们讲到主耶稣再来时世界落在其中的可怕光景**。

　　基督再来时，不是所有人都会归正。世人的光景要像洪水时代一样。洪水来的时候，人"吃喝嫁娶"，沉浸在世界的追求中，完全不顾挪亚反复的警告。它们看不到有可能会有一场洪水。他们不愿相信会有任何危险。但最终洪水突然临到，"把他们全都冲去"。所有不与挪亚一同在方舟里的人都被淹死了。他们都被冲去最终交账，不得赦免，没有归正，没有预备好见上帝。我们的主说："人子降临也要怎样。"

　　让我们注意这段经文，把它藏在我们的脑海里。即使在好人当中，对此话题目前也有许多古怪看法。让我们不要盲目乐观，以为

在主降临之前，异教徒全部都要归正，全地都要充满对上帝的认识。让我们不要梦想，以为教会和世上都还没有如此多的恶事，所以万物的结局不可能近了。这样的观点遭到现在摆在我们眼前的这段经文完全的否定。挪亚的日子是对基督再来日子真正的预表。数以百万认信的基督徒要显为没有思想、不信、没有上帝、没有基督、属世、没有准备好迎见审判他们的主。让我们谨慎，不要落入他们当中。

这段经文要求我们关注的第二件事，就是**主耶稣再来时要发生的那可怕的分离**。我们两次看到，"取去一个，撇下一个。"

目前义人和罪人全部都混杂在一起。在聚会和敬拜的地方，在城市在田野，上帝的儿女和世界的儿女都站在一起。但这情况不会永远持续。在主再来的那日，最终要有一种完全的分离。片刻之间，眨眼之间，号筒末次吹响的时候，每一方都要与对方永远分离——父母与儿女，弟兄与姊妹，主人与仆人，传道人与听众，都要分离。主显现的时候，人没有时间说道别的话，或回心转意。所有人都要按本相被接去，种的是什么，收的就是什么。相信的人要被接到荣耀、尊贵和永生之中。不信的人要被撇下，落在羞耻和永远遭蔑视之中。一心跟从基督的人是有福的！他们与主的联合必永不被打破。这要持续直到永远。谁能描述主再来时被接去之人的福分呢？谁能想象被撇下之人的悲惨呢？愿我们思想这些事，反省我们的道路。

这段经文要求我们注意的最后一件事，就是**鉴于基督再来，我们要在地上尽警醒守望的本分**。我们的主说："所以，你们要警醒，因为不知道你们的主是哪一天来到。""**你们也要预备**，因为你

第二十四章

们想不到的时候，人子就来了。"

这是我们配得称颂的主常常向我们强调，要我们留意的一点。我们几乎很难发现他在论述再来时不加上"警醒"这条命令。他知道我们本性容易沉睡。他知道我们是多么快就忘记了信仰中最严肃的问题。他知道撒旦是何等不住地做工，要遮蔽他再来这荣耀的教训。他用"我们若不想永远沉沦，就要保持警醒"这省察人心的劝勉来装备我们。愿我们都有耳听这些劝勉。

真正的基督徒应当像**守望之人**那样生活。主的日子像夜间的贼一样临到。他们应当努力常常保持警惕，他们的表现应当像在敌占区的军队哨兵一样。他们应当立定心志靠着上帝的恩典，不在岗位上入睡。保罗写的那节经文值得许多人思想——"我们不要睡觉，像别人一样，总要警醒谨守。"（帖前 5:6）

真正的基督徒生活就应当像主人不在家时的**忠心仆人**那样。他们应当总是努力为主人回来做好准备。他们应当绝不容自己有这样的感觉，"我的主人必来得迟"。他们应当努力保持这样的心态，就是无论基督何时显现，他们都能立刻热烈充满爱地迎接他。那句话有极深的含义："主人来到，看见他这样行，那仆人就有福了。"如果我们不随时预备，使我们的信心转为眼见，我们就大可以怀疑自己是不是真信耶稣的人。

让我们看完这一章时心情沉重。我们刚刚看过的事情，大声呼吁我们要努力反省内心。让我们努力确保我们是在基督里，那愤怒的日子爆发临到世上时，我们有一安全的方舟。让我们努力生活，让主在最后宣告我们是"有福的"，不被永远丢弃。同样重要的是，让我们从思想里打消这一人常有的观念，就是尚未应验的预言是猜测性的,并不实际。如果我们一直在思想的事情并不实际,那么就根本不存在实际的信仰这样的事了。约翰说得很有道理:"凡向他有这指望的,就洁净自己,像他洁净一样。"(约一3:3)

第 二十五 章

一 十个童女的比喻

太25：1—13

1. "那时，天国好比十个童女拿着灯出去迎接新郎。
2. 其中有五个是愚拙的，五个是聪明的。
3. 愚拙的拿着灯，却不预备油；
4. 聪明的拿着灯，又预备油在器皿里。
5. 新郎迟延的时候，她们都打盹、睡着了。
6. 半夜有人喊着说：'新郎来了，你们出来迎接他！'
7. 那些童女就都起来收拾灯。
8. 愚拙的对聪明的说：'请分点油给我们，因为我们的灯要灭了。'
9. 聪明的回答说：'恐怕不够你我用的，不如你们自己到卖油的那里去买吧！'
10. 她们去买的时候，新郎到了，那预备好了的，同他进去坐席，门就关了。
11. 其余的童女随后也来了，说：'主啊，主啊，给我们开门！'
12. 他却回答说：'我实在告诉你们：我不认识你们。'
13. 所以，你们要警醒，因为那日子、那时辰，你们不知道。"

* * *

我们现在开始来看的这一章，是我们主在橄榄山上预言讲论的继续。它全部所指向的时间是清楚的，不可能令人产生误解。从开始到最后，都是在继续指向基督再来和世界的终了。整个这章包括三大部分。第一，我们的主用他的再来作为支持警醒和内心信仰的论证。他用十个童女的比喻表明这一点。第二，他用他自己再来作为要人勤奋忠心的论证。他用一万银子的比喻说明这一点。第三，他描述了审判那大日，总结这一切，就威严和美丽而言，这一段经文在新约圣经中无与伦比。

我们现在来看的十个童女的比喻，包含有特别严肃和发人深省的教训。让我们来看这些教训是什么。

我们看到一件事，**基督再来时，要看到他的教会是混杂的一群人，既有好也有坏**。

认信教会被比作是"十个童女拿着灯出去迎接新郎"。她们全都有灯，但只有五个人器皿里有油可以点着灯火。她们全都宣称有一个目标，但只有五个人是真正聪明的，其余的都是愚拙。基督有形教会的光景与这完全一样。它所有的成员都奉基督的名受了洗，但并不是所有人都真是听他的声音跟从他。所有人都被称作是基督徒，宣信基督教信仰，但并非所有人都是真正的、他们承认自己是的那种人。我们自己的眼睛告诉我们，现在情况就是这样。主耶稣告诉我们，他再来的时候情况也将是如此。①

---

① 有些解经家对此比喻持有不同看法。他们认为这十位童女都代表真正相信的人；那五位愚拙的童女，是跌倒的信徒，或是主再来时仅仅被关在某些特权之外的信徒，他们最终也要得救。我并不认为这种观点正确。在我看来，它破坏了该比喻结论清楚的含义，与我们主在这地方讲论的整体要旨不符，也与圣经中的许多经文相矛盾。

我认为这十位童女代表组成基督有形教会的两大类人：归正的人和没有归正的人，虚假认信的人和真正的基督徒，假冒为善的人和真正的信徒，愚蠢的建造房屋者和有智慧的建造让我们认真留意这描写。这是一幅让人降卑的画面。在我们一切的讲道和祷告之后,在我们全部的探访和教导之后,在我们全部的海外宣教努力、本地实践蒙恩之道之后,很多人最终要显出是"死在过犯罪恶之中"!人性的邪恶和不信,是我们还要多多认识的一个主题。

我们看到的另外一件事,就是**基督的再来,无论何时发生,都要使人大吃一惊**。

这是该比喻以非常令人震惊的方式摆在我们面前的一个事实。在半夜童女们打瞌睡和睡着的时候,有一个呼声:"新郎来了,你们出来迎接他。"耶稣再来到这个世界上时情况也要完全一样。他要发现绝大部分的人是彻底不信和没有做好准备。他要发现相信他的人有很多都落在灵魂沉睡懒惰的光景。城里乡下生意继续,就像现在一样。政治、贸易、农作、买卖、寻欢作乐,要吸引人的注意力,就像现在的情形一样。富人仍将生活奢华,穷人仍将发牢骚抱怨。教会仍是充满纷争,为琐碎小事争吵,神学争论仍激烈进行。牧师仍呼吁人悔改,会众仍推迟作决定的日子。在这一切当中,主耶稣他自己要突然显现。在没有人想到的那一刻,震惊的世人要被传召中断一切的工作,站立在他们合法的君王面前。想到这一点就有说不出的可怕。但圣经就是这样写的,事情也必要如此。一位临

(接上页)房屋者,好的水族和坏的水族,活人和死人,麦子和稗子。

这种观点并不新颖,也并非不常见。以下几位解经家都在总体上持守了这种观点:布灵格(Bullinger)、布朗提斯(Brentius)、瓜尔特(Gualter)、佩利坎(Pelican)、巴扎(Beza)、弗鲁斯、帕罗伊乌(Paroeus)、皮斯卡托(Piscator)、马斯库鲁斯(Musculus)、利(Leigh)、巴克斯特(Baxter)、凯纳尔(Quesnel)、普尔(Poole)、曼顿(Manton)、亨利(Henry)、伯基特(Burkitt)、多德里奇(Doddridge)、吉尔(Gill)、司科特(Scott)。

终的牧师说得好:"我们所有人中最好的也不过是半醒而已。"

接着我们看到,**主再来的时候,许多人将发现拯救人信仰的价值,却是太迟了。**

这比喻告诉我们,新郎来的时候,愚拙的童女对那些聪明的童女说,"请分点油给我们,因为我们的灯要灭了。"它进一步告诉我们,因为聪明的童女没有多余的油可分,愚拙的童女就自己去"买"。它最后告诉我们,门关的时候她们来了,要求进去却是不能。她们大声喊:"主啊,主啊,给我们开门!"所有这一切说法都令人震惊地象征着将要临到的事。让我们小心,免得我们经历到事情确实如此,我们自己要永远灭亡。

我们心里可以确信,有一日将到,人对坚定的基督教信仰是否必要,看法会完全改变。目前我们所有人都要小心,绝大部分的认信基督徒对此毫不在乎。他们感受不到罪,他们对基督没有爱。他们对重生一无所知。悔改、相信、恩典和圣洁,对他们而言仅仅是词语名称而已。这些是他们不喜欢,或者觉得无须关注的事。但事情是这样的光景有一天必要结束。认识、知罪、灵魂的价值、对救主的需要,有一天要像闪电一样闯入人的思想。但是哎呀,这太迟了。主再来的时候正在买油,这太迟了。直到那日才发现的错误是无可弥补的。

我们是否曾因我们的信仰受讥笑、逼迫,被人认为是傻瓜?让我们忍耐承受,为逼迫我们的人祷告。他们不知道他们做的是什么。有一天他们肯定要改变心意。我们会听到他们承认,我们是聪明的,他们是愚拙的。全世界有一天必要承认,上帝的圣徒做了聪明的选择。

最后，我们在这比喻中看到，**基督再来的时候，真正的基督徒要因他们为他们主人缘故所受的一切苦，得着丰富的赏赐**。我们被告知新郎来的时候，"那预备好了的，同他进去坐席，门就关了。"

只有真正的基督徒才显出是在基督再来时做好了准备。他们在赎罪祭的血中洗净，披戴基督的义，被圣灵更新，必要勇敢见他们的主，在羔羊娶亲的筵席上坐下，不再出去。这实在是一个有福的前景。

他们必与他们的主同在——与爱他们，为他们舍己的那一位同在；与忍耐他们，带领他们走过这地上客旅生涯的那一位同在；与他们在这地上真心挚爱、忠心跟从的那一位同在，虽然这样做时，他们是常常软弱、多有泪水。这实在也是一个有福的前景。

门最后要被关上——对所有痛苦忧伤关上；对一个本性败坏和邪恶的世界关上；对试探人的魔鬼关上；对所有的怀疑和惧怕关上。关上，就不再打开。我们可以再一次说，这实在是一个有福的前景。

让我们记住这些事。它们经受得住深入思想。它们全然真实。相信的人会有极多苦难，但他也会拥有极多的安慰。一宿虽然有哭泣，早晨便必欢呼。（诗30：5）基督再来的日子一定会补偿这一切。

让我们看完这个比喻后立定心志，心里没有常在的恩典，就绝不知足。灯和基督徒的名义，宣信和基督教信仰的圣礼，按各自都是好的，但它们并不是那必不可少的一件事。让我们不知道我们内心是否有圣灵的油，就绝不安息。

二 按才干受托的比喻

太25：14—30

14. "天国又好比一个人要往外国去，就叫了仆人来，把他的家业交给他们，
15. 按着各人的才干，给他们银子，一个给了五千，一个给了二千，一个给了一千，就往外国去了。
16. 那领五千的随即拿去做买卖，另外赚了五千；
17. 那领二千的也照样另赚了二千；
18. 但那领一千的去掘开地，把主人的银子埋藏了。
19. 过了许久，那些仆人的主人来了，和他们算账。
20. 那领五千银子的又带着那另外的五千来，说：'主啊，你交给我五千银子。请看，我又赚了五千。'
21. 主人说：'好，你这又良善又忠心的仆人，你在不多的事上有忠心，我要把许多事派你管理；可以进来享受你主人的快乐。'
22. 那领二千的也来，说：'主啊，你交给我二千银子，请看，我又赚了二千。'
23. 主人说：'好，你这又良善又忠心的仆人，你在不多的事上有忠心，我要把许多事派你管理；可以进来享受你主人的快乐。'
24. 那领一千的也来，说：'主啊，我知道你是忍心的人，没有种的地方要收割，没有散的地方要聚敛。
25. 我就害怕，去把你的一千银子埋藏在地里。请看，你的原银子在这里。'
26. 主人回答说：'你这又恶又懒的仆人，你既知道我没有种的地方要收割，没有散的地方要聚敛，
27. 就当把我的银子放给兑换银钱的人，到我来的时候，可以连本带利收回。
28. 夺过他这一千来，给那有一万的！
29. 因为凡有的，还要加给他，叫他有余；没有的，连他所有的也要夺过来。
30. 把这无用的仆人丢在外面黑暗里，在那里必要哀哭切齿了。'"

* * *

我们现在看的按才干受托的比喻，与十个童女的比喻非常类似。两个比喻都指引我们去思想那同一个重要事件——耶稣基督的再来。两个比喻都把相同的人摆在我们面前，就是认信基督教会中的成员。童女和仆人是同一种人，但是从不同的角度，从不同的方面来看的同一种人。每一个比喻的实际教训，则是主要的不同点。警醒是第一个比喻的主基调。十童女的比喻呼吁教会要**警醒**，按才干受托的比喻呼吁教会要**做工**。

首先，我们从这个比喻看到，**所有认信的基督徒都从上帝那里领受了一些事情**。我们都是上帝的"仆人"。我们都有交托给我们负责的"银子"。

英文圣经用"才干"这个词来翻译"银子"，这很奇怪地偏离了它原本的意思。才干这个词通常用在只是有特别的能力或恩赐的人身上。他们被称作是有"才干"的人。这样的用法只是现代的发明而已。按照我们主在这个比喻中对这个词的用法，它是应用在所有受洗的人身上，没有分别。在上帝眼中我们都有银子，我们都是有才干的人。

我们用来荣耀上帝的任何事情都是一种才干。我们的恩赐、我们的影响力、我们的金钱、我们的知识、我们的健康、我们的力量、我们的时间、我们的认识、我们的理智、我们的智力、我们的记忆力、我们的情感、我们作为基督教会成员拥有的特权、我们作为拥有圣经之人的优势——所有这一切都是才干。这些事情是从哪里来的？谁的手把它们赐下？我们为什么是我们现在这样的人？我们为什么不是地上的爬虫？这些问题只有一个答案。我们一切所有的，都是上帝借给我们的。我们是上帝的管家。我们欠了上帝的债。让这认识深深地扎根在我们心里。

其次，我们看到，**许多人没有好好地使用他们从上帝领受的特权和怜悯**。这个比喻告诉我们，有一个人"去掘开地，把主人的银子埋藏了"。那人代表了一类人数众多的人。

把我们的银子藏起来，这就是我们有机会荣耀上帝，却忽略了这些机会。藐视圣经的人、疏于祷告的人、不守安息日的人、不信的人、放纵情欲的人、思念地上之事的人、轻慢的人、无心思想的人、寻欢作乐的人、爱财的人、贪婪的人、自我放纵的人——所有这些人都同样是把他们主的银子埋在地里。他们有一切的光，却不使用。他们本来都可以比他们实际做的更好，但他们每天都在抢夺上帝的物。他已经把如此多的借给他们，他们却不给他回报。但以理对伯沙撒的话完全适用在每一个不归正的人身上："你却没有将荣耀归与那手中有你气息，管理你一切行动的上帝。"（但5：23）

第三，我们看到，**所有口头认信的基督徒，必然有一天要向上帝交账**。这比喻告诉我们，"过了许久，那些仆人的主人来了，和他们算账。"

有一审判摆在我们所有人面前。如果没有，圣经上的话就没有意义了。否认这一件事，就是完全在轻视圣经。有一审判摆在我们面前，就是按照我们行为施行的审判——确凿、严厉、无可逃避。我们中间地位或高或低，富有还是贫穷，博学还是没有学问，都必然要站立在上帝的审判台前，领受我们直到永远的判决，不可能逃

第二十五章

脱。隐藏是不可能的，最后我们和上帝必须面对面。我们必然要为赐给我们的每一个特权，我们享有的每一束阳光交账。我们要发现，上帝看我们是要交账、要负责的受造之人，多给谁，就向谁多取。我们活着的每一天都要记住这一点。让我们先分辨自己，就不至于被主定罪。

第四，我们看到，**真正的基督徒要在审判的那大日领受丰富的赏赐**。这个比喻告诉我们，善用主人银子的仆人受到嘉许，主人夸他们"又良善又忠心"，主人让他们"进来享受他们主人的快乐"。

这些话让所有的信徒都大得安慰，足以让我们充满感叹惊奇。最好的基督徒都不过是可怜软弱的受造之人，只要活着，每天就需要赎罪的血。但最小、最卑微的信徒都要发现，他被算作是在基督的仆人之列，他在主里的劳苦不是徒然的。他要惊奇地发现，他主人看见他的努力中有更多讨主人喜悦的美事，超过他一直以来对自己的看法。他要发现用来服侍基督的每一刻，为基督说的每一句话，都被记在一本纪念的册子上。让信徒记住这些事，得到鼓励。十字架可能现在是沉重的，但荣耀的赏赐要补偿一切。雷顿（Leighton）说得好："在这里有一些喜乐进入我们里面，但在那里我们要进入到喜乐里面。"

最后，我们看到，**基督教会所有不结果子的成员，在审判那日都要被定罪，被弃绝**。这个比喻告诉我们，把他主人银子埋起来的那仆人，被定罪为"又恶又懒"、"无用"，被丢在"外面黑暗"里。我们的主还加上这句严肃的话，"在那里必要哀哭切齿了"。

在最后那日，一个未归正的基督徒将会没有借口。他现在用来假装令自己满足的理由将要证明是无用虚妄的。审判全地的主要显为施行公义的主。失丧之人的败坏要显为是他自己的过错。"你既知道",我们主说的这几个字,应当在许多人耳边回响,扎入他的内心。成千上万今天活着的人没有基督、没有归正,却假装自己是身不由己,而一直以来他们在自己的良心里知道自己有罪。他们正把他们的银子埋起来。他们不是在做他们能做的事。及时发现这一点的人是有福的,在那末日情况要显明是如此。

让我们看完这比喻时严肃地下定决心,靠着上帝的恩典,绝不满足于一种没有行为的对基督教信仰的认信。让我们不要只是谈论信仰,还要行动。让我们不要只是感觉到信仰重要,也还要做一些事。圣经没有告诉我们这无用的仆人是一个杀人犯,或者是一位强盗,甚至没有说他浪费他主人的金钱。而是他什么也不做——这就是让他败坏的事。让我们警惕一种什么也不做的基督教。这样的基督教不是从上帝的灵来的。巴克斯特说:"不害人,这是对一块石头,而不是对一个人的称赞。"

三 最后的审判

太25:31—46

31. "当人子在他荣耀里,同着众天使降临的时候,要坐在他荣耀的宝座上。
32. 万民都要聚集在他面前。他要把他们分别出来,好像牧羊的分别绵羊、山羊一般;
33. 把绵羊安置在右边,山羊在左边。
34. 于是,王要向那右边的说:'你们这蒙我父赐福的,可来承受那创世以来为你们所预备的国。
35. 因为我饿了,你们给我吃;渴了,你们给我喝;我作客旅,你们留我住;

36. 我赤身露体，你们给我穿；我病了，你们看顾我；我在监里，你们来看我。'
37. 义人就回答说：'主啊，我们什么时候见你饿了，给你吃，渴了，给你喝？
38. 什么时候见你作客旅，留你住，或是赤身露体，给你穿？
39. 又什么时候见你病了，或是在监里，来看你呢？'
40. 王要回答说：'我实在告诉你们：这些事你们既做在我这弟兄中一个最小的身上，就是做在我身上了。'
41. 王又要向那左边的说：'你们这被诅咒的人，离开我，进入那为魔鬼和他的使者所预备的永火里去！
42. 因为我饿了，你们不给我吃；渴了，你们不给我喝；
43. 我作客旅，你们不留我住；我赤身露体，你们不给我穿；我病了，我在监里，你们不来看顾我。'
44. 他们也要回答说：'主啊，我们什么时候见你饿了，或渴了，或作客旅，或赤身露体，或病了，或在监里，不伺候你呢？'
45. 王要回答说：'我实在告诉你们：这些事你们既不做在我这弟兄中一个最小的身上，就是不做在我身上了。'
46. 这些人，要往永刑里去；那些义人要往永生里去。"

* * *

  我们的主耶稣基督在这段经文中，描述了审判日以及它的一切主要细节。整部圣经中比这处更严肃、更察验人心的段落寥寥无几。愿我们用它配得的深入严肃的关注来看这一段经文。

  首先让我们留意，**在末日谁做审判的主**。我们看到将是"人子"，耶稣基督他自己。

  生在伯利恒马槽中、取了奴仆形象的这位耶稣，这位被人藐视、拒绝，常常没有枕头地方，被世界的君王定罪，被击打、鞭笞和钉在十字架上的这位耶稣，他在荣耀中再来时，要亲自审判世界。父已经把一切审判的事都交在他手里（约5：22）。最终万膝都要向他跪拜，万口都要承认他是主（腓2∶10、11）。

让信徒思想这一点，并且得安慰。在那大而可怕的日子坐在宝座上的那一位，要做他们的救主，他们的牧者，他们的大祭司，他们的兄长，他们的朋友。他们看见他时，将没有理由惧怕。

让没有归正的人思想这一点，并且惧怕。审判他们的，正是那位基督，他们现在藐视他的福音，拒绝听从他恩惠的邀请。如果他们继续不信，死在他们的罪中，最终他们的惊惶将是何等大呢！在审判日被任何一位定为有罪，这都将是可怕的。但是被本可以拯救他们的那一位定罪，这就真是可怕了。诗人说的是对的，"当以嘴亲子，恐怕他发怒。"（诗2∶12）

接着让我们留意，**在末日谁要受审判**。我们看到"万民都要聚集"在基督面前。

所有曾经活过的人，有一天都必要在基督的审判台前为自己交账。所有人都必须遵从这位为大君王的召唤，前来接受对他们的判决。在地上不愿来敬拜基督的人，要发现在他再来审判世界的时候，他们必须要来到他威严的法庭上。

所有受审的人都要被分成两大类。君王和臣民，主人和仆人，不从国教者和国教人士之间将不再有任何区别。不再提到等级和宗派，因为先前的事都已经过去了。蒙恩或没有蒙恩，归正或没有归正，有信心或没有信心，这将是在最后那日唯一的分别。所有显明在基督里的人，都要被安置在他右边的绵羊群里。所有显明不在基督里的人，要被安置在他左边的山羊群中。夏洛克（Sherlock）说得好："除非我们用心确保在基督来审判时身列基督的绵羊群中，我们与人的不同对我们都毫无帮助。"

第二十五章

第三，让我们注意，**末日审判要以何等方式进行**。在这一点上我们看到几点惊人的具体情况。让我们来看它们是什么。

最后的审判将是按照证据进行的审判。人的行为将是被传召上来的见证人，最重要的是他们的善行。要确定的问题将不只是我们说过什么，还是我们做过什么；不仅仅是我们认信什么，还是我们践行了什么。我们的行为不能使我们称义，这是毫无疑问的。我们称义是因着信，不在乎遵行律法。但我们信心的真伪要通过我们的生活进行试验。没有行为的信心是死的（雅2：20）。

最后的审判将是给所有真正相信的人带来喜乐的审判。他们要听见这宝贵的话："你们这蒙我父赐福的，可来承受这国。"他们的主要在他的父和圣天使面前承认他们。他们要发现，他给他忠心仆人的工价丝毫不亚于一个"国"。上帝家里最小、最卑微和最贫穷的人，都必得着荣耀的冠冕，并要做王。

最后的审判将是让所有未归正的人惊惶的审判。他们要听到这句可怕的话："你们这被诅咒的人，离开我，进入永火里去！"在聚集起来的世人面前，教会伟大的元首将不认他们。他们要发现，正如他们顺着情欲撒种，他们也必从情欲收败坏。基督说"到我这里来，我就使你们得安息"的时候，他们不愿听他的话，现在他们必须听他说，"离开我！进入永火里去！"他们不愿背他的十字架，所以他们不能在他的国中有任何位置。

最后的审判将是令人惊奇地显出失丧之人和得救之人品格的审判。在右边，是作为基督的绵羊的人，仍是"以谦卑束腰"。他们听到他们竟有什么好行为被提出受表彰，就要惊奇。在左边，不属于基督的人，仍将是瞎眼自义。他们不感到有任何疏忽基督的地方。他们说："主啊，我们什么时候见……不伺候你呢？"想到这话，就让它深深扎根在我们心上。我们在地上的品格，要证明是在那将来世界里我们永远拥有的。人死的时候心怎样，他们复活时也是如何。

让我们最后思想，**审判日最终的结果将是什么**。这句绝不可忘记的话告诉了我们答案，恶人"要往永刑里去；那些义人要往永生里去"。

审判过后事物的光景是不变和无止境的。失丧之人的悲惨，得救之人的蒙福，这两样都是永远的。不要让任何人在这一点上欺骗我们。这是圣经清楚启示的。上帝、天堂和地狱的永远，都是建立在同一个根基上的。正如上帝确实是永恒的那样，天堂确实是没有夜晚无休止的白日，地狱则是没有白日无休止的黑夜。

谁能描述永生的福分？这是过于人能想象的。它只能通过对比和比较来衡量。在争战冲突之后永远的安息；在与邪恶世界搏击之后与圣徒永远的团契；在与软弱病痛挣扎之后永远的荣耀和没有痛苦的身体；在只是听了就信之后永远得见耶稣，与他面对面——这一切是真正的有福。但它有一半是我们还讲不出来的。

谁能描述永远刑罚的悲惨？这是完全无法形容和无法想象的。身体永远的痛苦；自责良心永远的刺痛；除了与恶人、魔鬼和魔鬼的差役永远在一起之外就无别人；永远忘不了忽略掉的机会和藐视过的基督；将来永远的疲倦无望的前景——所有这一切都是真正的

第二十五章

悲惨。这已足以让我们头晕耳鸣，全身发冷。然而这**画面**和**实际**相比，根本就算不得什么。

让我们以严肃的自省结束对这些经文的思想。让我们自问，在最后那日，我们是在基督的哪一边。我们是要在右边，还是要在左边？不对这个问题作出满意答复就绝不休息的人是有福的。

第 二十六 章

一 用香膏浇耶稣头的妇人

太26：1—13

1. 耶稣说完了这一切的话，就对门徒说：
2. "你们知道，过两天是逾越节，人子将要被交给人，钉在十字架上。"
3. 那时，祭司长和民间的长老，聚集在大祭司称为该亚法的院里。
4. 大家商议要用诡计拿住耶稣杀他；
5. 只是说："当节的日子不可，恐怕民间生乱。"
6. 耶稣在伯大尼长大麻风的西门家里，
7. 有一个女人拿着一玉瓶极贵的香膏来，趁耶稣坐席的时候，浇在他的头上。
8. 门徒看见就很不喜悦，说："何用这样的枉费呢！
9. 这香膏可以卖许多钱，周济穷人。"
10. 耶稣看出他们的意思，就说："为什么难为这女人呢？她在我身上做的是一件美事。
11. 因为常有穷人和你们同在，只是你们不常有我。
12. 她将这香膏浇在我身上，是为我安葬做的。
13. 我实在告诉你们：普天之下，无论在什么地方传这福音，也要述说这女人所行的，作个记念。"

* * *

我们现在接近我们主耶稣地上工作结束的场景。之前，我们已经看到他的言行，现在我们准备来看他的受苦和死。之前，我们已经看到作为大先知的他，现在我们准备来看作为伟大的大祭司的他。

我们应当带着特别的敬畏和关注来看这段圣经。我们现在站着的这地方是圣地。在此我们看到，那女人的后裔伤了蛇的头。在此我们看到旧约所有祭物长久以来指向的那伟大祭物。在此我们看到那"洗净我们一切的罪"的血怎样流出，那"除去世人罪孽"的羔羊如何被杀。我们看到在基督的死里，那极大的奥秘显明上帝怎能称他自己为义，也称不义的人为义。难怪四卷福音书都包含了对这奇妙事件完全的叙述。在我们主历史的其他方面，我们经常发现当一位福音书作者说话，其他三位就保持沉默。但是有关基督钉十字架，我们发现所有四位对此都作了详细的描述。

在我们现在看到的这段经文中，让我们首先留意，**我们的主何等认真地呼吁门徒关注他自己的死**。他对他们说："你们知道，过两天是逾越节，人子将要被交给人，钉在十字架上。"

这句话和上一章之间的联系极其惊人。我们的主在那里详细阐述他在世界末了的时候，在大能和荣耀中再来的事。他描写了最后的审判以及一切伴随它的可怕事情。他是按照审判的主在讲他自己，万民都要被招聚来到他宝座前。然后，不加停顿间歇，他立刻就继续讲他被钉十字架的事。对他最终荣耀的奇妙预言仍回荡在他门徒耳边的时候,他就立刻再次讲到他将要经历的受苦。他提醒他们,在做王统治之前,他必须作为赎罪祭而死,他必须在十字架上献上赎罪祭,然后才取过冠冕。

我们赋予基督赎罪之死多大的重要意义都不过分。这是上帝话语中主要的事实,对此我们灵魂的眼睛应当不断地关注。若不流血,罪就不得赦免了。这是整个基督教信仰体系围绕运转的基本真理。没有它,福音就是没有拱顶石的拱门,没有根基的好看建筑物,没有太阳的太阳系。让我们极其地重视我们主的道成肉身和榜样,他的神迹和比喻,他的作为和他的话语,但在这一切之上,让我们极其地重视他的死。让我们欢喜盼望他自己的再来和千禧年统治,但让我们思想这些配得称颂的真理,丝毫不要多于思想十字架上赎罪祭的真理。毕竟"基督为我们的罪死了",这是圣经的主要真理。让我们天天回到这真理。让我们天天以此为粮给我们的灵魂吃下。一些人像古时的希腊人一样,对这教义嗤之以鼻,称它为"愚拙"。但让我们绝不要羞于与保罗一道说:"我断不以别的夸口,只夸我们主耶稣基督的十字架。"(加6:14)

接下来,让我们留意,**基督如何喜爱尊荣那些尊荣他的人**。我们得知当他"在长大麻风的西门家里",坐在桌旁的时候,有一位妇人来,把一瓶极贵的香膏倒在他头上。她这样做,无疑是出于敬畏和爱。她从他领受对她灵魂的益处,她认为,加在他身上作为回报的尊荣标记,再怎样贵重也毫不为过。但她的这作为招来一些看见此事的人的不悦。他们把这件事称为"枉费"。他们说最好还是把这香膏卖掉,把钱给穷人。我们的主立刻就责备这些内心冰冷、专门挑错的人。他告诉他们,这妇人做了"一件美事",他接受赞

第二十六章

许的事。然后他继续作出一个令人震惊的预言:"普天之下,无论在什么地方传这福音,也要述说这女人所行的,作个记念。"

我们在这小小一件事中看到,我们的主是何等完全知晓将要发生的事,他多轻易就赐人尊荣。他对这女人的预言,每天都在我们眼前得应验。无论在何处,人读到《马太福音》,她做的这件事就为人知晓。许多君王、皇帝和元帅的事迹和头衔,仿佛是写在沙土上,都已经被人完全遗忘。但一位谦卑基督徒妇人的感恩之举,被用一百五十种不同的语言记录下来,全世界都知晓。人的称赞持续不过几日之久,而基督的称赞是存到永远的。得永远尊荣的方法,就是尊荣基督。

最后一点是,我们在这件事上蒙福,预先尝到在审判日要发生之事的滋味。在那大日,人在地上为尊荣基督向他做的事,要显为一样都不被遗忘。国会中雄辩之人的演讲、勇士的功绩、诗人和画家的作品,在那日都不被提起。但那位最软弱的基督徒妇人为基督、为他的肢体所做的最小一件事,要显为写在永远纪念的册子上。一句美言或一个善行,一杯冷水,一盒香膏,都不会从这本记录册上被省略。金银她可能都没有,地位、权力和影响,她可能都不具备,但如果她爱基督,承认基督,为基督做工,对她的纪念就存在高天上。她必要在聚集起来的世人面前得到称赞。

我们知道什么是为基督做工吗?如果知道,就让我们鼓起勇气,继续做工。我们希望得到的鼓励,有什么是比我们在这里看到更大的呢?我们可能会被世人嘲笑讥讽,我们的动机可能会遭人误解,我们的举动可能会被人误传。我们为基督作的牺牲可能被人称作是"枉费"——枉费时间、枉费金钱、枉费力量。不要让任何一件这样的事使我们动摇。坐在伯大尼西门家里的那一位,他的目光落在我们身上。他留意我们所做的一切,感到高兴。让我们"务要坚固,不可摇动,常常竭力多做主工,因为知道我们的劳苦,在主里面不是徒然的"(林前15:58)。

二 那位假使徒,纠缠他的罪

太26:14—25

14. 当下,十二门徒里有一个称为加略人犹大的,去见祭司长,说:
15. "我把他交给你们,你们愿意给我多少钱?"他们就给了他三十块钱。
16. 从那时候,他就找机会要把耶稣交给他们。
17. 除酵节的第一天,门徒来问耶稣说:"你吃逾越节的筵席,要我们在哪里给你预备?"
18. 耶稣说:"你们进城去,到某人那里,对他说,'夫子说:我的时候快到了,我与门徒要在你家里守逾越节。'"
19. 门徒遵着耶稣所吩咐的,就去预备了逾越节的筵席。
20. 到了晚上,耶稣和十二个门徒坐席。
21. 正吃的时候,耶稣说:"我实在告诉你们:你们中间有一个人要卖我了。"
22. 他们就甚忧愁,一个一个地问他说:"主,是我吗?"
23. 耶稣回答说:"同我蘸手在盘子里的,就是他要卖我。
24. 人子必要去世,正如经上指着他所写的,但卖人子的人有祸了!那人不生在世上倒好。"
25. 卖耶稣的犹大问他说:"拉比,是我吗?"耶稣说:"你说的是。"

* * *

我们在这一段开始的地方看到,我们的主耶稣基督是如何被人出卖,交在他死敌手中。祭司和文士,无论多么煞费苦心要把他处死，因为害怕百姓生乱，就完全不知该怎样达到目的。在这关键时刻，一个合适完成他们计划的工具，向他们自告奋勇，他就是加略人犹大。那位假使徒为了三十块银钱，承诺要把他的主交在他们手里。

整个历史上，比加略人犹大的品格和行为更乌黑的事情寥寥无几。表明人邪恶的证据，没有比这更可怕的。我们自己的一位诗人曾说过，"不知感恩的儿女，比毒蛇的牙齿更锋利。"但对于一位要出卖自己主的使徒，一位要出卖基督的使徒，我们还有什么话可说呢？这肯定是我们主所喝苦杯中极其苦的一部分。

让我们从这些经文中首先认识到，**一个人可能享有极大的特权，发出伟大的宗教宣信，他的心却可能始终在上帝面前不端正**。

加略人犹大享有人能拥有的宗教方面的最大特权，他是一位被拣选的使徒，基督的同伴。他是我们主所行神迹的目击证人，他讲道的听众。他见过亚伯拉罕和摩西从未见过的，听过大卫和以赛亚从未听过的。他与十一位使徒一道生活。他是彼得、雅各和约翰的同工。但他内心并没有因这一切而改变，他紧紧地抓住一件他喜爱的罪不放。

加略人犹大作了可敬的宗教认信。他外在的举动没有一样不是正确、恰当和得体的。和其他使徒一样，他看起来相信基督，为基督的缘故放弃一切。和他们一样，他奉派出去传道和行神迹。那十一个使徒，似乎没有一人曾怀疑过他是假冒为善。当我们的主说："你们中间有一个人要卖我了，"没有人说："是犹大吗？"然而从始至终，他的心并无改变。

我们应当留意这些事情。它们令人大大降卑，心受启发。犹大和罗得的妻子一样，是上帝用来向全教会发出警告的。让我们经常思想他的事，想的时候说："上帝啊！求你试炼我，知道我的意念；看在我里面有什么恶行没有。"让我们靠着上帝的恩典下定决心，绝不满足于任何非纯正、彻底和内心归正的事情。

其次，让我们从这段经文中学到，**贪财是禁锢人心的最大网罗之一**。除了犹大的例子，我们想不出还有比这更清楚的证据。那卑劣的问题"你们愿意给我多少钱？"揭示出那败坏他的隐秘的罪。他已经为基督的缘故放弃了很多，但从未放弃过他的贪心。

使徒保罗的话应当经常在我们耳边响起："贪财是万恶之根。"（提前6：10）教会历史上极多实例证明这真理。为了钱，约瑟的弟兄把他卖掉。为了钱，参孙被出卖交给了非利士人。为了钱，基哈西欺骗乃缦，向以利沙说谎。为了钱，亚拿尼亚和撒非喇企图欺骗彼得。因钱的缘故，神子被交在恶人手里。如此邪恶的事，竟如此为人所爱，这真令人震惊。

让我们都警惕防备贪财，在我们的日子，世界充满了贪财之人，这瘟疫广泛蔓延。成千上万恨恶崇拜有形神像的人，却不以把金子变为偶像为耻。从最小到至大，我们都有可能受感染。我们可能有钱却不爱钱，同样我们可能没有钱却爱钱。这是非常隐蔽的一件恶事。我们还未晓得被锁链捆绑，它就已经把我们掳去。一旦让它做主，它就要使我们的心刚硬、瘫痪、焦灼、冻结、枯萎、凋残。它曾毁掉基督的一位使徒，让我们小心，不要让它毁掉我们。一处漏水的地方，会让一艘船沉没。一件不治死的罪，会败坏一个灵魂。

我们应当经常想起这严肃的话："人就是赚得全世界，赔上自己的生命，有什么益处呢？""我们没有带什么到世上来，也不能带什么去。"我们每天的祷告应该是:"求你使我也不贫穷也不富足,赐给我需用的饮食。"(箴30:8)我们不断地追求,应该是在恩典上富足。在属世产业方面"想要发财"的人,经常发现自己最终是做了一笔最糟糕的买卖。他们和以扫一样,为了一丁点儿暂时的满足,就出卖了存到永远的分。他们和加略人犹大一样,已经出卖了自己,陷入永远的沉沦。

最后,让我们从这段经文认识到,**所有未归正就死了的人无盼望的光景**。我们主论到这主题的话是特别严肃的。他论到犹大说:"那人不生在世上倒好。"这说法只能有一种解释。它清楚地教导,人活着没有信心,死的时候没有恩典,这还不如从未生下来好。在这光景中死去,就是永远灭亡了。这是跌倒,不能再起来;这是损失,不能有弥补。地狱里没有改变。地狱和天堂之间的鸿沟,无人能跨越。若普救论有任何真实的成分,主就绝不会说这句话。如果真的所有人迟早都要上天堂,地狱迟早都会清空它的居民,主就绝不会说"那人不生在世上倒好"。**地狱若有终结,就会失去它的可怕**。如果经过数以百万计的世代,地狱里的人有得自由和上天堂的盼望,地狱本身就会是可忍受的。但普救论在圣经里找不到立足点。在这主题上,上帝话语的教训是清楚、直接的。虫是不死的,火是不灭的(可9:48)。"人若不重生",有一日他就会希望,自己不生在世上倒好。布吉特说:"不生,比不在基督里生倒好。"

让我们牢牢地抓住这个真理,不要让它溜走。总会有人不喜欢地狱的实在和永远。我们生活的这个年代,一种病态的爱让许多人牺牲上帝的公义,以此夸大上帝的恩慈,假师傅竟胆敢说"上帝的爱甚至连地狱也要凿穿"。让我们用一种神圣忌邪的心抵抗这种教导,坚守圣经的教训。让我们不以遵行古道为耻,相信有一位永远的上帝,一个永远的天堂,还有一个永远的地狱。我们一旦离开这种信念,让怀疑论这把楔子薄薄的刀口插进来,最后就有可能否认福音的任何教义。我们可以肯定,相信地狱永远存在,这和彻底不信是势不两立的。

三 主的晚餐和第一批领受的人

太26:26—35

26. 他们吃的时候,耶稣拿起饼来,祝福,就擘开递给门徒,说:"你们拿着吃,这是我的身体。"
27. 又拿起杯来,祝谢了,递给他们,说:"你们都喝这个,
28. 因为这是我立约的血,为多人流出来,使罪得赦。
29. 但我告诉你们:从今以后我不再喝这葡萄汁,直到我在我父的国里同你们喝新的那日子。"
30. 他们唱了诗,就出来往橄榄山去。
31. 那时,耶稣对他们说:"今夜,你们为我的缘故都要跌倒。因为经上记着说:'我要击打牧人,羊就分散了。'
32. 但我复活以后,要在你们以先往加利利去。"
33. 彼得说:"众人虽然为你的缘故跌倒,我却永不跌倒。"
34. 耶稣说:"我实在告诉你,今夜鸡叫以先,你要三次不认我。"
35. 彼得说:"我就是必须和你同死,也总不能不认你。"众门徒都是这样说。

* * *

这段经文描写了圣餐礼的设立。我们的主很清楚在他前面即将

发生的事，满有恩惠地选择了在他被钉十字架前最后一个安静的夜晚，特别赐给他的教会一份临别赠礼。之后当他的门徒想起那夜发生的事件，这圣礼向他们会显为何等宝贵！想到没有什么圣礼像圣餐一样导致如此激烈的争论，遭到如此严重误解，这是何等的令人忧伤！它本应让教会联合，但我们的罪却把它变成一个分裂的缘由。本应是成全我们福祉的好事，却太过经常成为使人跌倒的原因。

在这段经文中，我们需要关注的第一件事，就是**我们主所说"这是我的身体，这是我的血"的正确含义**。

很显然，这个问题已经分裂了有形教会。它已经促成人写了许许多多争议性的神学著作。但我们绝不可因为神学家们起了争论，有不同意见，就退缩，在这问题上没有定见。在这点上的谬见，已经引发出许多可悲的迷信。

我们主这句话的意思清晰，看来就是这样——"这饼代表我的身体。这酒代表我的血。"他不是说，他给门徒的饼，真是按字义理解的他的身体。他不是说，他给门徒的酒，真是按字义理解的他的血。让我们坚持这解释，它可以得到几个重大理由的支持。[①]

门徒在主餐时的表现，不许我们相信他们领受的饼是基督的身体，他们领受的酒是基督的血。他们都是犹太人，从小就得到教导，吃带血的肉，这是犯罪（申 12：23—25）。但在这叙述中，没

[①] 劳（Law）主教曾谈及，希伯来语中并没有表达"象征"或"意味"的述语。在这里希腊文很自然地就带有希伯来文或叙利亚文习语的印记，因为它的意谓被用作它的所是，因此，类似这些动词的用法常体现在不同的经文当中，如"三根枝子就是三天"（创 40：12）；"七只好母牛是七年"（创 41：26）；"至于那十角，就是从这国中必兴起的十王"（但 7：24）；"田地就是世界"（太 13：38）；"那七星就是七个教会的使者；七灯台就是七个教会"（启 1：20）。——Watson on Mattew, p.386。

有任何地方表明他们因我们主这番话震惊。他们显然不认为饼和酒有所改变。

我们自己的感观知觉，也不许我们相信圣餐的饼和酒有任何改变。我们自己的味觉告诉我们，它们实实在在就是它们看上去是的东西。超越我们理智的事，圣经要求我们相信。但圣经从未要求我们相信与我们的感知相矛盾的事情。

关于我们主的人性的真实教义，不许我们相信圣餐的饼有可能是他的身体，酒有可能是他的血。基督的血肉身体不能同时身处超过一地的多处。我们主的身体若坐在桌边，与此同时能被门徒吃下，这就完全表明，它不可能是像我们自己身体一样的人的身体。这想法，是我们一刻也不可接受的。基督教信仰的荣耀，就是我们的救赎主既是完全的神，也是完全的人。

最后，我们主在主餐时说的话的精义，使按字面意思解释他的话变得全无必要。圣经充满了类似的说法，没有人会认为，除了比喻的含义，还会有任何别的意思。我们的主论到他自己，说他是"门"，是"葡萄树"，我们知道他这样说的时候是在使用象征和比喻。所以认为他设立圣餐时在使用比喻的说法，这并无前后不一；当我们想起严肃反对按字面理解他话的理由时，我们就更有权利如此说。

让我们把这些事情记在脑海里，不要忘记。在异端众多的日子，披戴全副武装，这是好的。对圣经用语含义的无知及混乱的观点，是在信仰方面出错的一个重大原因。

这段经文要求我们关注的第二件事，就是**设立圣餐的主旨目的**。

再一次，这主题被笼罩在极大的黑暗中。圣餐礼被人看作是奥秘的事，是过于人能明白的。许多作者在论述圣礼时放纵使用的笼统、夸张的用语，已经给基督教信仰带来极大的伤害。在对它起初设立的叙述中，肯定没有什么授权人可以使用这样的用语。我们对它目的的看法越单纯，它们就会越符合圣经。

圣餐不是一种献祭。当中没有祭物——献上的，只有我们的祷告、赞美和感谢。在耶稣死的那天之后，就无需再为罪献祭。因为他一次献祭，便叫那得以成圣的人永远完全（来10：14）。当上帝的羔羊把自己献上，祭司、祭坛和祭物就不再需要了。它们的职事终止，它们的工作完成。

圣餐没有能力自动把福益赋予不带着信心来领受的人。吃饼饮杯这仅仅是形式上的举动，除非带着正确的心，否则行出来也彻底无益。这明显是为活人，而不是为死人；是为归正的人，而不是为尚未归正的人设立的圣礼。

圣餐的设立，是为不断记念基督以死献祭，直到他再来。他赋予人的福益是属灵的，而不是物质的。我们必须在我们里面寻找它的影响。它是为了用饼和酒这有形、摸得着的象征之物提醒我们，基督在十字架上为我们献上他的身体和血，这是唯一的赎罪祭，是给信徒灵魂的生命。它是要帮助我们可怜软弱的信心，更紧密地与我们被钉十架的救主相交，帮助我们在灵里吃基督的身体和血。这是为蒙救赎的罪人，而不是为未堕落的天使设立的圣礼。通过领受圣餐，我们公开宣告我们知罪，需要一位救主，我们信靠耶稣，爱他，渴慕依靠他而活，我们盼望与他同活。按此精义使用这圣礼，我们必发现我们的悔改加深，我们的信心加增，我们的盼望更光明，我们的爱更宽广——缠绕我们的罪被削弱，我们的美德得增强。它要吸引我们更接近基督。

让我们记住这些。在这末后的日子,我们需要记住这些事情。我们在信仰中最容易扭曲和误解的,莫过于这些与我们的感觉有关的事。无论什么,只要是我们能用手触摸,用眼看见的,我们就很容易把它高举变为偶像,或者把它当作仅仅是一种护身符,期望从它得到好处。让我们特别留意在圣餐这件事上的这种倾向。如《圣公会布道文》(Church of England Homily)所说的,最重要的是,"让我们谨慎,免得对它的记念变成一种献祭。"

这段经文值得留意的最后一件事情,就是**第一批领受圣餐的人的特征**。这一点充满安慰和教训。

我们主向分发饼和酒的这一小群人,是由使徒组成的,是他拣选、在他地上工作期间陪伴他的人。他们是贫穷没有学问的人,他们爱基督,但在信心和知识方面都软弱。他们对主言行的完全含义知之甚少。他们对自己内心的软弱知之甚少。他们以为自己已经预备好与耶稣同死,但就在这一夜,他们都离弃他逃跑了。对这一切我们的主完全知道。他们内心的光景向他不是隐藏起来的。他却不拦阻他们领受圣餐。

这情形有非常启发人的地方——它清楚地让我们看到,我们绝不可以丰富的知识和坚强的美德作为领受圣餐之人不可或缺的资格。一个人可能知之甚少,在属灵的力量方面与小孩子无异,却不可因此被排除在主的桌子之外。他真的感知自己的罪吗?他真的爱基督吗?他真的渴慕服侍他吗?如果是,我们就应当鼓励和接纳他。无疑我们必须尽我们所能,把不配领受圣餐的人排除出去。没有蒙恩的人,一个也不能来领受圣餐。但我们一定要小心,不要拒绝基督没有拒绝的人。比我们的主和他的使徒更严格,这就是没有智慧。

第二十六章

让我们在结束对这段经文的查看前，对我们自己与圣餐有关的举止作严肃的自省。施行主餐的时候，我们离它而去吗？如果这样，我们怎能为我们的举动辩护？说它不是必要的圣礼，这是说不通的。这样说就是藐视基督他自己，宣告我们不顺服他。说我们觉得不配来到主的桌前，这样说是行不通的。这样就是宣告我们没有准备好去死，没有预备好去见上帝。这些是严肃的考虑。所有不领受圣餐的人都应认真思想。

我们习惯来到主的桌前吗？如果是，我们来的时候心态如何？我们是带着认识、谦卑调和信心进前来吗？我们明白自己在做什么吗？我们真的感受到我们的罪性并感受到需要基督吗？我们真的渴慕既承认基督信仰，也活出基督般的生命吗？对这些问题能作出满意回答的人有福了。愿他不断前行，并且坚忍。

四 园中极大的痛苦

太26：36—46

36. 耶稣同门徒来到一个地方，名叫客西马尼，就对他们说："你们坐在这里，等我到那边去祷告。"
37. 于是带着彼得和西庇太的两个儿子同去，就忧愁起来，极其难过，
38. 便对他们说："我心里甚是忧伤，几乎要死；你们在这里等候，和我一同警醒。"
39. 他就稍往前走，俯伏在地祷告说："我父啊，倘若可行，求你叫这杯离开我；然而，不要照我的意思，只要照你的意思。"
40. 来到门徒那里，见他们睡着了，就对彼得说："怎么样？你们不能同我警醒片时吗？
41. 总要警醒祷告，免得入了迷惑，你

们心灵固然愿意，肉体却软弱了。"

42. 第二次又去祷告说："我父啊，这杯若不能离开我，必要我喝，就愿你的意旨成全。"

43. 又来见他们睡着了，因为他们的眼睛困倦。

44. 耶稣又离开他们去了。第三次祷告，说的话还是与先前一样。

45. 于是来到门徒那里，对他们说："现在你们仍然睡觉安歇吧（或作'吗？'）！时候到了，人子被卖在罪人手里了。

46. 起来，我们走吧！看哪！卖我的人近了。"

* * *

  我们现在读到的经文，描写的是那常被称为是基督在客西马尼园受苦的事。这一段经文无疑包含了深奥的事。我们应当带着敬畏和惊奇读这一段，因为当中有很多是我们不能完全明白的。

  我们为什么看到我们的主像这里描写的那样"忧愁起来，极其难过"？我们应当怎样理解他这句话——"我心里甚是忧伤，几乎要死"？我们为什么看到他离开门徒，俯伏在地，大声向他的父呼求，三次重复祷告？行过如此多神迹、上帝大能的儿子，为什么如此忧愁不安？到这世上来，为的是要死的耶稣，为什么像一个在死亡临近时要晕倒的人？这一切到底是为什么？

  对这些问题只有一个合理的回答。压制我们主内心的重担，并不是怕死和它的痛苦。成千上万的人已经忍受了身体至痛苦的苦难，死的时候没有一声呻吟，我们的主无疑也能这样。但压倒耶稣内心的真正重担，是世人罪的重担，这重担看来现在是用特别大的力量压在他的身上。这是归算给他的我们的罪担，现在加在他身上，如加在替罪羔羊头上。那重担何等之大，人心无法想象，只有

第二十六章

上帝才知道。希腊文的启应祷文说，这是"人不能知的基督受苦"，这是很有道理的。司科特（Scott）在这个问题上的话很有可能是正确的——"基督此时承受的苦，是与被定罪灵魂所受的同类。是一颗纯洁良心对上帝、对人完全的爱，对一件荣耀之事的确信，在最大限度上能承受的苦。"①

但是，不管我们主的这段历史在我们看来如何奥秘，我们都绝不可看不到它包含的实际教训的宝贵功课。让我们来看这些到底是什么。

让我们首先认识到，**祷告是我们在遭患难时最实际的补救办法**。我们看到基督他自己在忧愁的时候祷告，所有真基督徒都应同样行。

患难是在这罪恶的世界上人人都必须喝的杯。我们"人生在世必遇患难，如同火星飞腾"（伯5：7）。我们无法回避患难。在所有受造物中，没有什么比人更容易受苦。我们的身体、我们的思

---

① 我相信本注释持定的观点，是对我们主受苦的唯一合理解释。任何索齐尼派的人，或任何否认人的罪被归算给基督以及基督是代替人受苦的神学家，如何能令人满意地说明主在客西马尼园中的受苦，对此我是全无头绪。按照索齐尼派的原理——他们彻底否认赎罪的教义，说我们的主仅仅是人而非上帝——他在受苦时显出来的坚强远远不及许多人！按照一些现代神学家的原理——他们说我们主的死不是挽回祭和赎罪祭性质的死，只是自我牺牲的伟大榜样——这里描述的主身体和心思方面剧烈的痛苦，同样也是无法解释的。在我看来，这两种观点都羞辱了我们的主耶稣基督，完全不符合圣经，不能令人满意。我相信客西马尼园中的痛苦是一个结，除了那古旧的教义，就是我们的罪被真正归算给了基督以及基督为我们成为罪和咒诅，就没有其他教义能打开这结

这段包含受苦叙述的经文，当中有极深奥的事，是我刻意没有触及的。它们对人的理解能力而言，实在太深了。上帝容许撒旦在这时刻试探我们的主；同时上帝也让这样一位像我们主完全无罪的人，在背负全人类的罪时承受情感和身体双方面的痛苦。我们的主一直既是真正的人，也是真正的上帝，在他的经历中，人和上帝的意志如何发挥作用——所有这些要点我都宁可不加评论。对于这样的问题，人很容易"用无知的言语，使旨意暗昧不明"。

想、我们的家庭、我们的生意、我们的朋友，都是试炼临到我们所经过的门槛。最圣洁的圣徒也不能宣称可以免除患难。像他们的主人一样，他们是"常经忧患"的人。

但在患难时，人要做的第一件事是什么？我们必须祷告。和约伯一样，我们必须俯伏敬拜（伯1：20）。和希西家一样，我们必须把我们的事在主面前展开（王下19：14）。我们首先转去向其求救的，必须是我们的上帝。我们必须把我们一切的愁苦告诉我们在天上的父。我们必须深信，只要全然顺服他的旨意，就没有什么是太琐碎和太微小的，以致不能摆在他面前。不向我们那位最好的朋友保留什么，这是信心的记号。这样做的时候，我们必得应允。"倘若可行"，并且我们所求的事，是为了上帝的荣耀，就必成就。不是肉中的刺除去，就是恩典赐下，让我们可以忍耐，正如上帝对待保罗一样（林后12：9）。愿我们把这教训珍藏起来，供需要的日子使用。"祷告是吸干忧虑的蚂蟥"，这话是真的。

第二，让我们明白，**我们的意思全然顺服上帝的意思，这应成为我们在这世上的首要目的。**我们主的话是我们在这件事上当追求精神的美好榜样。他说："不要照我的意思，只要照你的意思。"他再说："愿你的意旨成全。"

没有成圣和不受控制的意志是人生不幸福的一个主要原因。这在小婴孩身上就可以体现出来，它对我们来说是与生俱来的。我们都喜欢走自己的路。很多东西我们都想要，忘记了什么对我们是好的。我们全然无知，我们不宜为自己做选择。学会没有自己的希冀，在各样光景下都知足的人是有福的。这是我们学得很慢的一门功课。我们必须像保罗一样，不是在必死之人的学校，而是在基督

第二十六章

的学校里学习这门功课（腓4：11）。

我们想知道自己是否重生，在恩典中有长进吗？那就来看看在我们的意志这方面自己如何。我们能承受失望吗？我们能忍耐接受出乎意料的试炼和烦恼吗？我们能看到我们心爱的打算、珍爱的计划遭遇挫折，却不发牢骚起抱怨吗？我们能既积极工作，也能安静坐下，平静受苦吗？这些事情能证明我们是否有基督的心。我们绝不可忘记，火热的感觉和喜乐的心态，并不是蒙恩最真实的证据。一个被治死的意志，是更宝贵的财富。就连我们主自己也不总是喜乐，但他总是能说："愿你的意旨成全。"

最后让我们学会，**就连基督的真门徒也有极大的软弱，需要警惕和祷告对抗这软弱**。我们看到彼得、雅各和约翰——这三位蒙拣选的使徒，在本应警醒和祷告的时候睡着了。我们发现我们的主用这句发人深省的话对他们说："总要警醒祷告，免得入了迷惑，你们心灵固然愿意，肉体却软弱了。"

所有信徒都有一种双重人格。正如他们是归正、得到更新和成圣的人，他们也在自己里面带着一团内住的败坏，一个罪身。保罗讲到这一点，他说："我觉得有个律，就是我愿意为善的时候，便有恶与我同在。因为按着我里面的人，我是喜欢上帝的律；但我觉得肢体中另有个律和我心中的律交战。"（罗7：21—23）历世历代所有真基督徒的经历都证实了这一点。他们在里面发现有两种对立的动因，两者之间不断地相争。我们的主对他半醒的门徒说的这番话，指出了这两种动因。他把一样称为肉体，另一样称为心灵。他说："你们心灵固然愿意，肉体却软弱了。"

但我们的主宽恕他门徒的这种软弱吗？情况远非我们所想象的。得出这种结论的人，是误解了他的意思。他使用这种软弱本身，作为需要警醒祷告的论据。他教导我们，我们被软弱缠绕这事实本身，应当激发我们起来不断地"警醒祷告"。

如果我们对真信仰有任何认识，就让我们绝不忘记这教训。如果我们渴慕与上帝同行，得到安慰，不像大卫或彼得那样跌倒，就让我们绝不忘记警醒祷告。让我们像身处敌占区的人那样生活，总是保持警惕。我们行事为人再谨慎也不为过。我们再怎样保守我们的灵魂也不为过。世界非常容易陷人于网罗，魔鬼非常忙碌做工。让我们主的话像号角声，每天在我们耳边回响。我们的心灵有时非常愿意，但我们的肉体总是非常软弱，那么让我们总是警醒，总是祷告。

五 假使徒的亲嘴，基督自愿的顺服

太26：47—56

47. 说话之间，那十二个门徒里的犹大来了，并有许多人带着刀棒，从祭司长和民间的长老那里与他同来。
48. 那卖耶稣的给了他们一个暗号，说："我与谁亲嘴，谁就是他。你们可以拿住他。"
49. 犹大随即到耶稣跟前说："请拉比安。"就与他亲嘴。
50. 耶稣对他说："朋友，你来要做的事，就做吧！"
51. 于是那些人上前，下手拿住耶稣。有跟随耶稣的一个人，伸手拔出刀来，将大祭司的仆人砍了一刀，削掉了他一个耳朵。
52. 耶稣对他说："收刀入鞘吧！凡动刀的，必死在刀下。

53. 你想，我不能求我父现在为我差遣十二营多天使来吗？
54. 若是这样，经上所说事情必须如此的话，怎么应验呢？"
55. 当时，耶稣对众人说："你们带着刀棒出来拿我，如同拿强盗吗？我天天坐在殿里教训人，你们并没有拿我。
56. 但这一切的事成就了，为要应验先知书上的话。"当下，门徒都离开他逃走了。

* * *

在这段经文中我们看到，我们主耶稣受苦的杯开始充满。我们看到他被门徒中的一位出卖，被其他门徒离弃，被他的死敌抓获。肯定的是，从未有愁苦像他的愁苦！我们读这部分圣经，绝不要忘记，我们的罪是这些愁苦的原因！"耶稣被交给人，是为我们的过犯。"（罗4：25）

让我们在这段经文中留意一件事，**我们的主与门徒相交，这是何等之满有恩惠的屈尊俯就。**

我们主被出卖那一刻，有一深深打动人的细节，可以证明我们说的这一点。当加略人犹大自告奋勇要当向导，带领众人去到他的主所在的地方，他给他们一个暗号，以此他们可以在昏暗的月光中把耶稣和他的门徒区别开来。他说："我与谁亲嘴，谁就是他。"就这样，当他来到耶稣面前，他说"请拉比安"，就与耶稣亲嘴。这简单的事实，让人看到门徒与我们主交往的亲爱关系。在东方的国家，一种普遍的习惯，就是朋友相遇时，彼此亲嘴问安（出18：7；撒上20：41）。所以看来，犹大与我们主亲嘴时，他只是在做所有门徒与他们的主分离后又重逢时习惯做的事情。

让我们从这小小的细节，使我们自己的灵魂获得安慰。我们的主耶稣基督是一位最为恩慈和谦卑俯就的救主。他不是一个"严厉的人",排斥罪人,把他们远远挡在身外。按本性他不是与我们大不一样,以至于我们必须带着畏惧,而不是带着爱来看他。他反而是要我们看他是兄长,是密友。他的心肠在天上和在地上时仍是一样。他永远以温柔、怜悯待境况卑微的人,并且俯就他们。让我们信靠他,不要惧怕。

让我们留意另外一件事,**我们的主如何谴责那些想用属血气的兵器捍卫他和他事业的人**。他责备一位门徒攻击大祭司的仆人,他命令他"收刀入鞘"。他还加上一个庄严的具有永久意义的宣告,即"凡动刀的,必死在刀下"。

刀剑有它自己合法的职分,人可以公义使用它保卫国民免受压迫。为防止地上的混乱、掠夺,刀剑完全有必要加以使用。但人却绝不可使用刀剑传扬和维护福音。基督教信仰不靠流血强制推行,不靠武力强迫人相信。如果教会过去更经常想起这句话,它就有福了!基督教世界里几乎没有一个国家,是不曾犯过罪,靠强迫、惩罚、囚禁和处决来试图改变人的信仰立场。这有什么效果?历史给了答案。没有战争像因宗教立场冲突而引发的战争那般血腥。令人难过却经常发生的是,最积极推动这些战争的人,正是自己被杀的人。愿我们绝不要忘记这一点!基督徒争战的兵器不是属血气的,而是属灵的(林后10:4)。

让我们留意另外一件事,**我们的主如何出于自愿与顺从而成为被囚的**。他不是因不能逃脱而被捕。如果他认为合适,他能轻而易举把他的仇敌驱散。他对一位门徒说:"你想我不能求我父,现在为我差遣十二营多天使来吗?若是这样,经上所说的事情必须如此的话，怎么应验呢？"

我们在这句话里看到他自愿屈从敌人的秘密原因。他来的目的，是要应验旧约圣经的预表和应许，通过应验这些，为世人提供救恩。他专门来做上帝真正的羔羊，逾越节的羔羊。他来做那替罪羊，百姓的罪孽归在他身上。他的心定意要成就这伟大工作。他不"藏着他的能力"一段时间，这件事就不能成就。要成就，他就成为一位甘心受苦的人。他被捕、受审、被定罪、被钉十字架，完全是出于自愿。

让我们留意这一点，这当中有对人极大的鼓励。这位自愿受苦的人，必然是一位自愿的救主。上帝大能的儿子，容许人捆绑他，把他抓住带走，他本可以使用刀剑拦阻他们。这样，他必随时乐意拯救逃向他的灵魂。让我们再一次学会信靠他，不要惧怕。

最后让我们留意，**基督徒若不受试验，对自己内心的软弱知道得将何其少**。我们在主耶稣的使徒的行为举止中，看到了这一令人难过的例证。我们读过的这段经文以此结束："当下，门徒都离开他逃走了。"他们忘记了几个钟头之前自信的断言。他们忘记了自己曾宣告他们愿意与他们的主同死。除了眼前的危险，他们忘记了一切。对死的惧怕胜过了他们。他们"离开他逃走了"。

有多少认信的基督徒做过同样的事情？有多少人，在情绪激动的影响下，承诺绝不以基督为耻！他们离开圣餐的桌子，或打动人的讲道，或基督徒的聚会，充满热心和爱心地预备对所有警告他们背道危险的人说："你仆人算什么，不过是一条狗，焉能行这大事呢？"然而几天之内，当这些感觉冷淡下来，消逝而去，试炼临到之时，他们就跌倒，离弃了基督。

让我们从这一段经文学到谦卑和自我降卑的功课。让我们靠着上帝的恩典定意培养卑微、不信靠自己的精神。让我们的思想确信,除非人警醒、祷告,得到上帝恩典的扶持,否则连我们最好的人,也没有什么最坏的事情是做不出来的。让这成为我们每天祷告的其中一条:"求你扶持我,我便得救。"(诗119:117)

六 基督在犹太人公会面前

太26:57—68

57. 拿耶稣的人把他带到大祭司该亚法那里去,文士和长老已经在那里聚会。
58. 彼得远远地跟着耶稣,直到大祭司的院子,进到里面,就和差役同坐,要看这事到底怎样。
59. 祭司长和全公会寻找假见证控告耶稣,要治死他。
60. 虽有好些人来作假见证,总得不着实据。末后有两个人前来,说:
61. "这个人曾说:'我能拆毁上帝的殿,三日内又建造起来。'"
62. 大祭司就站起来,对耶稣说:"你什么都不回答吗?这些人作见证告你的是什么呢?"
63. 耶稣却不言语。大祭司对他说:"我指着永生上帝叫你起誓告诉我们,你是上帝的儿子基督不是?"
64. 耶稣对他说:"你说的是。然而,我告诉你们,后来你们要看见人子坐在那权能者的右边,驾着天上的云降临。"
65. 大祭司就撕开衣服,说:"他说了僭妄的话!我们何必再用见证人呢?这僭妄的话,现在你们都听见了。
66. 你们的意见如何?"他们回答说:"他是该死的。"
67. 他们就吐唾沫在他脸上,用拳头打他;也有用手掌打他的,说:
68. "基督啊,你是先知,告诉我们打你的是谁?"

* * *

在这段经文中我们看到，我们的主耶稣基督是怎样被带到大祭司该亚法面前，被人按照规条宣告为有罪。事情成为这样，本是应该的。那赎罪的大日已经来到。替罪羊的奇妙预表准备要完全应验。在他被拉出去钉十字架之前，犹太人的大祭司应该尽他的本分，宣告罪归在祭物的头上，这是完全合适的。愿我们深思、明白这些事情，我们主受难时所走的每一步都有深刻含义。

让我们在这段经文中留意，**大祭司是让我们主受死的主要推动者**。我们一定要记住，推动这恶行的，主要不是犹太百姓，而是该亚法和他的同伴，那些祭司长。

这是一个启发性的事实，值得留意。这清楚地证明，在教会内担任要职并不让人免于在教义方面犯大错，在实践方面犯大罪。犹太祭司的家谱可以追溯到亚伦，他们是亚伦直系的继承人。他们的职分特别神圣，有特别的责任。然而正是这些人谋杀了基督！

让我们小心，不要看任何信仰的工人是无谬的。他担任的职分，无论委任多么正规，都不能保证他不会带领我们走上偏路，甚至败坏我们的灵魂。一切牧师的讲道和举止，一定要经受上帝话语的试验。只要他们跟从圣经，我们就当跟从他们，但仅此而已。以赛亚定下的格言，必须成为我们的指引——"人当以训诲和法度为标准，他们所说的若不与此相符，必不得见晨光。"（赛8：20）

第二，让我们留意，**我们主何等充分地向犹太公会宣告他自己的弥赛亚身份，还有他将来在荣耀中再来**。

不归正的犹太人,今天绝不能告诉我们说,他的祖先落在无知当中,不认识耶稣就是弥赛亚。我们主对大祭司严正要求的回答,是充分的回应。他清楚地对公会说,他是"基督,上帝的儿子"。他继续警告他们,虽然他没有像他们期待弥赛亚做的那样在荣耀中显现,但有一天要临到,他要如此显现。"后来你们要看见人子,坐在那权能者的右边,驾着天上的云降临。"他们要看到正是这位拿撒勒人耶稣,他们在审判台前审判的这一位,作为万王之王在一切的威严中显现(启1:7)。

这是一个惊人的事实,我们不应错过,就是我们主对犹太人说的话中的几乎最后一句,是对他自己再来的警告性预言。他清楚地告诉他们,他们还要看到他在荣耀中再来。无疑按照他的用词,他是指着《但以理书》7章说的。但人对他讲的话充耳不闻。不信、偏见、自义,像厚厚的云层把他们遮蔽。没有一种灵里的瞎眼是像他们这样的。英国国教连祷文(Church of England litany)中包含以下祷告是很有道理的:"良善的主,救我们脱离瞎眼的境地,并且脱离内心的刚硬。"

最后让我们留意,**我们的主在公会面前如何忍受假见证和讥笑。**

谎言和嘲笑是魔鬼之古老、钟爱的武器。"他本来是说谎的,也是说谎之人的父。"(约8:44)在我们主地上的工作中,我们看到这些武器不断地被用来对付他。他被称作贪食的、好酒的,以及税吏和罪人的朋友。他被当作是撒玛利亚人而受到公然藐视。他生命的结束场景,不过是与过去所有的场面保持一致。撒旦挑动与他为敌的人,给他伤口撒上一把盐。他一被宣判为有罪,各种各样的侮辱就堆积在他身上,"他们就吐唾沫在他脸上,用拳头打他"。他们

"用手掌打他"。他们讥笑说:"基督啊,你是先知,告诉我们打你的是谁?"

这一切听起来何等的匪夷所思!上帝的圣子竟自愿顺从蒙受此等侮辱,为要救赎像我们这样污秽的罪人,这是何等的奇妙!同等奇妙、毫不逊色的是,这些侮辱的每一个细节,都在发生七百年前就被预言了!七百年前,以赛亚写下这话:"人辱我吐我,我并不掩面。"(赛50:6)

让我们从这一段得出一个应用性结论。如果我们因属于基督,就不得不忍受挖苦、讥笑和毁谤,让我们绝不要以为惊奇。徒弟不能大过师傅,仆人不能大过主人。如果人把谎言和侮辱堆积在我们救主身上,我们就无须惊奇人用同样的武器不断地攻击他的百姓。撒旦其中一样极大的诡计,就是抹黑义人的品格,让他们受人蔑视。路德、克兰麦、加尔文和卫斯理,为此提供了充分的例子。如果我们被上帝呼召以这种方式受苦,就让我们耐心承受。让我们喝我们亲爱的主喝过的同样的杯。但其中有一极大的分别,即我们最坏的情形,只是喝苦杯中的几滴,他却将其喝尽。

七 彼得不认主

太26:69—75

69. 彼得在外面院子里坐着,有一个使女前来说:"你素来也是同那加利利人耶稣一伙的。"

70. 彼得在众人面前却不承认,说:"我不知道你说的是什么。"

71. 既出去,到了门口,又有一个使女

看见他，就对那里的人说："这个人也是同拿撒勒人耶稣一伙的。"

72. 彼得又不承认，并且起誓说："我不认得那个人！"

73. 过了不多的时候，旁边站着的人前来对彼得说："你真是他们一党的，你的口音把你露出来了。"

74. 彼得就发咒起誓地说："我不认得那个人！"立时，鸡就叫了。

75. 彼得想起耶稣所说的话："鸡叫以先，你要三次不认我。"他就出去痛哭。

* * *

这些经文讲述了一个令人瞩目、深具教诲意义的事件：使徒彼得不认主。圣经中有些事件间接地证明了圣经的真理，这是其中之一。如果福音只是人编造出来的，圣经就绝不会告诉我们，其中一位主要传讲福音的人，曾一度如此软弱和犯错，以致不认他的主。

这段经文要求我们注意的第一件事，就是**彼得所犯下的罪的全部性质**。

这是一件大罪。我们看到一个人——跟从基督三年之久，曾率性地表白自己相信他、爱他——一个领受了无尽怜悯和慈爱、被基督当作亲密朋友对待的人。我们看到这人三次不承认自己认识耶稣！糟糕的是，这是在严峻的情形下犯的罪。主已经清楚地警告彼得他要遇到的危险，他已经听到了这警告。他已经从我们主手里领受了饼和杯，大声宣告就算要与主同死，也不会不认他！同样很糟糕的是，这罪看起来是在小小的挑衅之下犯的。两个弱女子说他是与耶稣一道的，站在旁边的人说"你真是他们一党的"。看上去并没有人使用威胁，没有人使用暴力。但这足以推翻彼得的信心。他在所有人面前不认主，他发誓不认得主，他发咒起誓，这真是一幅令人降卑的画面!

让我们留心这段历史,把它藏在我们心里。它清楚地教导我们,最好的圣徒也不过是人,是有诸多软弱缠绕的人。一个人可能向上帝归正,有对基督的信心、盼望和爱,却被一个过失胜过,可怕地跌倒。这让我们看到谦卑是绝对必须的。只要我们还在身内,我们就在危险当中。肉体软弱,魔鬼活跃。我们绝不可以为,"我不能跌倒"。它向我们指出,对犯错的圣徒,爱他们是我们的本分。我们绝不可因为人偶然跌倒犯错,就将他们定性为没有蒙恩、被上帝遗弃的人。我们一定要记住彼得,并且"用温柔的心把他挽回过来"(加6:1)。

我们要注意的第二件事就是,**彼得走到不认主的地步,经过了哪些步骤**。

上帝怜悯我们,记录下这些步骤,好使我们可以学到功课。上帝的圣灵刻意把它们记下来,要使基督的教会永远得益处。让我们一步一步地把它追溯出来。

彼得跌倒的第一步是**自负**。他说:"众人虽然为你的缘故跌倒,我却永不跌倒。"第二步是**懒惰**。他的主要他警醒祷告,他不是这样做,而是睡着了。第三步是**懦弱妥协**。他不是紧跟主,而是首先离弃他,然后"远远地跟着"他。最后一步是毫无必要地冒险进入恶人当中。他进到祭司的华宅,"和差役同坐",就像他们当中的一员。然后是最终的跌倒,发咒起誓,三次不认主。看起来令人震惊,他的心却一直为此做准备。这是他自己种的苦果。"他吃的是谎话的果子。"

让我们记住彼得经历的这部分,这对所有认信、自称是基督徒的人都深有启发。大病很少不先经历之前的一系列先兆症状就攻击身体；大大的跌倒，很少不经过之前秘密的背道后退的过程，就一下子临到一位圣徒。有时候，某位伟大的认信之人突然行为有过失，让教会和世人震惊，信徒因此灰心跌倒，上帝的仇敌欢喜并亵渎。但真实的情况是，这些跌倒都源于他们早已在暗中远离了上帝。在众人面前跌倒很久之前，人已然在私下跌倒。树轰然倒塌，然而引发其倒塌之秘密的腐朽，常常要在这树倒地之后才被人发现。

最后需要我们注意的，就是**彼得的罪给自己带来的愁苦**。我们在这一章结束时看到，"他就出去痛哭"。

这句话理当得到比通常更多的关注。成千上万的人读了彼得犯罪的经过，却极少思想过彼得的泪水，彼得的悔改。愿我们用眼去看，用心去领会。

我们在彼得的眼泪中看到，不幸和远离上帝是密切相连的。上帝满有怜悯的安排，就是在某种意义上，圣洁总有它自己的赏赐。内心沉重、良心不安、盼望被蒙蔽、大量的疑惑，总是背道和不忠的结果。所罗门的话描写了上帝许多不忠儿女的经历——"心中背道的，必满得自己的结果。"（箴14：14）让这成为我们信仰立定的原则，就是如果我们爱慕内在的平安，就一定要紧密与上帝同行。

我们在彼得痛苦的眼泪中，看到假冒为善之人和真信徒之间差别的重大标记。假冒为善之人被罪胜过时通常会跌倒，不再起来。他里面没有生命的动因，可以把他兴起。上帝的孩子被胜过时会靠着真诚的悔改兴起，靠着上帝的恩典更正他的生命。让人不要因为大卫曾犯过奸淫罪，彼得曾不认主，就安慰自己，以为可以犯罪而

第二十六章

不受惩罚。这些圣洁的人的确多多地犯罪，但他们没有继续留在罪中。他们多多地悔改，为他们的跌倒忧伤，痛恨厌恶自己的邪恶。很多人要是和他们在罪中一样，也效法他们的悔改，这就好了。太多的人知道他们跌倒的事，却不认识他们的复原。他们像大卫和彼得犯了罪，却没有像大卫和彼得那样悔改。

整段经文充满教训，我们不应忘记。我们承认以基督为我们的盼望吗？让我们注意信徒的软弱以及导致跌倒的步骤。我们不幸背道，把起初的爱心离弃了吗？让我们记住，彼得的救主仍然活着。主为我们存留怜悯，就像为他存留一样。但如果我们要找到这怜悯，我们就一定要悔改，寻求这怜悯。让我们向上帝回转，他就向我们转脸。他的怜悯，不至断绝（哀3：22）。

第 二十七 章

一　加略人犹大的结局

太27：1—10

1. 到了早晨，众祭司长和民间的长老，大家商议要治死耶稣，
2. 就把他捆绑，解去交给巡抚彼拉多。
3. 这时候，卖耶稣的犹大看见耶稣已经定了罪，就后悔，把那三十块钱拿回来给祭司长和长老，说：
4. "我卖了无辜之人的血是有罪了。"他们说："那与我们有什么相干？你自己承当吧！"
5. 犹大就把那银钱丢在殿里，出去吊死了。
6. 祭司长拾起银钱来说："这是血价，不可放在库里。"
7. 他们商议，就用那银钱买了窑户的一块田，为要埋葬外乡人。
8. 所以那块田直到今日还叫作"血田"。
9. 这就应了先知耶利米的话，说："他们用那三十块钱，就是被估定之人的价钱，是以色列人中所估定的，
10. 买了窑户的一块田；这是照着主所吩咐我的。"

* * *

本章开篇描写了我们的主耶稣基督被交付在外邦人手里。众祭

司长和犹太人的长老把他带到罗马总督本丢彼拉多那里。我们可以从这事件中看到上帝的手。整个事情都是由上帝在护理和安排,为让外邦人和犹太人一道,都要在杀害基督的事上有份。因上帝的护理安排,让祭司可以公开承认,"圭已经离开犹大"。他们不经由罗马人,就不能把任何人处死。这样雅各的话就应验了。弥赛亚"细罗确实已经来到"(创 49∶10)。

以上经文的主题就是假使徒加略人犹大的可悲结局。这主题充满教训,让我们认真留意它的内容。

我们看到,犹大的结局清楚地证明:我们的主在每一样针对他的控告上都是无辜的。

如果有任何能举证反对我们主耶稣基督的活见证,那就非加略人犹大莫属。他是耶稣拣选的使徒,一直陪伴他四处周游,听过他公开和私下全部教导。如果我们的主言行有任何过错,他必然知道。他是脱离陪伴我们主之人的逃兵,把他交在他敌人手里的叛徒,为了他自己名声的缘故,证明耶稣有罪,这符合他的利益。如果他能证明他从前的主是罪犯,是骗子,就能为他自己的举动减轻罪过,找借口辩护。

那么加略人犹大为什么不站出来?如果他真有任何控告的话,为何不站出来,在犹太公会面前具体说明他的控告?他为什么不放胆陪同众祭司长去到彼拉多那里,向罗马人证明耶稣是罪犯?这些问题只有一个答案。犹大没有出来作证,这是因为他的良心不许他。虽然他是坏人,他却不能证明任何控告基督的事。虽然他是恶人,他却很清楚,他的主是圣洁、与人无伤、无辜、无可指摘和诚实的。让我们绝不要忘记这一点。主受审判时加略人犹大并没有出席指控,这是上帝的羔羊无瑕疵、是无罪之人的众多证据中的一样。

我们从犹大的结局上看到另外一件事,就是**有一种太迟的悔改**。圣经清楚地告诉我们,"犹大后悔,把那三十块钱拿回来给祭司长和长老。"圣经甚至告诉我们,他去到祭司长那里说,"我有罪了。"然而清楚的是,他并没有悔改以至于得救。

这一点值得特别注意。人常说:"悔改再迟也不怕。"如果悔改是真诚的,那么无疑这句话讲得没错;但悲悲惨惨最迟的悔改,通常并不是真悔改。有可能一个人感受到自己有罪,为罪难过,强烈知罪,表达出深深的懊悔;良心被刺透,表现出内心的强烈不安——然而尽管有这一切,却不是发自内心悔改。眼下的危险,或者对死亡的恐惧,可能是他有这一切感觉的原因,而圣灵却没有在他心里有任何工作。

让我们小心,不要依靠一种延迟的悔改。"现在正是悦纳的时候,现在正是拯救的日子。"**有一个**悔改的强盗,在临死的时候得救,所以让人不要绝望;但**只有一个**,所以让人不要大胆地想当然,让我们不要拖延面对与我们灵魂有关的任何事。最重要的是不要拖延悔改,妄想悔改是靠着我们自己能力可以做到的一件事。所罗门在这问题上说的话非常可怕。"那时,你们必呼求我,我却不答应;恳切地寻找我,却寻不见。"(箴1:28)

让我们从犹大的结局看到另外一件事,**不敬虔给临终的人带来的安慰何其少**。

我们得知他把卖主得来的三十块钱丢在殿里,内心愁苦地出去了。他赚那钱,付的代价太高。这钱没有给他带来快乐,甚至在他

拥有的时候也没有。① "不义之财，毫无益处。"（箴 10∶2）

实情就是，罪是一切"主人"当中最严苛的。服侍它会有大量美好的承诺，但却都是完全实现不了的。它带来的快乐不过是一时的，它的工价却是忧愁、懊悔、自责，太过经常还有死。顺着情欲撒种的，确实必从情欲收败坏。

我们受到试探要去犯罪吗？让我们记住圣经的话"你们的罪必追上你们"，并要抵挡试探。让我们确信，迟早——在今生或来生，在这世界或在审判那日——罪和罪人要面对面，并要痛苦交账。让我们确信，在所有行当之中，犯罪是最无益的。犹大、亚干、基哈西、亚拿尼亚和撒非喇，都发现事情如此，并付出了沉重代价。保

---

① 一个极大和不能否认的难点，就是这里说的引用"先知耶利米"的话，在我们能得到的耶利米的任何作品中都找不到的，它倒是出现在了先知撒迦利亚的作品中。人们提出了以下观点来解决这难题。

（1）一些人认为马太引用的这预言，实际上是由耶利米所说，但并没有写下，而是由撒迦利亚记录且流传下来。至于支持这一点的论证，我们必须记住，《使徒行传》20∶35 节有我们主说的一句话，在福音书中没有记载；另外，《犹大书》中关于以诺的预言（犹 14）也是如此。

（2）一些人认为，犹太人用耶利米的名字指旧约圣经包含预言的所有部分，马太其实并不是真的在说耶利米发了这预言。这是莱特福特（Lightfoot）的观点。

（3）一些人认为马太原本写的是"先知"这词，并没有引用任何具体的人名，"耶利米"是被一个无知的抄录者加进去的。支持这种观点的证据是一份现存最古老的抄本，即叙利亚抄本，只写了"先知"，而没有"耶利米"这一名字。波斯版本的福音书也没有这名字。

（4）一些人认为马太原本写的是"先知撒迦利亚"，某个无知的抄录者把它改成了耶利米，要支持这种观点，人应当记住，在抄本中名字经常采用缩写，而这两人名字的缩写 IOU 和 ZOU 很相似。

对于这些解决方案我不予置评，这类问题让如此多解经家迷惑不已，不可能在此世得到解决。我在这里只提一个对此难题的解决方案，目的是为了表明我的反对。这方案是许多现代神学家采纳的，就是："马太忘记了他正在做什么，他犯了一个错误。他根据记忆引用经文，并不准确；他要说的是撒迦利亚，而不是耶利米。"我只能说，若果真如此，我们就必须完全放弃圣经是上帝默示的教义了！如果圣经的作者能犯这样的错误，那我们又如何能对所引用圣经的经文有信心呢？使用如此的论证，就是把刀剑交在阿里乌派和索齐尼派手中，他们可是非常清楚如何使用这兵器。一旦放弃了圣经逐字逐句都是上帝默示的真理，我们就是站在流沙之上了。

罗的这番话是很有道理的："你们现今所看为羞耻的事，当日有什么果子呢？"（罗6：21）

最后让我们在犹大的情形里看到，一个人若有极大的特权，却不正确使用，他会落得何等可悲的下场。我们得知，这个忧忧愁愁的人"出去吊死了"。这是何等可怕的死法。基督的使徒，从前传讲福音的人，彼得和约翰的同伴，而今却自杀，而且还没有预备好，罪没有得到赦免，就闯到上帝面前。

让我们绝不要忘记，没有什么罪人比违抗亮光和知识而犯罪的罪人更有罪。没有人像他们那样触动上帝的愤怒。如果我们看圣经，就会发现没有人像他们那样，因上帝突然令人恐惧地临到他们而从这世上被除去。让我们记住罗得的妻子、法老、可拉、大坍、亚比兰和以色列的扫罗王，这些人都是明证。班扬说了一句严肃的话："没有人像朝后跌倒的人那样，是如此深深地落在坑中的。"《箴言》书说："人屡次受责罚，仍然硬着颈项，他必顷刻败坏，无法可治。"（箴29：1）愿我们都努力按照我们所得的亮光生活。确实存在着干犯圣灵的罪。头脑有对真理清楚的认识，加上心里刻意对罪的爱，在让人犯下干犯圣灵的罪上起了极大作用。

我们此时内心的光景如何？我们受到试探，以我们的知识和宗教认信为满足吗？让我们记住犹大，提高警惕。我们会倾向抓住世界不放，让金钱在思想里占据显赫地位吗？再一次，让我们记住犹大，提高警惕。我们与任何一种罪打情骂俏，自我安慰地说我们可以慢慢悔改吗？再一次，让我们记住犹大，提高警惕。上帝把他摆在我们面前，作为警示。让我们认真看他，不要让我们信心的船沉沦损坏。

第二十七章

二 基督在彼拉多面前被定罪

太27：11—26

11. 耶稣站在巡抚面前，巡抚问他说："你是犹太人的王吗？"耶稣说："你说的是。"
12. 他被祭司长和长老控告的时候，什么都不回答。
13. 彼拉多就对他说："他们作见证告你这么多的事，你没有听见吗？"
14. 耶稣仍不回答，连一句话也不说，以致巡抚甚觉希奇。
15. 巡抚有一个常例，每逢这节期，随众人所要的，释放一个囚犯给他们。
16. 当时有一个出名的囚犯叫巴拉巴。
17. 众人聚集的时候，彼拉多就对他们说："你们要我释放哪一个给你们？是巴拉巴呢？是称为基督的耶稣呢？"
18. 巡抚原知道，他们是因为嫉妒才把他解了来。
19. 正坐堂的时候，他的夫人打发人来说："这义人的事你一点不可管，因为我今天在梦中为他受了许多的苦。"
20. 祭司长和长老挑唆众人，求释放巴拉巴，除灭耶稣。
21. 巡抚对众人说："这两个人，你们要我释放哪一个给你们呢？"他们说："巴拉巴。"
22. 彼拉多说："这样，那称为基督的耶稣，我怎么办他呢？"他们都说："把他钉十字架！"
23. 巡抚说："为什么呢？他做了什么恶事呢？"他们便极力地喊着说："把他钉十字架！"
24. 彼拉多见说也无济于事，反要生乱，就拿水在众人面前洗手，说："流这义人的血，罪不在我，你们承当吧！"
25. 众人都回答说："他的血归到我们和我们的子孙身上。"
26. 于是彼拉多释放巴拉巴给他们，把耶稣鞭打了，交给人钉十字架。

＊　＊　＊

　　这些经文描写的是我们的主来到罗马巡抚本丢彼拉多面前。这场面必然令上帝的天使震惊。有朝一日要审判世界的那一位，竟让自己受人审判和定罪，尽管"他未行强暴，口中也没有诡诈"（赛53：9）。有一天他口里要发出对彼拉多和该亚法永远的判决，而此刻竟安静受苦，接受加在他身上的不公判决。这些安静的受苦应验了以赛亚的话："他像羊在剪毛的人手下无声，他也是这样不开口。"（赛53：7）相信的人，他们一切的平安和盼望，都归因于这些安静的受苦。因着这些受苦，本身无话可说的信徒，要在审判的日子大胆勇敢。

　　让我们从彼拉多的举止认识到，**一个没有原则的大人物，他的光景多么可怜。**

　　彼拉多看起来心里清楚我们的主没有做过任何该死的事。圣经明确地告诉我们，他"原知道，他们是因为**嫉妒**才把他解了来"。若凭他自己没有偏见的判断而决定，他很有可能会驳回对我们主的控告，让他得到释放。

　　但彼拉多是治理一群充满嫉妒躁动不安之人的巡抚。他极大的心愿，就是要得到他们的好感，取悦他们。只要得到人的称赞，他就根本不在乎自己怎样得罪上帝和良心。虽然他愿意挽救我们主的性命，但如果这会得罪犹太人，他就不敢这样行。所以在无力地尝试把人的愤怒从耶稣转移到巴拉巴身上，并且在众人面前洗手，无力地尝试让自己良心得安慰之后——他最终定他称作"义人"的这人为有罪。他拒绝听从他妻子做梦后打发人带给他的那奇怪神秘的警告。他压制自己良心的劝告。他把耶稣"交给人钉十字架"。

请看,这可怜人是这世界许多统治者何等生动的写照!有多少人,他们知道自己在众人面前的举动是错误的,却没有勇气按这种认识行事。他们怕人!他们害怕被人取笑!他们忍受不了不受大众欢迎的光景。他们像死鱼一样随波逐流。人的称赞是他们跪拜的偶像,他们牺牲良心、内在的平安和不朽的灵魂,把这些献给这偶像。

不管我们在人生中有何地位,都让我们努力受原则而非权宜之计的引导。人的称赞无益、无力和飘忽不定,今天还在,明天就没有了。让我们努力讨上帝喜悦,这样我们就毫不在意谁会喜欢我们。让我们敬畏上帝,这样就没有其他人是我们需要害怕的。

让我们从这段经文描写的犹太人的举止认识到**人性极端的邪恶**。

彼拉多的举止给了祭司长和长老一个机会,让他们重新考虑自己到底要什么。他提出的要定我们主为有罪的难处,给了他们重新思想的时间。但我们主仇敌的思想里没有第二个念头。他们坚持自己的恶行。他们拒绝彼拉多提出的妥协方案。他们确实宁可要一个名叫巴拉巴的邪恶重犯得自由,也不要耶稣得释放。他们大声喊着要钉我们主十字架。他们毫不在乎把处死我们主的罪责揽在自己身上,而说出这句充满不祥兆头的话,"他的血归到我们和我们的子孙身上",就给一切定了案。

我们的主做了什么,让犹太人如此恨他?他不是强盗,不是杀人犯,他没有亵渎他们的上帝,毁谤他们的先知。他一生都充满爱,"周流四方,行善事,医好凡被魔鬼压制的人"(徒10:38)。他没有做任何干犯上帝或人律法的事。然而犹太人恨他,不把他杀死就绝不安息！他们恨他，因他把真理告诉他们。他们恨他，因他见证他们的行为是恶的。他们恨恶光，因为光让他们自己的黑暗显明了。一句话，他们恨基督，因他是义的，他们是恶的；因他圣洁，他们不圣洁；因他指证罪，他们决心留住他们的罪，不愿放手。

让我们留心这一点。几乎没有什么像人性败坏那样，被如此少的人相信，如此少的人能意识到这问题。人幻想，如果他们看见一个完人，就会爱他、羡慕他。他们自以为他们不喜欢的是认信基督徒的言行不一，而不是他们的信仰。他们忘记了，当有一个真正的完人，以上帝儿子的位格出现在地上时，他遭人仇恨，被人处死。单单这一个事实，就大大证明爱德华兹这句话讲的是实情——"不归正的人如果能抓住上帝，就要把上帝杀死。"

让我们绝不要对这世上存在的邪恶感到惊奇。让我们为此忧伤，努力把它减少，但是让我们绝不要为它蔓延全地而感到吃惊。没有什么是人心不能谋划，人手不能做出来的。只要我们还活着，就让我们不相信自己的内心。即使得到圣灵更新，我们的心仍是"比万物都诡诈，坏到极处"（耶17∶9）。

三 基督在士兵手中受苦，被钉十字架

太27∶27—44

27. 巡抚的兵就把耶稣带进衙门，叫全营的兵都聚集在他那里。
28. 他们给他脱了衣服，穿上一件朱红色袍子；
29. 用荆棘编作冠冕，戴在他头上；拿一根苇子放在他右手里，跪在他面前，戏弄他说："恭喜，犹太人的王啊！"
30. 又吐唾沫在他脸上，拿苇子打他

的头。
31. 戏弄完了，就给他脱了袍子，仍穿上他自己的衣服，带他出去，要钉十字架。
32. 他们出来的时候，遇见一个古利奈人，名叫西门，就勉强他同去，好背着耶稣的十字架。
33. 到了一个地方，名叫各各他，意思就是髑髅地。
34. 兵丁拿苦胆调和的酒给耶稣喝。他尝了，就不肯喝。
35. 他们既将他钉在十字架上，就拈阄分他的衣服，
36. 又坐在那里看守他。
37. 在他头以上安一个牌子，写着他的罪状说："这是犹太人的王耶稣。"
38. 当时，有两个强盗和他同钉十字架，一个在右边，一个在左边。
39. 从那里经过的人讥诮他，摇着头，说：
40. "你这拆毁圣殿，三日又建造起来的，可以救自己吧！你如果是上帝的儿子，就从十字架上下来吧！"
41. 祭司长和文士并长老也是这样戏弄他，说：
42. "他救了别人，不能救自己。他是以色列的王，现在可以从十字架上下来，我们就信他。
43. 他倚靠上帝，上帝若喜悦他，现在可以救他，因为他曾说：'我是上帝的儿子。'"
44. 那和他同钉的强盗也是这样地讥诮他。

* * *

这段经文描写的是我们主耶稣基督被彼拉多定罪后受苦——他在残忍的罗马士兵手中受苦，最后在十字架上受苦。这些经文成了不可思议的记录。当我们想起这受苦的人是谁，这记录就显得不可思议——是上帝永远的儿子受苦！当我们想起主为哪些人受苦，这记录就显得不可思议。我们和我们的罪，是这一切受苦的理由。他"为我们的罪死了"（林前15：3）。

让我们首先留意，**我们主受的苦范围何等之大、何等之真实**。把我们主身体所受一切痛苦汇编成册，确实读起来就令人惧怕。

很少有这样的苦是在人生最后几个钟头之内加在一个人身体上的。最野蛮的部落，按最精炼的凶残之道，加在敌人身上痛苦的折磨，也不可能超过堆积在我们亲爱主身体之上的折磨。让我们绝不要忘记，他有一个真实的人的身体，和我们自己一模一样的身体，一样敏感，一样脆弱，一样能感受剧痛。然后让我们来看那身体承受了什么。

我们一定要记住，我们的主已经一夜没睡，极其疲劳。他从客西马尼园被带到犹太人公会，从公会被带到彼拉多的审判庭。他两次受审，两次被不公正地定罪。他已经受鞭打，被棍棒残忍击打。现在，在这一切受苦之后，他被交给罗马士兵，一群毫无疑问是擅长残忍、在各色人等中最不可能以温柔怜悯行事的人。这些凶残的人马上开始按他们的意思行事。他们"叫全营的兵都聚集"。他们剥去我们主的衣服，为讥笑他，给他穿上一件红色袍。他们编织了一顶尖锐的荆棘冠冕，嘲笑着加在他头上。然后他们讥笑着在他面前下跪，当他不过是一位假冒的王。他们往他身上吐唾沫，打他的头。最后他们把他自己的衣服给他穿上，带他出城，去到一个叫各各他的地方，在那里把他钉在十字架上，钉在两个强盗中间。

但到底什么是钉十字架？让我们努力地理解它，明白它的苦楚。被钉十字架的人，背靠一条木头，被放在上面，木头上钉着一条横木，或者背靠一段树干，有伸出的树枝，都是为了达到同样目的。他的手被伸展开，贴在横木上，钉子穿透双手，把手固定在木头上。他的双脚也同样被钉在十字架竖立的那段上。这时，身体已经被牢牢地固定，十字架就被竖起，坚固地稳定在地上。那不幸受苦的人被挂在上面，直到痛苦和衰竭把他带到生命的尽头——不是突然死去，因为他要害的部分，没有一处受到伤害——但要忍受手脚最剧烈的疼痛，

第二十七章

不能动弹。这就是钉十字架的死。这就是耶稣为我们经历的死！六个小时之久，他被挂在那里，在一群盯着他观看的人面前，全身赤裸，从头到脚流着血。他的头被荆棘刺破，他的背被鞭挞撕裂，他的手脚被铁钉撕开，他被残忍的仇敌讥笑辱骂，直到最后。

让我们常常默想这些事，让我们常常一气读完耶稣钉十字架和受难的故事。让我们记住，主承受这些可怕的痛苦，却没有一句怨言，没有一句不耐烦的话从他嘴里发出，这并非小事一桩。他死的时候和他活着的时候一样完全。直到最后，撒旦在他里面仍是毫无所有（约14：30）。

第二，让我们留意，**我们主耶稣基督所有的受苦都是替代的受苦**。他不是为他自己的罪，而是为我们的罪受苦。在他一切的苦难中，他很明显是我们的替代。

这是一个至为重要的事实。没有这一点，我们主受苦的故事连同它所有的细节，就必然显得神秘和莫名其妙。然而这是圣经经常讲到的事实，也是用确定的说法说的。我们被告知，基督"被挂在木头上，亲身担当了我们的罪"，他"为罪受苦，就是义的代替不义的"，"那不知罪的，替我们成为罪，好叫我们在他里面成为上帝的义"，他"为我们成了咒诅"，他"一次被献，担当了多人的罪"，"他为我们的过犯受害，为我们的罪孽压伤"，"耶和华使我们众人的罪孽都归在他身上"（彼前2：24，3：18；林后5：21；加3：13；来9：28；赛53：5、6）。愿我们熟记这些经文，它们是福音的基石。

但我们绝不可满足于一种**含糊泛泛**的信念，相信基督在十字架上的受苦是替代的受苦。上帝要我们在基督受苦的**每一方面**看到这个事实。我们可以跟着他，从彼拉多的审判台前，去到他死的那一刻,历经整个过程,看他每一步都是我们大能的替代、我们的代表、我们的头、我们的担保、我们的代理——身为上帝,又是我们的朋友,代替我们而担当一切,用他受苦无价的功德,买得我们的救赎。他受鞭打吗?这是为了"因他受的鞭伤我们得医治"。他虽然无辜仍被定罪吗?这是为了让我们虽然有罪,却可以被宣判为无罪。他戴荆棘冠冕吗?这是为了让我们可以戴上荣耀冠冕。他的衣服被剥去吗?这是为了让我们可以披戴永远的义。他受讥笑辱骂吗?这是为了让我们可以得尊荣蒙福。他被算作作恶的,被列在罪犯之中吗?这是为了让我们可以被算为无罪,得称义脱离一切罪。他被人说成是不能救自己吗?这是为了让他可以拯救别人到底。他最终死去,经历一切死当中最痛苦羞辱的死吗?这是为了让我们可以永远活着,得高升有最高的荣耀。让我们好好深思这些事情,它们值得记念。得平安的关键,恰恰就是正确理解基督代替的受苦。

让我们在看完我们主受难的故事时深深地感恩。我们的罪又多又大,但基督已经为它们献上极大的赎罪祭。基督一切的受苦都有无限的功德,因为受苦的那一位既是人又是上帝。我们天天因基督死了而向上帝称谢,这肯定是恰当、正确的,是我们当尽的本分。

最后,让我们从这受难的故事中不断地学习,要痛恨罪。罪是我们救主一切受苦的原因。是我们的罪编织了那荆棘冠冕,我们的罪把钉子钉进他的手脚。因我们的罪,他的血流出。的确,想到基督被钉十字架,这就应当让我们恨恶一切的罪。《圣公会受难日布道文》(*Church of England Homily of the Passion*) 说得好:"让基督钉十字架的画面常常印在我们心上。让这激发我们对罪的仇恨,激发我们将狂热的爱献给大能的上帝。"

第二十七章

四 基督的死，伴随着这死发生的神迹

太27：45—56

45. 从午正到申初，遍地都黑暗了。
46. 约在申初，耶稣大声喊着说："以利，以利！拉马撒巴各大尼？"就是说："我的上帝，我的上帝！为什么离弃我？"
47. 站在那里的人，有的听见就说："这个人呼叫以利亚呢！"
48. 内中有一个人赶紧跑去，拿海绒蘸满了醋绑在苇子上，送给他喝。
49. 其余的人说："且等着，看以利亚来救他不来。"
50. 耶稣又大声喊叫，气就断了。
51. 忽然，殿里的幔子从上到下裂为两半，地也震动，磐石也崩裂，
52. 坟墓也开了，已睡圣徒的身体，多有起来的。
53. 到耶稣复活以后，他们从坟墓里出来，进了圣城，向许多人显现。
54. 百夫长和一同看守耶稣的人看见地震并所经历的事，就极其害怕，说："这真是上帝的儿子了！"
55. 有好些妇女在那里，远远地观看，她们是从加利利跟随耶稣来服侍他的。
56. 内中有抹大拉的马利亚，又有雅各和约西的母亲马利亚，并有西庇太两个儿子的母亲。

* * *

  我们从这段经文中看到，我们主耶稣基督受难的结束。在六个钟头难忍的受苦后，他顺服以至于死，"气就断了"。这段叙述中有三点值得特别注意。

  让我们首先留意，**耶稣死前不久说的那句特别的话**，"我的上帝，我的上帝！为什么离弃我？"

  这句话里有极深的奥秘，必死之人无一人能测透。毋庸置疑，让我们主说出这句话的，不仅仅是身体的痛苦。这样的解

释完全无法令人满意，是对我们配得称颂的救主的侮辱。这句话是要表达他灵里承受整个世界的罪这巨大重担时的真实压力，是要表明他何等之真切、按照字义作我们的替代，成为罪，为我们成了咒诅，亲身承受上帝对世界的罪所发的义怒。在那可怕的时刻，我们所有人的罪孽都完全加在他身上。耶和华喜悦将他压伤，使他受痛苦（赛53∶10）。他承担我们的罪，背负我们的过犯。当上帝永远的儿子会说自己有一段时间被"离弃"，那担子必然是沉重的，我们主为我们作的替代，必然是实实在在的。

让这句话深入我们内心，不被忘记。证明罪的罪行，基督受苦替代性质的证据，最有力的莫过于他这声呼喊，"我的上帝，我的上帝！为什么离弃我？"这呼声应当激发我们起来恨恶罪，鼓励我们信靠基督。①

第二，让我们留意，**描写我们主生命尽头的话，包含了何等的深意**。我们被简单地告知，他"气就断了"。

从未有人的最后一口气像这里一样有如此深邃的含义。从未有一个事件，有如此多的事情取决于它。罗马士兵，还有十字架周围张口呆看的众人，看不到这有什么特别之处。他们只看到一个人，

---

① 以下引文值得注意，它们能让人对圣经中这段特别严肃的内容看得更加清楚。
"我们主说这番话时，深深地感受到他的父对人类的愤怒。主现在代替人承受父对世人罪的愤怒。当他说'为什么离弃我？'时，他暗示上帝已经从他身上撤回了他对父安慰和同在的感受和看见。当他说'我的上帝'时，他暗示他信心的力量——靠这信心，他确实坚信他永在的父所赐与的确定和恩惠的帮助。"——霍尔（Hall）主教
"下地狱之人永远的哀号，无限地不及于'我的上帝！我的上帝！为什么离弃我'这短短的一句话，所强烈地表明罪的邪恶与痛苦。"——贾米森（Jamieson）

他和其他人一样死去，带着所有通常伴随被钉十字架而有的痛苦死去。但对于整件事涉及的利害关系，他们是一无所知。

那死完全偿还了罪人欠上帝的重债，为每一个相信的人打开了生命的大门。那死满足了上帝圣洁律法公义的要求，使上帝能自己为义，也称信耶稣的人为义。那死不仅仅是自我牺牲的典范，还是为人的罪献上的完全的赎罪祭和挽回祭，影响全人类的光景和前途。那死解决了这难题，就是上帝怎能完全圣洁，却又完全慈爱。它向世人打开了一个洗净一切罪和不洁的泉源。它完全胜过撒旦，公然将它掳掠。它除净罪恶，赎尽罪孽，引进永义。它证明罪的罪性，罪确实需要这样的献祭为它赎罪。它证明上帝对人的慈爱，他差自己的儿子完成这赎罪大工。实际上，之前、将来绝不会再有这样的死。难怪耶稣代替我们在那受咒诅的木头上死的时候，地也大震动。基督成为赎罪祭的时候（赛53：10），世界坚固的框架都大震动，感到惊奇。

最后让我们留意，**我们主死的那一刻，在犹太人圣殿的当中发生了何等特别的神迹**。我们得知"殿里的幔子从上到下裂为两半"，把至圣所和圣殿其余部分分隔开，且唯有大祭司能通过的幔子，从上到下裂为两半。

在伴随我们主死时发生的所有神迹当中，没有一个比这更有意义。正午三个小时天黑，这必然是令人惊诧的事。让磐石崩裂的地震，必然令人极大地震惊。但幔子从上到下突然裂成两半，当中的含义必然刺透任何聪明犹太人的心。如果那幔子裂开的消息不让大祭司该亚法惊愕，他的良心必然是太刚硬了。

幔子裂开，宣告礼仪律终结，成为过去。这是一个记号，表明献祭和礼仪的旧时代不再是必需的。它的工作完成了。从基督死的那一刻开始，它的工作就结束了。人不再需要一位属地的大祭司、施恩座、洒血、烧香和赎罪日。那位真正的大祭司终于出现，那真正的上帝的羔羊已经被杀，那真正的施恩座最终显明。预表和影儿不再需要。愿我们都记住这一点！现在设立祭坛、献祭和建立祭司制度，就如在正午点蜡烛。

幔子的撕裂宣告拯救之路已经向全人类打开。在基督死之前，进到上帝面前的道路，是外邦人从前不知道的，犹太人只是模糊看见。但基督现在已经献上完全的祭，成了永远赎罪的事，黑暗和奥秘要成为过去。现在所有人都受到邀请，凭着对耶稣的信心，放胆来就近上帝，带着信心来到他面前。一道门已经打开，一条生命之道已经摆在全世界面前。愿我们都记住这一点！从耶稣死的时候起，上帝的心意，就是平安的路，不再笼罩在奥秘之中，不再有保留。福音就是那历世历代所隐藏，现在得到显明的那奥秘。现在再给信仰披上奥秘的外衣，就是误解了基督教信仰的伟大特征。

让我们每次读完耶稣钉十字架的故事时心里都充满称谢。让我们为着它给我们的信心，给我们盼望得赦免的根据来称谢上帝。我们的罪可能又多又大，但我们伟大的替代者所作的偿还，超过了它们全部。让我们为着它让我们看见天父的爱而感谢上帝。他不爱惜自己的儿子，为我们众人舍了，肯定也要把万物和他一同赐给我们。尤其让我们为着它让我们看见耶稣同情所有信他的人而感谢上帝。他能体恤我们的软弱，他知道受苦的滋味。耶稣正是在这邪恶世上，身心软弱之人需要的救主。

第二十七章

五 基督被埋葬，他的仇敌为防止他复活而作的防备徒劳落空

太27：57—66

57. 到了晚上，有一个财主，名叫约瑟，是亚利马太来的，他也是耶稣的门徒。
58. 这人去见彼拉多，求耶稣的身体，彼拉多就吩咐给他。
59. 约瑟取了身体，用干净细麻布裹好，
60. 安放在自己的新坟墓里，就是他凿在磐石里的。他又把大石头滚到墓门口，就去了。
61. 有抹大拉的马利亚和那个马利亚在那里，对着坟墓坐着。
62. 次日，就是预备日的第二天，祭司长和法利赛人聚集，来见彼拉多，说：
63. "大人，我们记得那诱惑人的还活着的时候，曾说：'三日后我要复活。'
64. 因此，请吩咐人将坟墓把守妥当，直到第三日，恐怕他的门徒来把他偷了去，就告诉百姓说：'他从死里复活了。'这样，那后来的迷惑比先前的更利害了。"
65. 彼拉多说："你们有看守的兵，去吧！尽你们所能的把守妥当。"
66. 他们就带着看守的兵同去，封了石头，将坟墓把守妥当。

* * *

这段经文包含我们主耶稣基督被埋葬的历史，这是另外一件必需的事，好确定我们的救赎主成就了他承担要行的救赎大工。那在十字架上背负我们罪的神圣身体，一定要被实实在在下到坟墓里，并且复活。他的复活要成为这一切作为的印证和基石。

上帝无限的智慧，预见了不信之人和异教徒要提出的反对，并作出安排，驳倒他们。上帝的儿子真的死了吗？他真的复活了？对

于他死的真相，难道不会有某种欺骗？对于他复活的实情，难道不会有欺瞒或骗局？人若有机会，无疑会提出所有这一切问题并更多的反对意见。但从开始就知道末后之事的上帝，预先就打消了人提出这些反对意见的可能。他用统管万有的护理，如此命定事情，以至于让耶稣的死和埋葬无可置疑。彼拉多同意给他下葬。一位爱他的门徒用细麻布裹好他的身体，放在一座凿在磐石里的新坟墓里，"是从来没有葬过人的"。祭司长他们派人守卫安放他身体的地方。犹太人和外邦人，他的朋友和敌人，都同样见证了这重大的事实，就是基督的的确确已经死了，被安放在一座坟墓里。这是绝不能质疑的事实。他真的被"压伤"，他真的"受苦"，他真的"死了"，他真的被"埋葬"。让我们好好注意这一点，它值得我们时时想起。

让我们从这段经文学到一件事情，就是**我们的主耶稣基督有一些朋友，是不为人所知的**。

关于这一真理的实例，莫过于此刻摆在我们眼前的这段经文。我们主死的时候，一个名叫约瑟的亚利马太人进前来，求得准许埋葬他。之前我们主在地上工作的任何阶段，我们从未听过有这人。之后我们也再没有听过他。除了他是一位爱基督、尊荣他的门徒，我们对他一无所知。当使徒离弃我们的主，当承认尊重主会给他们带来危险的时候，当承认是他门徒看起来得不到任何地上好处的时候，这位约瑟勇敢前来，求要得到耶稣的身体，把它安放在他自己的新坟墓里。

这事实充满安慰鼓励。它让我们看到，在地上有一些安静、退隐的人，他们认识主，主认识他们，然而教会对他们却知之甚少。它让我们看到，在基督的百姓中有各样不同的恩赐。有一些人被动地荣耀基督，有一些人主动地荣耀他。有一些人的呼召就是建造教会，让一个公开的地方坐满人；有一些人只在特别需要的时候，像约瑟一样进前来。但每一个人、所有人，都被同一位圣灵带领，每一个人、所有人都用各自的方式荣耀上帝。

让这些事情教导我们心怀更大盼望。让我们相信，还有很多人要从东从西来，在天国里与亚伯拉罕、以撒和雅各一同坐席。可能在基督教世界某处黑暗角落里，有很多人像西面、亚拿和亚利马太人约瑟一样，现在是不为人所知，但在主显现的日子，要列在他的珍宝当中，明亮发光。

让我们从这些经文中明白另一件事，就是**上帝能使用恶人的诡计成就他自己的荣耀**。

我们的主被埋葬后，祭司和法利赛人的举动，用其惊人的方式教导我们这功课。就算耶稣的身体已经埋在坟墓里，这些不幸之人无休止的敌意仍无法安睡。他们想起耶稣曾说过关于"复活"的话。他们以为，自己可以努力让耶稣的复活无法发生。他们去到彼拉多那里，从他得到一队罗马守兵。他们派人看守我们主的坟墓。他们在那石头上加上封印。简而言之，他们尽其所能对这坟墓"把守妥当"。

他们并不真正知道自己正在做什么。他们没有想到自己不经意间，其实正在为基督将要复活这事实预备最全面的证据。他们实际上让人不可能证明，这件事存在任何欺骗假冒。他们的封印、他们派的守兵、他们的预警措施，全都要在不多几个钟头之后，成为基督已经复活的见证。他们要是能拦阻耶稣从坟墓里出来，也大可以让大海的潮汐停止，或不让太阳升起。他们中了自己的诡计（林前3：19）。他们自己的诡计，成为彰显上帝荣耀的工具。

基督教会的历史上充满了类似的例子。恰恰是那些看似对上帝百姓最不利的事情，经常变为成就他们益处的事。"因司提反的事遭患难"，这给基督的教会带来什么？那些分散的人往各处去传道（徒8：4）。监禁给保罗带来什么伤害？这让他有时间写下许多书信，现在全世界的人都在读。血腥玛丽（Bloody Mary）的逼迫，给英格兰的宗教改革事业带来什么真正伤害？殉道士的血成了教会的种子。就在今天，对上帝百姓的逼迫给教会带来什么伤害？这只能驱使他们更亲近基督，这只能让他们更加就近施恩的宝座，更多读圣经和祷告。

让所有真正的基督徒把这些记在心上，鼓起勇气。我们生活的世界中，万有都由完全智慧的上帝的手安排，万事都在不断地互相效力，让基督的身体得益处。这世界各样的势力，只不过是上帝手中的工具，不管它们如何毫不知情，他却在不断地使用它们，成就他自己的目的。它们是他用来不断雕琢打磨他的属灵圣殿活石的工具，它们一切的计谋和计划，只能变成对他的赞美。让我们在患难黑暗的日子忍耐，朝前看。现在看似反对我们的事情本身，正为着上帝的荣耀互相效力。我们现在只看到事情的一半，但过不多久，我们就要看见全部。那时我们要发现，我们现在忍受的一切逼迫，就像那封印和守兵，要成就上帝的荣耀。上帝能让人的愤怒成全他的荣美（诗76：10）。

第 二十八 章

一 基督复活

太28:1—10

1. 安息日将尽,七日的头一日,天快亮的时候,抹大拉的马利亚和那个马利亚来看坟墓。
2. 忽然,地大震动,因为有主的使者从天上下来,把石头滚开,坐在上面。
3. 他的像(相)貌如同闪电,衣服洁白如雪。
4. 看守的人就因他吓得浑身乱战,甚至和死人一样。
5. 天使对妇女说:"不要害怕!我知道你们是寻找那钉十字架的耶稣。
6. 他不在这里,照他所说的,已经复活了。你们来看安放主的地方。
7. 快去告诉他的门徒,说他从死里复活了,并且在你们以先往加利利去,在那里你们要见他。看哪,我已经告诉你们了。"
8. 妇女们就急忙离开坟墓,又害怕,又大大地欢喜,跑去要报给他的门徒。
9. 忽然,耶稣遇见她们,说:"愿你们平安!"她们就上前抱住他的脚拜他。
10. 耶稣对她们说:"不要害怕!你们去告诉我的弟兄,叫他们往加利利去,在那里必见我。"

＊　＊　＊

这些经文的主题,是我们主耶稣基督从死里复活。这是一个属于基督教信仰根基部分的真理,因此在四福音书中得到特别关注。所有四福音书的作者都细致地描写了我们的主如何被钉十字架。所有四福音书作者都清晰地叙述了他的复活。

我们主的复活被赋予如此重大的意义,对此我们无须感到惊奇。复活是他来做的救赎大工的印证,证明这工完全成就。它是圆满的证据,证明他已偿还他要为我们偿还的债,已经在救我们脱离地狱的争战中获胜,作为我们的中保和替代,被我们的天父悦纳。要是他再也不能从坟墓的囚牢中出来,我们怎能确定,我们的赎价已经得到完全偿还(林前15:17)?要是他与那最后的仇敌争战,却再也没有从死里复活,我们怎能相信他已经胜过了死并那掌死权的,就是魔鬼(来2:14)?但感谢上帝,他没有让我们落在疑惑里。主耶稣真的"为我们称义复活了"。真正的基督徒是"借耶稣基督从死里复活"得到"重生","叫我们有活泼的盼望"。他们可以放胆地和保罗一道说:"谁能定他们的罪呢?有基督耶稣已经死了,而且从死里复活。"(罗4:25;彼前1:3;罗8:34)

我们信仰这奇妙的真理,得到如此清晰和完全的证明,对此我们有理由非常感恩。一个惊人的细节就是,我们主在地上工作的所有事实当中,没有一个像他复活的事实那样,得到如此证明,无可辩驳。上帝知道人性的不信,就在这主题上用智慧提供了如云彩一般的见证人。没有一个事实,像基督的复活那样,是基督的朋友信得如此之迟的；也没有一个事实，像基督复活那样，是敌对上帝之人如此焦急要证明不成立的。然而，尽管有称是他朋友的人的小信，并仇敌的敌意，这事实却得到彻底证明。它的证据，在一个思想清晰、无偏见的人看来，总是无可辩驳。如果我们拒绝相信耶稣复活，就不可能证明世上任何其他事情。

让我们在这些经文中留意，**基督从死里复活的荣耀和威严**。我们得知，"地大震动"。我们得知，"有主的使者从天上下来，把石头滚开，坐在上面"。我们无须以为，我们配得称颂的主从坟墓里出来的时候，需要任何天使的帮助。我们一刻也无须怀疑他是靠自己的能力复活。但上帝喜悦他的复活伴随着神迹奇事。当上帝的儿子得胜，从死里复活时，地要大震动，荣耀的天使要显现，这在上帝看来是好的。

让我们在我们主复活的方式上看到，这是相信他的人复活的预表和凭据。过了指定的时间，坟墓就不能抓住他不放，坟墓也必不能抓住他们不放。一位荣耀的天使见证他的复活，他们复活的时候，荣耀的众天使也必做招聚他们的使者。他带着一个更新的身体复活，却仍有一个身体，实在、真实和物质的身体。同样他的百姓也必有一个荣耀的身体，像做他们头的那一位的身体。"主若显现，我们必要像他。"（约一3∶2）

让我们思想这一点就得安慰。试炼、忧愁和受逼迫，这常常是上帝百姓当得的分。疾病、软弱和痛苦，常常伤害他们可怜的地上的身体，让他们身体疲惫。但他们美好的日子还在后面。让他们耐心等待，他们必得着荣耀的复活。我们什么时候死，我们葬在哪里，我们会有哪一种葬礼，这些都无关紧要。当问的重大问题是这个:"我们必怎样复活?"

接着让我们留意,**基督的仇敌在他复活时感到恐惧**。我们得知,看到天使,"看守的人就因他吓得浑身乱战,甚至和死人一样。"那些强悍的罗马士兵,并非不习惯看可怕的场景,却看到一个令他们畏缩的场面。看到上帝的使者出现,他们的勇气立刻消化。

让我们从这事实再次看到对将来事情的预表和象征。末日号筒吹响,基督在荣耀中再来审判全世界的时候,不义之人和恶人要做什么?他们看到所有死人,无论大小都从坟墓里出来,所有上帝的天使,都聚集在那白色大宝座周围时,他们要怎么办?当他们发现,自己不能再躲避上帝的面,最终必须与他面对面的时候,会有怎样的惧怕和恐惧抓住他们的心?哦,愿人都有智慧,思想他们末后的结局!哦!愿他们记得,有复活和审判,有一样事情,就是羔羊的愤怒!

让我们接着留意,**天使对基督的朋友说的安慰话**。我们看到他说,"不要害怕!我知道你们是寻找那钉十字架的耶稣。"

这句话含有深意,为的是鼓舞历世历代信徒的心,看到复活的前景。这句话是要提醒我们,不管世界发生何事,真正的基督徒没有惧怕的理由。主要在天上的云间显现,地要烧化。坟墓要交出在它们里面的世人,末日要来到。审判要开始,案卷要展开。天使要筛麦子脱离糠秕,好鱼和不好的鱼要分开。但在这一切当中,没有任何事情要令相信的人害怕。他们披戴基督的义,必显为没有玷污,无可指摘。他们在那真正的方舟里得安全,上帝的愤怒冲击大地时,他们必不至受伤害。那时主的话必完全应验——"一有这些事,你们就当挺身昂首,因为你们得赎的日子近了。"(路21:28)那时恶人和不信的人必要看见这句话何等真实,"以耶和华为上帝

的，那国是有福的！"（诗33：12）

最后让我们留意，**主复活后派人传给门徒的那满有恩慈的信息**。他亲自向来尊荣他身体的妇女显现。她们留在十字架前，直到最后；她们首先到坟墓这里来，是首批得了特权，可以在他复活之后看见他的人。他给她们使命，把这消息带给他的门徒，他首先想到的，就是他那小小分散的羊群。"你们去告诉我的弟兄"。

"我的弟兄"，这简单的说法有深深感动人的内涵，值得千思万想。门徒虽然软弱犯错，耶稣仍称他们是他的"弟兄"。他安慰他们，就像约瑟安慰卖他的弟兄，说道："我是你们的兄弟约瑟。"尽管他们远远达不到他们的认信，屈从于对人的惧怕，让人难过，但他们仍是他的"弟兄"。上帝的儿子自己充满了荣耀，能够胜过死亡、地狱和坟墓，但仍然"心里柔和谦卑"。他称他的门徒为"弟兄"。

我们若对真信仰有任何认识，就让我们读完这段经文，心里得到安慰。让我们在基督的这番话里，看到的是对信靠他的鼓励，而非惧怕。我们的救主绝不忘记他的百姓，他怜悯他们的软弱，不藐视他们。他知道他们的弱点，却不把他们弃绝。我们伟大的大祭司，同时也是我们的兄长。

二 基督分别时向门徒发出的命令

太28：11—20

11.她们去的时候，看守的兵有几个进　　城去，将所经历的事都报给祭司长。

12. 祭司长和长老聚集商议，就拿许多银钱给兵丁，说：

13. "你们要这样说：'夜间我们睡觉的时候，他的门徒来把他偷去了。'

14. 倘若这话被巡抚听见，有我们劝他，保你们无事。"

15. 兵丁受了银钱，就照所嘱咐他们的去行。这话就传说在犹太人中间，直到今日。

16. 十一个门徒往加利利去，到了耶稣约定的山上。

17. 他们见了耶稣就拜他，然而还有人疑惑。

18. 耶稣进前来，对他们说："天上地下所有的权柄都赐给我了。

19. 所以，你们要去，使万民作我的门徒，奉父、子、圣灵的名给他们施洗（或作"给他们施洗，归于父、子、圣灵的名"）。

20. 凡我所吩咐你们的，都教训他们遵守，我就常与你们同在，直到世界的末了。"

* * *

这段经文构成《马太福音》的结束部分。它一开始就让我们看到，盲目的偏见宁愿相信极为荒谬之事，也不愿相信真理。接着它让我们看到，一些门徒心里是何等的软弱，他们信得多慢。最后它告诉我们，我们的主在地上讲的一些最后的话——这些话如此特别，值得我们所有的人特别关注。

让我们首先留意，**上帝尊荣了我们的主耶稣基督**。我们的主说："天上地下所有的权柄都赐给我了。"

这是保罗向腓立比人宣告的真理："上帝将他升为至高，又赐给他那超乎万名之上的名。"（腓 2：9）这真理绝非像一些人无知地以为的那样，会打消人对基督神性的真正认识。它只是一个宣告，就是按亘古三一真神的旨意，耶稣作为人子，被指定做承受万有的，做神人之间的中保，所有得救之人的拯救工作都加在他身

上,他是怜悯、恩典、生命和平安的源头。"他因那摆在前面的喜乐,忍受了十字架的苦难。"(来12:2)

让我们带着敬畏之心接受并牢记这真理。基督是掌管死和阴间钥匙的那一位。基督是那受膏的祭司,唯独他能赦免罪人的罪。基督是活水的源头,唯独在他里面我们才能得洁净。基督是君王和救主,唯独他能赐人悔改和赦罪。一切的丰富都居住在他里面。他是道路、门、光、生命、牧人、供人藏身的祭坛。人有了上帝的儿子就有生命,没有上帝的儿子就没有生命。愿我们都努力认识这一点。无疑,人很容易会太过轻看圣父、圣灵,但从未有人太过高估基督。

第二,让我们留意**耶稣要他门徒当尽的本分**。他命令他们"去教训万民"。他们不可把他们的认识抓住不放,而是要向别人传递。他们不可以为上帝只向犹太人显明救恩,而要把救恩向全世界显明。他们要努力使万民做门徒,告诉全地基督已经为罪人死。

让我们绝不要忘记,这严肃的命令仍全然有效。基督每一位门徒义不容辞的本分,依然是尽其所能,借着祷告让其他人认识耶稣。如果我们疏忽这本分,我们的信心在哪里?我们的爱心又在哪里?一个人如果不愿向全世界显明福音,人就大可质疑他自己是否认识福音的价值。

第三,让我们留意,**耶稣要求相信他福音的人公开认信**。他要使徒为那些他们接纳为门徒的人"施洗"。

我们看到我们主颁布的这最后一条命令时,很难理解人怎能回避这个结论,就是在有施洗条件的地方,洗礼是必须的。此处的洗礼一词显然不能解释为其他,而只能理解为一种外在的圣礼,向所有加入基督教会的人施行。外在的洗礼不是得救绝对必须的,那悔罪强盗的情形清楚地表明了这一点,他未受洗就去了乐园。只有外在的洗礼,常常不会给人带来益处——行邪术的西门的例子便清楚地表明了这一点。他虽然受了洗,却仍"在苦胆之中,被罪恶捆绑"(徒8:23)。但他断言说,洗礼完全无关要紧,根本无须施行,则与我们主在这里的话明显不符。①

这段话清楚地应用功课,就是公开认信基督是必不可少的。秘密作门徒,这并不够。我们绝不能耻于让人看到我们是属谁的,我们服侍的是谁。我们的表现,绝不应该显示出我们不喜欢被人当作基督徒,而是要背起我们的十字架,在世人面前承认我们的主。他的话非常严肃,"凡把我当作可耻的,人子在他父的荣耀里,同圣天使降临的时候,也要把那人当作可耻的。"(可8:38)

第四,让我们留意,**耶稣要求所有承认自己是他门徒的人顺服**。他命令使徒"凡我所吩咐你们的,都教训他们遵守"。

这是察验人心的说法。它表明,仅仅有基督教之名和形式,毫无用处。它表明,只有实际顺服耶稣话语,努力按他命令行的人,才能算作真基督徒。只有洗礼的水、圣餐的饼和杯,这救不了任何人的灵魂。如果我们去一个敬拜的地方,听基督的工人讲道,认可福音,但我们的信仰不比这更进一步,这于我们就毫无益处。我们

---

① 对于婴儿洗礼的问题,我是刻意不作任何评论。
　这节经文没有任何方面可以被各方合理运用,以解决这令人极其烦恼的争论。
　可以肯定的是,圣公会教会的宣教士,正如浸信会教会的宣教士一样,完全、彻底地根据这节经文的含义行事。
　这节经文要解决的要点,并不是如何对待基督徒儿女的问题,而是如何对待那些归正的异教徒。

的生活如何？我们每天在家、在外的举止如何？登山宝训是不是我们的原则和标准？我们是否努力效法基督的榜样？我们是否努力遵守他的命令？如果我们要证明自己是重生的人，是上帝的儿女，这些问题的答案就必须是肯定的。顺服是得救事实的唯一证据。信心若孤立存在，却没有行为，就是死的（雅2：17、20、26）。耶稣说："你们若遵行我所吩咐的，就是我的朋友了。"（约15：14）

第五，让我们留意，**我们主在这些经文中严肃地提到配得称颂的三一真神**。他命令使徒"奉父、子、圣灵的名"给人施洗。

这是圣经中一处直接教导三位一体这重大教义的伟大经文。它讲到父、子、圣灵是三个不同的位格，讲到这三位都是同等的。有父，有子，有圣灵，然而这三位为一。

这真理是一个极大的奥秘。让我们接受并相信——这就足够了；让我们谨慎放弃一切解释的尝试。拒绝认同我们不明白的事，这是孩子般的愚昧；我们充其量是只活一日的可怜爬虫，对上帝和永恒知之甚少。我们用谦卑敬畏的心接受三位一体的教义，不问虚妄的问题，这就足够了。让我们相信，没有配得称颂的三一真神的所有三位动工，就没有一个罪人能得救，合作创造人的父、子、圣灵，也总是合作拯救人——让我们为此大大地欢喜。让我们在此暂停下来，并思考：其实我们不能用理论解释的，我们可以在实际中接受。

最后，让我们留意**耶稣结束他这番话时恩惠的应许**。他对他的门徒说："我就常与你们同在，直到世界的末了。"

人不能想到有比这更安慰人、更给人力量、更鼓舞人、更使人成圣的话。门徒虽然被留下独自一群，就像在冰冷无爱的世界上的孤儿，却不可以为他们是遭遗弃的。他们的主要永远"与他们同在"。虽然他们受命去做的工作和摩西被差遣去法老那里要做的工一样艰难，却不可因此灰心。他们的主人肯定要"与他们同在"。没有什么话比这更适合于首先听到耶稣说这些话的那些人的处境。人想不出有什么比这句话更能安慰世上历世历代的信徒。

让所有真基督徒抓住这句话，把它记在心里。基督常常"与我们同在"，无论我们去到哪里，基督都"与我们同在"。他第一次到这世上来的时候，是"以马内利，上帝与我们同在"。当他来到他地上工作的尽头，准备要离开世界时，他宣告他永远是以马内利，"与我们同在"。他每天与我们同在，赦免饶恕我们；每天与我们同在，使我们成圣，给我们加力；每天与我们同在，看顾、保守我们；每天与我们同在，带领和引导我们。我们忧愁时与我们同在，我们喜乐时与我们同在，我们生病时与我们同在，我们健康时与我们同在。我们活着，与我们同在，我们死去，与我们同在。在时间之内与我们同在，在永恒之中与我们同在。

相信的人，还能渴慕得到比这更大的安慰吗？不管发生何事，至少他们绝不会完全没有朋友，形单影只。基督永远与他们同在。他们可以往坟墓里看，与大卫一道说："我虽然行过死荫的幽谷，也不怕遭害，因为你与我同在；你的杖，你的竿，都安慰我。"他们可以超越坟墓向前看，与保罗一起说："我们就要和主永远同在。"（诗23：4；帖前4：17）他说过并要信守这句话，"我就常与你们同在，直到世界的末了"。"我总不撇下你，也不丢弃你"。有此我们夫复何求？让我们继续相信，不要惧怕。这是作一位真基督徒所需的一切。没有人像基督真正的仆人那样，有如此一位君王，如此一位祭司，如此一位常在的同伴，如此一位不负所托的朋友。

第二十八章